本书为"商桂苹名师工作室"研究成果之一

核心素养视角下的高中化学教学实践

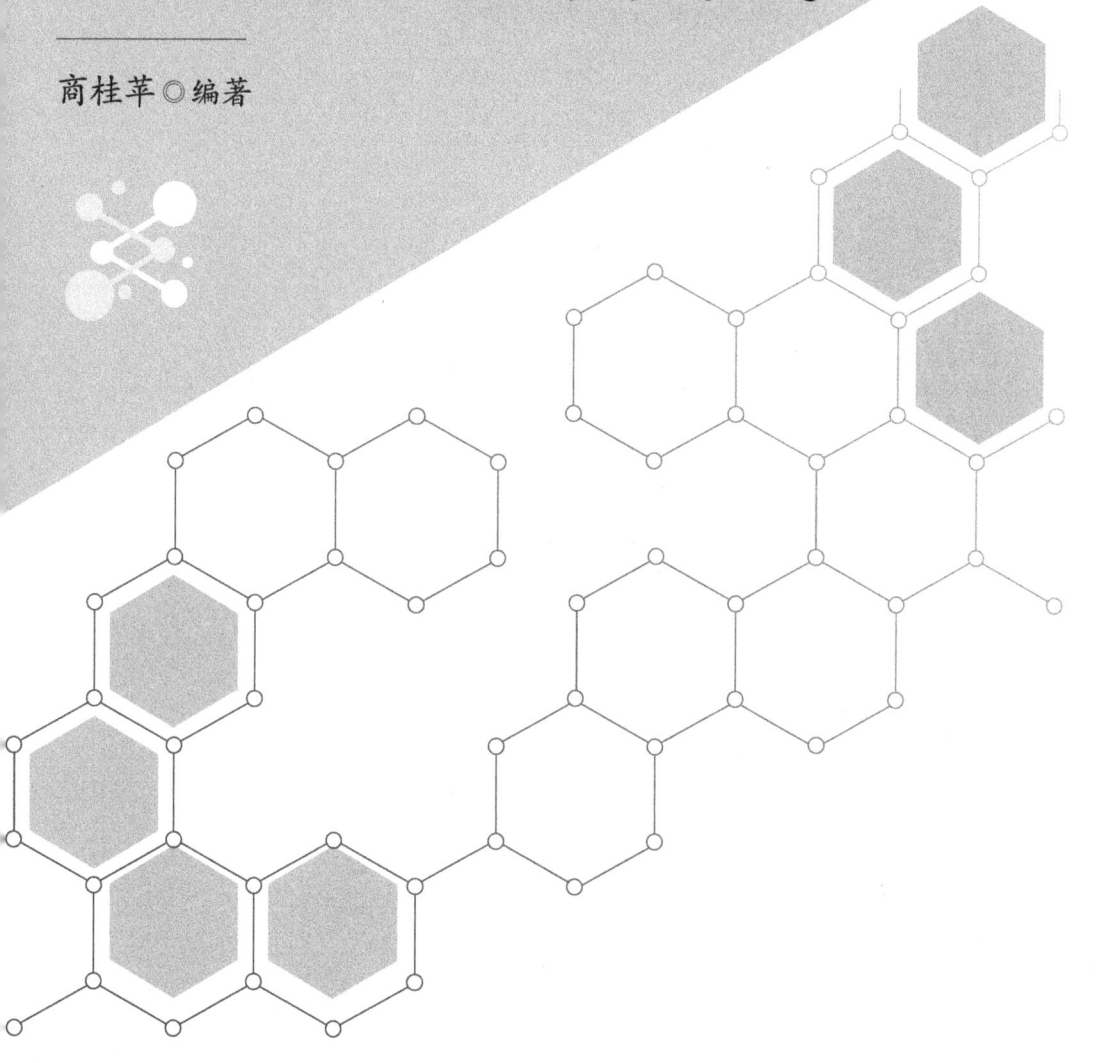

商桂苹 ◎ 编著

南开大学出版社　　天津社会科学院出版社

图书在版编目（CIP）数据

核心素养视角下的高中化学教学实践 / 商桂苹编著
. -- 天津：南开大学出版社：天津社会科学院出版社，
2022.12
　ISBN 978-7-310-06350-5

　Ⅰ. ①核… Ⅱ. ①商… Ⅲ. ①中学化学课－教学研究
－高中 Ⅳ. ①G633.82

中国版本图书馆CIP数据核字(2022)第221109号

版权所有　侵权必究

核心素养视角下的高中化学教学实践
HEXIN SUYANG SHIJIAOXIA DE GAOZHONG HUAXUE JIAOXUE SHIJIAN

南开大学出版社
天津社会科学院出版社　出版发行

出版人：陈　敬

地址：天津市南开区卫津路94号　邮政编码：300071
营销部电话：(022)23508339　营销部传真：(022)23508542
https://nkup.nankai.edu.cn

北京建宏印刷有限公司印刷　全国各地新华书店经销
2022年12月第1版　2022年12月第1次印刷
787毫米×1092毫米　16开本　18.25印张　260千字
定价：78.00元

如遇图书印装质量问题，请与本社营销部联系调换，电话（022）23508339

序一
向这群宁静的化学人致敬

我走过很多学校,了解过很多教师,而天津市滨海新区大港第一中学化学组却是我了解过的教师中与众不同的一群人。所谓与众不同,是因为他们从学校领导到一般干部,从化学组长、学科带头人到一般教师,整个团队都在默默地无怨无悔地做着一项宁静而伟大的事业。《核心素养视角下的高中化学教学实践》一书充分反映了这群人在教育事业中的执着与坚守,我要向他们致敬。

教育教学研究是一项枯燥乏味的工作,能够在这条路上坚持下来的人不太多,尤其是在基础教育领域能够热爱这项工作并能坚守的人更是少之又少。这本书从化学教师学科教学知识内涵到教师学科教学知识发展研究内容,从观念建构的教学策略到自主探究教学策略,从创新能力培养教学策略到深度学习教学策略再到数字化实验教学策略研究,其中的许多思想、观念、策略和方法均给我留下了深刻印象,我感受到她们是一群有教育情怀的人,一群钟情于教育研究的人,一群为学生成长负责任的人。正是有了这群人与这本书,增加了我对他们的了解和敬佩。

抓好课堂是落实核心素养的主阵地。

肖川曾在读书笔记中写道:"我们不停地跑,争取领先,但是总有一刻需要停下来想一想:这条路是通向梦想还是通向深渊?"梦想是生命对美好生活的向往,而深渊则是美好梦想的破灭。教育之使命就是唤醒生命之觉悟,通过启迪儿童之智慧,生发追梦之力量,让每一个孩子充满梦想,追求理想,而我们在这条探索的路上走得太久了。因此,本书的核心内容之一就是告诉大家必须要抓好课堂,只有抓好课堂才能深化课改,这是保证课改落地生根的关键。在教学理念上,我们应尊重师生生命的独立性、尊重师生生命的个性化、尊重师生生命的发展性、尊重师生生命的社会性、尊重师生生命的激发性,让生命迸发出潜在的力量和活力。在教学设计和教学活动中,本书体现了"教学价值应立足于育人的终点、教学目标应立足于学习的起点、教学策略应搭建学习的支点、教学历程应瞄准学习的重点、教学活动应突破学习的难点",只有这样,才能让师生共同参与的教学活动获得共识、共振、共情和共鸣。也唯有此,教育才能走进心灵,课堂才是高效的生命课堂。

只有吃透教材教法,我们的课堂才能聚焦智慧。

课堂聚焦智慧,殊不知,在智慧课堂的每一分每一秒都凝聚着教师默默无闻的劳动。由于教情不同、学情不同,教师备课的关注点也会不同,只有因材施教,具体问题具体分析,才能够备好课、上好课,所以,备课的过程是教师构思的整合与创新的过程。备课的过程就是对教材教法的研究过程,从本书的内容来看,他们做到了五个整合:一是整合课标和教材,强化知识的准确性,保证知识传授准确无误,不出现科学性错误;二是整合教情和学情,强化过程的预判性,保证能够应对突发情况,因势利导,不出现教学事故;三是整合知识点和典型例题,强化问题的针对性、开放性和有效性,不出现机械训练的情况;四是整合学科知识和拓展知识,强化教学的综合性、趣味性和感染力,不出现死教书教死书的现象;五是整合知识体系和知识建构,强化自主的过程体验,保障教学过程是师生相互体验、相互促进、共同成长的历程,不出现教师一言堂或学生一言堂的情况。

古人云:"知己知彼,百战不殆。"教师只有研究好教材教法,才可能上好每堂课。从事教育工作需要广大教师用一生去备课,只有这样,教师才能为学生上好人生的课。

没有教育科研就没有成果的发现。

教育科研是学校创新发展的必由之路,也是教师专业素养和能力提升的重要途径。但是,教育科研不像教学教研那样能够轻而易举地与自己的教学工作直接相连,因此,很多教师便把教育科研当成了高大上的东西,也有的教师把教育科研当成了简单的课题研究。实际上,我们从事教育科研的目的是通过教育科研提炼教育成果,将科研成果有效转化为教育教学生产力,充分发挥科研成果对教育工作者教育思想、教育理念的引领力,充分发挥科研成果推动教育教学活动的实践力,充分发挥科研成果在教育教学改革中的创新力。大港一中化学组的教师从事教育科学研究,就是从教育教学实践中发现问题、提炼问题,形成课题,从而以课题研究为抓手,注重研究的全过程,从根本上解决理论与实践脱节、科研与教研脱节、课题与教学脱节、研究与行动脱节的问题。他们将化学学科的关键性问题与小课题研究紧密结合,有目的有意识地运用教育科研理论和方法指导和改善教育教学实践,创新教育教学方法,最终形成系列的教学策略,为广大教师在学习经验、提升自我、推广成果、提升科研效果与教学效益等反面提供了有益的借鉴。

萧伯纳曾说:"如果我们能够为我们所承认的伟大目标去奋斗,而不是一个狂热的、自私的肉体在不断地抱怨为什么这个世界不使自己愉快的话,那么这才是一种真正的乐趣。"教育需要这样的理想者,更需要甘于奉献教育的宁静者。

大港一中、大港一中化学组的老师们,平凡的岗位、平凡的工作,平凡的人,他们和教育有着不平凡的情感,他们用行动践行着理想和信念,他们从师德中寻找着教育的力量。他们追求教育之理想,扎根教育之沃土;他们坚守教育之大爱,推进教育之变革;他们坚持教育之浸润,唤醒教育之觉悟;他们享受教育之乐趣,担当教育之责任。他们用理想信念不断地诠释着教育的昨天、今天和明天。无论身处何方,他们对教育事业的热爱和执着托起了祖国的未来和希望,让我们为这样一群宁静的人鼓掌,是他们用一颗高尚无私、纯净朴素的心从事了人类高尚无私、纯净朴素的事业!

最后我想说,教学是师生共同生活的风景,教研让这生活的风景变得清晰亮丽,科研让这靓丽的风景充满了神奇,而教师就是创造神奇的人。愿广大教师都能从大港一中化学组的科研成果中受到教益,成为创造神奇的人。

付　强
天津市南开区教师发展中心副主任

序 二

从苏格拉底首次提出"教育是什么"以来,历史中的人们一直在追问:教育是什么?教育为什么?教育怎么做?苏格拉底认为,教育是探索、是发现、是唤醒。苏霍姆林斯基的回答是:真正的教育是自我教育。有人提出师生关系的新论点,认为教师要帮助学生过"桥",关爱学生的"通行",而不能以知识的权威者自居;教师应给予学生激励,使学生得到锻造和展示,能够让学生实现人生的"跨越";面对学生的个体差异,教师要鼓励学生敢于否定,勇于成功;在双项教育活动过程中,施教与领教的双方逐步否定之否定,实现"教是为了不教"的角色转换,引领学生创造出自己的"桥"。基于此,"学生自我发展""立足学生自我发展"的教育理念成为我校广大师生共同追求发展的重要导向。

基础教育阶段的高中教育,不仅要培养掌握扎实基础知识的高中生,还要指向高中教育的外在结果,即培养学生终身学习、自我发展的能力,为学生今后的人生做好"预备"。教育的重心应该是唤起主体意识、发展主体能力、塑造主体人格,进而激发学生自我发展的"内驱力"。教育是专业性较强的职业,教师必须作为专业人才来培养。现代教育背景下,教师不仅要具备崇高的职业道德、正确的价值取向和全新的教育理念,更要具备较全面的专业知识、专业技能和专业智慧。教师专业素养的提高,已经成为推进教育改革、提高学校教育教学水平所必须面对的问题。我校大力倡导科研兴校,各个学科根据自己学科特点改进教与学的方式,体现五种状态:参与状态、互动状态、思维状态、情绪状态、生成状态;体现自主、合作、体验、探究激发学生学习的主动性、积极性,引导学生走自主学习之路。大港一中化学组是一支积极探索、不断钻研的教学团队,他们积极将新课程理念付诸实践,主动将实践成果向理论成果转化,从"十二五"到"十三五",从"十三五"到"十四五",十余年成果丰硕。

《核心素养视角下的高中化学教学实践》是大港一中化学组多年教学改进研究成果之一,是2016年新一轮课程教学改革以来,在新课程研究与实践成果的基础上,对高中化学教育如何落实立德树人根本任务进行的理论与实践层面的系统思考。本书重点探讨和回答了落实立德树人根本目的的途径、如何使核心素养在课堂教学中落地生根、核心素养导向教学的具体策略等问题。《核心素养视角下的高中化学教学实践》是大港一中化学组集体智慧的结晶,凝聚了他们辛勤的汗水。他们编写该书的目的是将多年来关于教育教学改革实践的反思、总结、经验、成果惠及同行,为新一轮课程教学改革中正在积极探索的教师们提供前期实践素材。

本书积极践行了国家教育改革精神,经深入思考并实践,为学生在化学学科核心素养的养成方面做出了应有的贡献。为了达到利用化学教育培养学生的必备品格、关键能力和正确的价值观念的目的,本书在编写中体现了如下几个特点:第一,紧扣时代前沿,聚焦核心问题的解决。在研究如何更好地实施素养导向下的课堂教学过程中,化学组成员紧跟课改脚步,多次参加全国、省市、区县相关课改研究,将学习经验积极转化,不断实践反思,再形成理论成果。化学组的课堂教学实践从问题需求中来,即如何促使核心素养在课堂教学中落地生根,再到课堂教学改革实践中去,所以《核心素养视角下的高中化学教学实践》的内容对素养导向下的课堂教学不仅限于实践的总结,更是理性的思考。第二,以核心素养为指导,基于课改的实践经验。本书以落实立德树人根本目的为总目标和基本导向,以培养学生核心素养的策略研究为出发点,通过一系列课堂教学策略的研发和改进,指向学生价值观念、必备品格和关键能力的培养和提升。新一轮课程教学改革已有六年之久,我校化学组老中青三代教师以课堂教学、课题研究、课程开发为抓手,积极大胆实践,取得了丰硕的成果。

基础教育改革逐步深化,提升质量是关键。而育人质量的提升,教师队伍素质的提高是关键。教育科研是教师成长路上取之不尽、用之不竭的宝贵资源,期待我校化学组教师在化学学科的教育教学研究之路上能够继续不断探索,充分挖掘教育富矿,为基础教育同仁们不断凝练思想、贡献智慧,提出能够体现和丰盈大港一中办学理念的理想主张和方案。

赵树祥

天津市滨海新区大港第一中学校长

目 录

前　言　建构素养为本的课堂是时代的需要 …………………………… (1)

第一编　教师是素养为本课堂建构的关键

第一章　化学教师学科教学知识(PCK)内涵 ……………………… (3)
第一节　学科教学知识(PCK) ………………………………………… (3)
第二节　教师的学科教学知识(PCK)发展策略 …………………… (6)

第二章　教师学科教学知识(PCK)发展研究内容 ……………… (7)
第一节　新课标、新教材对比研究 ……………………………………… (7)
第二节　单元结构教学研究 …………………………………………… (26)

第二编　素养为本的课堂教学实践

第三章　观念建构的教学策略研究 ……………………………… (51)
第一节　观念建构教学的基本程序 …………………………………… (52)
第二节　观念建构为本教学研究的基本路径 ………………………… (58)
第三节　理解性教学与观念建构教学 ………………………………… (71)
第四节　观念建构的教学策略、模型与案例 ………………………… (73)

第四章　自主探究教学策略研究 ………………………………… (98)
第一节　自主探究教学模式的基本架构 ……………………………… (99)

1

第二节　自主探究教学设计的基本原则 …………………………（102）
　　第三节　自主探究在不同课型中的应用 …………………………（105）
　　第四节　自主探究教学中的"问题"设计 …………………………（110）
　　第五节　自主探究中教师指导作用的发挥 ………………………（122）
　　第六节　自主探究教学与核心素养的关系 ………………………（126）

第五章　创新能力培养教学策略研究 …………………………………（142）
　　第一节　创新能力培养路径分析 …………………………………（143）
　　第二节　创新能力培养的策略 ……………………………………（148）
　　第三节　创新能力培养模型与案例 ………………………………（153）

第六章　深度学习教学策略研究 ………………………………………（172）
　　第一节　深度学习及其重要性 ……………………………………（172）
　　第二节　深度学习教学策略 ………………………………………（176）

第七章　数字化实验教学策略研究 ……………………………………（190）
　　第一节　数字化实验与化学学科核心素养的关系 ………………（190）
　　第二节　数字化实验教学策略及应用 ……………………………（195）
　　第三节　高中化学数字化实验改进及研发 ………………………（197）
　　第四节　基于数字化实验的高中化学教学案例 …………………（214）

附录一：人教版必修第一册《铝和铝合金》教学设计 ………………（231）
附录二：人教版必修第一册《铁的重要化合物》教学设计 …………（237）
附录三：人教版选择性必修3《醇》教学设计 …………………………（244）
附录四：人教版必修第二册《硫酸》教学设计 ………………………（249）
附录五：人教版必修第二册《氮的氧化物》教学设计 ………………（255）

后　　记 …………………………………………………………………（261）

前　言

建构素养为本的课堂是时代的需要

2014年3月,《教育部关于全面深化课程改革 落实立德树人根本任务的意见》强调把本轮课程改革作为落实立德树人根本任务的重要途径,并进一步研究制定中国学生的核心素养发展体系,将学生核心素养发展作为立德树人的具体策略。2017年12月,中华人民共和国教育部印发了新修订的普通高中课程方案和各学科课程标准,在此基础上,各学科结合学生发展核心素养的要求,结合学科特点,凝练出学科核心素养。这一轮新的课程改革修订并重拟学科课程标准,凝练学科核心素养、更新教学内容、研制学业质量标准,根本目的就是要促使育人质量的提升。学校和课堂是学生教育的主阵地,而学科知识是学生核心素养发展的重要载体。学生正是通过学校课堂教学中学科知识的学习过程,并在此过程中潜移默化地发展其核心素养。因此,学科核心素养必须成为学科教学的统领性目标,教师要研读本学科课程标准,深入理解本学科核心素养,在此基础上,精心选择和安排课堂教学内容,设计和研究课堂教学活动,探索和改变课堂授课方式,促使学科核心素养在课堂"落地生根"。十年树木,百年树人。育人质量关系到国家的前途命运,国运兴衰系于教育。为提升育人质量,教育行政部门及教育专家团队倾心倾力研制了学科课程标准和学业质量标准,凝练了学科核心素养并更新了教学内容,给出了课程改革和育人方略的整体目标框架,落实立德树人的根本任务,促使学生学科核心素养的养成和发展,关键在教师、关键在课堂。作为教师,首先要读懂课堂,其次要读懂学科。在读懂课堂、读懂学科的基础上才能真正建构以核心素养为本的课堂。

首先,读懂课堂。作为教师必须要读懂课堂,课堂是什么?课堂是传道、授业、解惑的场所吗?课堂是思维对话、思维奔跑的场地吗?课堂是学科知识技术化包装的"售卖"场吗?是,但却不尽然。对课堂含义的论述还会有很多,因为它的内涵和外延太丰富了,无法尽述的情况下我们只能挖掘其核心本质,那么课堂的核心本质又是什么呢?我们还是要从德国著名哲学家雅斯贝尔斯的一句名言中来寻找答案,雅斯贝尔斯说:"教育意味着一棵树摇动另一棵树,一朵云推动另一朵云。"从物理学的教学分析,无论是"摇动",还是"推动"都是力的作用方式,而力的作用又是相互的,以育人为目标的课堂教学的本质核心应该是"互动"。从互动的内容说,有思维互动和情感互动;再从互动对象来说就更丰富了,有师生互动、生生互动、教师与知识的互动、学生与知识的互动等,课堂的本质核心是"多元互动"。即便是传统中有些教师出现"满堂灌"的情况,也有互动的成分,因为有输出,就一定伴随着输入,有传递就一定会有反馈。所以"互动"本身客观存在,"互动"不是教师读懂课堂的关键,对互动效果的关注才是教师应读懂课堂的关键。那么怎样的互动才算有效呢?一棵树之所以能摇动另一棵树,一朵云之所以能推动另一朵云,树与树必须比肩,云与云需要同高,比肩的树之间摇动才可以一起参天,相同高度的云相撞才能形成雨。当一位教师,面对学科,面对学生,是否可以认为这三者之间比肩同高?这直接决定了课堂的格局,也决定了课堂的互动效果。一位教师面对自己所教授的学科,是把自己当成冷漠的切割机,将系统逻辑的学科知识切得粉碎,再在课堂上变身传送带将碎片化的知识传送给学生大脑终端,还是把自己化身为"织女",一针一线皆有目的,一纵一横皆有想法,将知识慢慢变得系统化,和学生一起感悟学科的逻辑之美?一位教师面对自己的学生,是高高在上的知识拥有者、统领者、传播者,学生只是知识习得的被动者、接收者,还是对学生能够通过习得的经验及主动积极的思考成为知识的建构者给予充分的尊重?在以上基础上,能够认同课堂是教师与学科知识、学生这三者比肩平等对话的平台,只有这样课堂才是有意义的互动,也是有效的互动。只有当一位教师对学科知识心怀敬畏,认同并尊重学生的主体身份时,互动才是充满情感表达的,沟通才可触及灵魂,才是真正的教育。

第二,读懂学科。任何一门学科的发展都凝聚了无数科学家的艰辛探索,承载了人类对自然和自我的认知智慧,凝结了人类智慧的结晶。作为教师,要深谙本学科的知识体系,熟悉其逻辑框架。主动走进学科知识,了解学科发展史,理解学科本身的逻辑脉络。比如高中化学学科中,氧化还原理论和元素周期律支撑起了整个必修第一册和必修第二册的无机化合物的学习系统;碰撞理论和勒夏特列思想可以指导选择性必修1《化学反应原理》的大部分学习;19世纪道尔顿原子学说的创立促使人们从原子、分子微观角度认识化学,开创了化学学科发展的新纪元,而选择性必修2恰恰是人们从微观世界认识化学物质、研究化学物质的较完整的缩影;官能团的转化及正、逆合成分析法,即可完整地建构起选择性必修3的有机化合物的学习网络。那么,从这个维度和视角去审视我们的每一节课,每一个看似不起眼的教学片段和教学内容都是整个知识系统链条中的重要一环,从整个学科的价值角度认识每一节知识,看似碎片的知识就有了价值,就读懂了学科。读懂学科还具有对所教授学科的社会价值的高度认同。比如化学学科,近现代化学发展在人类历史上光彩夺目,是因为涌现出许多星光璀璨的化学家:工业合成氨的先驱哈勃,人们将其称为第一个把空气变成面包的人,因为他解决了人类饥饿问题;电解池原理的发现才有了今天的化学电源,这一发现堪称化学史上的里程碑;现代有机化学合成之父伍德沃德曾说过,有机化学是人类在旧的自然界旁又建立起一个新的自然界,可见有机化学发展对人类的重大意义;我国化学家侯德榜是"侯氏制碱法"的创始人,发明的制碱方法开创了制碱工业的新篇章,他不仅破解了长期以来国外对索尔维制碱法采取的技术封锁,还为世界制碱技术开辟了一条新途径。

以上事例不胜枚举,作为化学教师要有对化学学科社会价值的高度认同感。只有教师读懂了学科自身价值,才能使自己与学科之间建立情感链接;

◆ 核心素养视角下的高中化学教学实践

只有教师和学科之间建立情感链接,才能深入思考课堂的知识内容,凸显学科价值,让学生感悟学科逻辑之美妙,领悟学科对社会贡献之伟大。这样才能使学生与教师、学生与知识在潜移默化之间建立连接:在一节节课堂对话,一段段思维互动,一节节知识学习,一次次心灵触动中形成学生核心素养的"DNA"。

基于对课堂、学科的认识,天津市滨海新区大港第一中学化学组教师紧跟新课程的脚步,精心研读课程标准,分析思考新旧课程标准变化,深入理解高中化学核心素养内涵,关注学业质量标准,不断改进、修正自己的化学课堂教学。2016年以来,笔者与化学组同仁一同研究高中化学核心素养在高中化学课堂中"落地生根"的途径。我们紧抓课堂,关注学生的核心素养,结合学科特点,从教学策略出发,基于建构主义、理解性教学、深度学习等理念,学习认知本质维度出发的理论指导下,努力探索教师培养和课堂改革途径。经过6年的努力,我们以课题研究为依托,开发出使核心素养"落地生根"的多种教学策略:

1. 商桂苹作为负责人的天津市基础教育十四五科研规划课题——"高中化学教师学科教学知识(PCK)发展策略研究"课题组开发出了关于教师培养的学科教学知识(PCK)发展策略,见第一章和第二章。

2. 商桂苹作为负责人的天津市基础教育十三五科研规划课题——"观念建构为本,提升学生化学学科核心素养的策略研究"课题组开发出了观念建构的教学策略,见第三章。

3. 赵洪彬作为负责人的中国教育学会"基于'核心素养培育'的高中化学自主探究教学模式与策略研究"课题组开发出了自主探究教学策略,见第四章。

4. 孙秀萍作为负责人的天津市基础教育十四五科研规划课题——"新课程背景下高中化学教学中学生创新能力培养实践研究"课题组开发出创新能力培养教学策略,见第五章。

5. 蒋小青作为负责人的天津市教育科学学会十四五规划课题——"素

养为本的高中化学深度学习实践研究"课题组开发出深度学习教学策略,见第六章。

6.孙慧玲作为负责人的天津市滨海新区基础教育十四五科研规划课题——"数字化实验对培养高中生化学学科核心素养的实践研究"课题组开发出数字化实验教学策略,见第七章。

我们旨在通过教学策略调整教师的教学行为,促使课堂中教师与学科知识、教师与学生等课堂关系进行深度调整,真正落实核心素养,实现素养为本的课堂构建,使课堂真正实现从学科教学的场地转变成学科育人的殿堂。

建构素养为本的课堂是新一轮课程教学改革的需要,也是时代的需要。经过6年的研究与实践,我们取得了一些研究成果,并在《中学化学教学参考》《高中数理化》《天津教育》等核心期刊上发表,引起了同仁的关注。为了进一步总结实践经验,将经验性研究转化为理论性成果,在学校领导的大力支持下,我们将6年来所有成果汇聚于此,这里有教师素养提升的有效途径,这里有核心素养落地的实施策略,这里也有大量获奖的优秀案例,意在为新一轮课程教学改革中一线高中化学教师提供落实核心素养的课堂提供目标框架,也意在为一线教师们更新教育观念、改进教学实践提供参考。此书共分两篇,其中第一篇为教师是素养为本课堂建构的关键。由商桂苹、马利德、张梅、蒋小青、李婷婷等五位教师合力完成;第二篇为素养为本的课堂教学实践。由商桂苹、赵洪彬、孙秀萍、蒋小青、孙慧玲五位老师共同完成。书籍中的优秀案例是集全化学组教师之智慧所成,理论成果汇集了本组全体教师多年的实践经验,饱含全组教师的大量心血。在此对刘勇、王长岭、刘洪霞、郭庆云、卜占军、高玉良、冯万里、王亚乔等老教师们的倾心倾力指导表示感谢,也对同为化学组成员的副校长张秀云多年来对化学组全心全意的支持表示感谢。我们期望本书能为教师素养为本的课堂构建起到借鉴和参考作用,也期待同仁们的批评指正。

第一编

教师是素养为本课堂建构的关键

▶▶ 商桂苹 马利德 蒋小青 张 梅 李婷婷

普通高中化学课程是与义务教育化学或者科学课程相衔接的基础教育课程,是落实立德树人根本任务、发展素质教育、提升学生核心素养的重要载体;化学学科的核心素养是学生必备的科学素养;化学课程对科学文化传承和高素质人才的培养具有不可替代的作用。作为化学教育工作者,我们必须思考以下问题:如何更好发挥化学学科的育人功能?如何更好地通过化学课程实现立德树人的根本目的?核心素养为导向的育人理念下,为培养学生的必备品格和形成关键能力,高中化学的贡献具体是什么?这些问题能否得到有效的回答和解决有赖于教师。

教师是课程改革的实践者,将新课改的教育理念和教师的实践相统一有赖于教师本身的素养。而教师素养的重要组成部分正是教师的学科教学知识(PCK),可以说,没有教师PCK发展和提升,核心素养为本的教育教学将很难"落地",课程改革也将很难达到预期效果。只有教师教学观念与时俱进,与课程改革理念同步,只有教师具备很强的学科思维能力,具备很高的学科素养,才能转变教学行为,改变教学方式,并在教学实践中促进学生终身发展和素养形成。教师化学学科教学知识(PCK)水平得到发展,教师学科教学水平就一定会得到提升,教师学科教学水平提升也会提高其所授学科的育人价值。这样就可以有效回答上述三个问题。也可以说教师学科教学知识(PCK)水平提升是落实核心素养为本课堂教学的关键,也是实现学科育人价值的关键之所在。

第一章 化学教师学科教学知识(PCK)内涵

第一节 学科教学知识(PCK)

1986年美国学者舒尔曼(Shulman,L.S)正式提出学科教学知识(Pedagogical Content Knowledge)(以下简称PCK)的概念,并将其定义为"教师个人教学经验、教师学科内容知识和教育学的特殊整合"。1987年舒尔曼教授又将学科教学知识分为七大类:学科内容知识、一般教学法知识、课程知识、教育学理论知识、关于学生的知识、教育情境知识、教育目标与价值的知识。PCK概念的提出引起了教育界的广泛关注,不少教育研究者对PCK理论进行研究,并不断完善和修正,其中对PCK有较大修正并得到广泛认可的是科克伦(Cochran)等学者,他们从建构主义教与学的理论出发,将PCK的知识成分修正为:一是学科知识;二是一般教学法知识;三是学生知识;四是教育情景知识。科克伦(Cochran)等学者又尝试构建了学科教学认知的发展模型(见图1-1)。

在此模型中四种知识交叉重叠,交叉重叠度越高,说明教师将四种知识整合得越好,教师的PCK水平也越高。教师将四种知识的成分不断更新、调整、完善,相应的PCK也随之变化。此模型不仅展示了教师专业化发展所需的知识,也展示了教师构建PCK的过程。

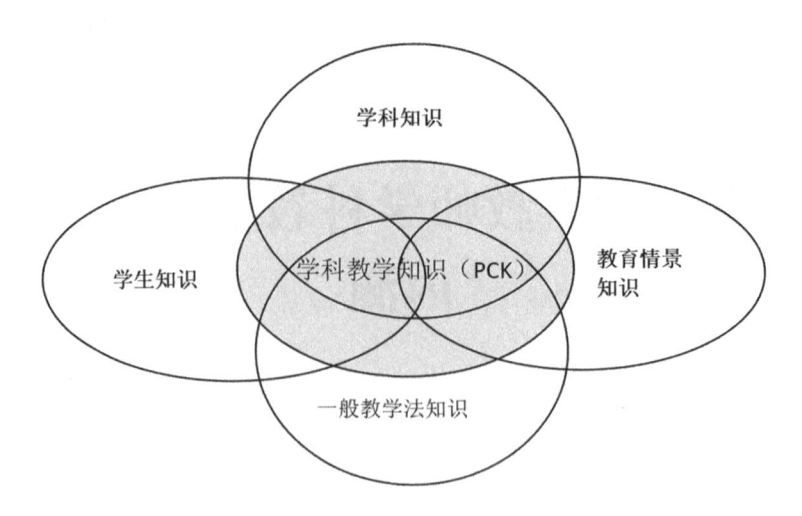

◆ 核心素养视角下的高中化学教学实践

图1-1 学科教学知识(PCK)的发展模型

我国学者以科学课为例,构建并绘制了有关PCK的金字塔形层级模型,如图1-2。这张图充分展示了处于金字塔顶端的PCK与其他知识之间的关系,处于最底端的是"学科知识",说明深厚的学科知识背景是PCK的基础,"关于学生的知识"这一层,也处于关键地位,其核心内容是对学生进行深入理解。处于第二层级的意义在于只有当一位教师具有扎实的学科知识背景和理解学生,方能实现转化和利用其他知识,比如此科学课例中的八种知识:情景知识、环境知识、科学知识、评价知识、教学知识、课程知识、社会文化知识以及课堂管理知识。

虽然国内外不同学者在细节上对学科教学知识(PCK)内容的理解有所不同,但是本质上都认为学科教学知识(PCK)是教师如何将自己所知的学科内容教给学生,使学生更容易理解所学内容的一类知识。其中南京师范大学邱道骥教授认为学科教学知识(PCK)包含四种要素:对学科教学的目的知识、学生已理解的知识、课程知识、教学策略知识。

该组成要素在教师的实际工作中起到了既利于实施和操作,又利于一线教师的教学实践的作用。第一,对学科教学的目的知识在四个要素中起到统领作用,对本学科知识教学的认识程度直接影响了后面三个方面的要素的认

```
            ┌─────────────────────────────┐
            │      学科教学知识（PCK）      │
            │  情景知识         课程知识    │
            │  环境知识  评价知识  社会文化知识│
            │  科学性质  教学知识  课堂管理知识│
        ┌───┴─────────────────────────────┴───┐
        │          关于学生的知识              │
    ┌───┴─────────────────────────────────────┴───┐
    │                  学科知识                    │
    └─────────────────────────────────────────────┘
```

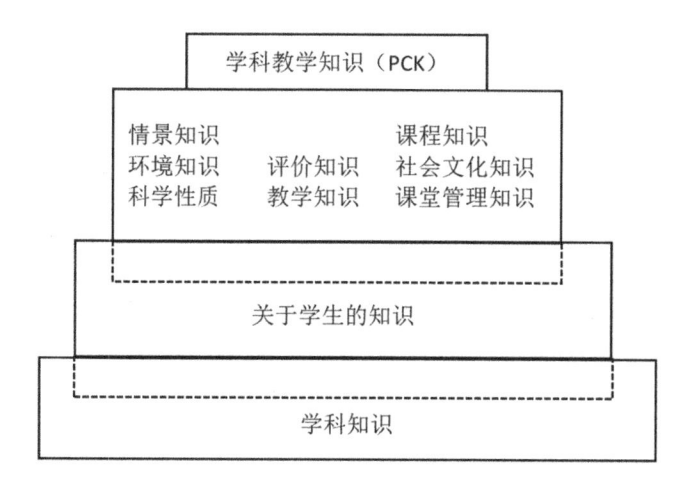

图1-2　学科教学知识(PCK)"金字塔形层级模型"

识。在新课程改革背景下,对学科教学最好的方法是研读《普通高中化学课程标准(2017年版2020年修订)》。第二,对学生理解的知识中包括对学生经验知识的判断了解、概念的误读和误解,还包括学生对即将学习的知识产生怎样的困难等。第三,对课程知识主要是指学科具体知识,即现行普通高中化学教科书,即教学内容是怎样叙述的以及课程安排的逻辑顺序等。第四,教学策略知识主要是指教学方法、手段、模式等,属于教学法和教学设计范畴。

教师PCK水平提高有利于教师的化学学科教学知识水平发展。具体体现在:①可以丰富教师的学科认识,深刻领会学科价值及学科内在育人逻辑,提升教师的育人思想的站位,发展教师对育人、对学科、对知识的理解。②可以改变教与学方式。寻求更加积极的对话主体,多元互动的教与学的课堂组织模式。创新教学设计和教学计划。追求理解的教学设计、追求单元整体教学设计,提升教师学科思维能力水平。③可以改善课堂教学面貌。从"零散的""就事论事"的教学现状中脱离出来,从学科维度教化学,从学科维度认识化学,让化学课堂变成学生不断向未知领域探索的舞台。

第二节 教师的学科教学知识(PCK)发展策略

如何将"自上而下"的被动教研和培训变为"自下而上"的自主学习和研修,只有形式接地气,内容才更富有生命力。教师是自我发展的主体,积极主动参与学生的成长过程,才更有实效性。所以对于教师PCK水平发展最有效的途径是学科组教研活动,以新旧课程标准对比研究、初高中化学教材对比研究、新旧教材对比研究、新旧高考对比研究以及以化学学科知识分类寻找教学策略研究为突破口,以学科组教师为研究对象,力求为高中化学教师PCK水平的提升寻找可操作和可借鉴的系统化路径。可以从教师PCK的组成要素出发,寻求高中化学教师PCK发展策略。研究思路如下(见图1-3)

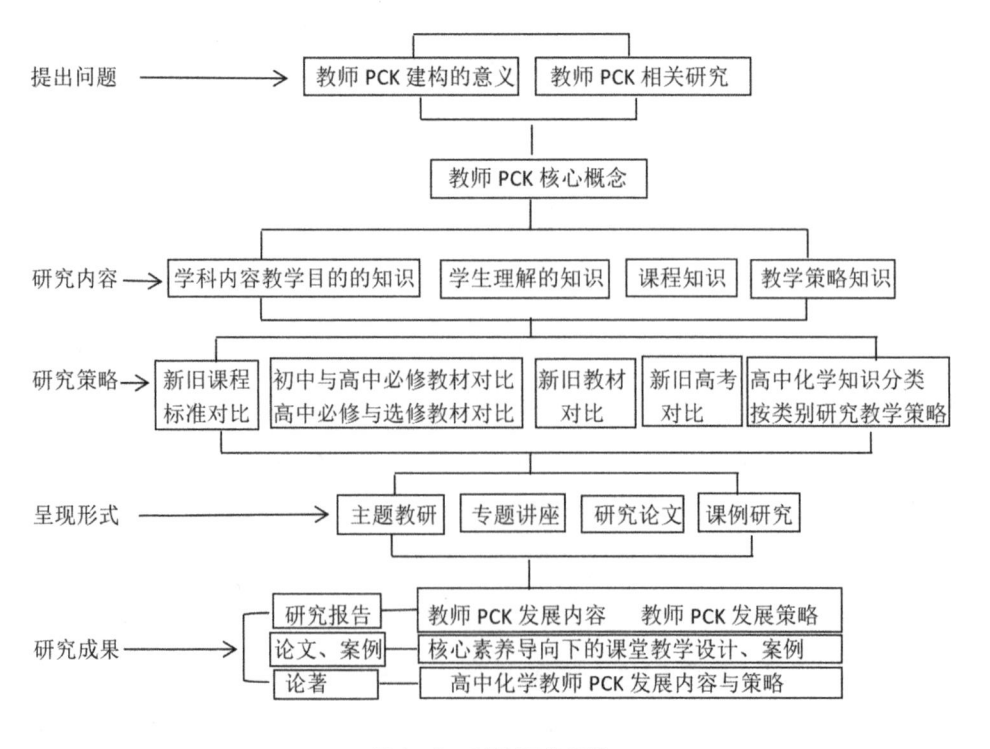

图1-3 PCK研究思路

第二章 教师学科教学知识(PCK)发展研究内容

第一节 新课标、新教材对比研究

一、新旧课标对比研究

在普通高中化学课程标准(2017年版)之前,2003年中华人民共和国教育部颁布普通高中课程方案和课程标准实验稿,即《普通高中化学课程标准(实验)》,该实验稿指导了我国多年来普通高中课程改革实践。2013年,中华人民共和国教育部启动了普通高中课程修订工作,在修订普通高中课程方案的同时也对高中课程标准进行修订,目的是构建既符合我国国情又富有国际视野的中国特色普通高中课程体系。

(一)课程性质上的阐述不同

2003年中华人民共和国教育部颁布《普通高中化学课程标准(实验)》强调高中化学课程是有助于学生主动构建自身发展所需要的化学基础知识和基本技能。强调化学学科有利于学生体验科学探究过程、学习科学研究的基本方法、加深对科学本质认识、增强创新和实践能力、树立可持续发展思想等。但是《普通高中化学课程标准(2017年版2020年修订)》则着重强调普通高中化学课程是落实立德树人根本任务、发展素质教育、弘扬科学精神、提升学生核心素养的重要载体;并强调化学学科核心素养是学生必备的科学素养,是学生核心素养的重要组成部分,是学生终身学习和发展的重要基础。通过对比,不难发现新的课程标准强调高中化学学科课程要发挥的不仅是学科知识和技能得以培养落实的功能,更强调了其落实立德树人根本任务的载体价值,也就是更加强调化学学科对学生整体核心素养养成的重要功能性价值。

(二)课程基本理念不同

课程性质发生变化,那么课程理念必须变化。《普通高中化学课程标准(实验)》的课程基本理念强调以下几点:立足三维目标(知识与技能、过程与方法、情感态度与价值观),设置多样化课程模块适应学生个性发展,学习化学基本原理和方法形成科学的世界观,培养学生责任感、参与意识、决策能力、创新及实践能力,发挥化学学科对培养学生人文精神的积极作用,倡导学生自我评价等多种评价方式,促进教师专业发展等。《普通高中化学课程标准(2017年版2020年修订)》提出基本理念是设置满足学生多元发展需求的高中化学课程,选择体现基础性和时代性的化学课程内容,课程设置以发展化学学科核心素养为宗旨,重视开展"素养为本"的教学,积极倡导基于化学学科核心素养的评价。

(三)课程结构不同

《普通高中化学课程标准(实验)》中将高中化学课程分为必修、选修两类。必修部分中包含两个模块,分别是必修1和必修2。选修部分包括6个模块,分别是化学与生活、化学与技术、物质结构与性质、化学反应原理、有机化学基础、实验化学。《普通高中化学课程标准(2017年版2020年修订)》对课程结构的阐释更加明确细致。依据普通高中课程方案,设置必修、选择性必修、选修三类课程。基于化学学科特点及核心素养内涵,确定课程主题、模块和系列。必修课程有必修第一册和必修第二册两个组成部分,包含5个主题,即主题1是化学科学与实验探究;主题2是常见的无机物及其应用;主题3是物质结构基础与化学反应规律;主题4是简单的有机化合物及其应用;

主题5是化学与社会发展。选择性必修课程共三册教材即3个模块,模块1是化学反应原理;模块2是物质结构与性质;模块3是有机化学基础。选修课程分3个系列,系列1是实验化学;系列2是化学与社会;系列3是发展中的化学科学。从课程结构设置对比不同发现,《普通高中化学课程标准(2017年版2020年修订)》将高中化学课程由原来的两个类课程(必修、选修)增加到三类课程(必修、选择性必修、选修),即考虑到学生升序需求及课程实施本身的连贯性,兼顾课程的开设应有利于学生基本学科素养的形成,还要兼顾学生自主进行选修和学校自主进行开设的灵活性。

(四)课程目标不同

《普通高中化学课程标准(实验)》中对于高中化学课程的目标是从知识与技能、过程与方法、科学态度与价值观三个角度阐述的。强调学生通过高中化学课程的学习要获得化学学科的基础知识和基本技能,并形成化学学科的基本观念;体会探究过程形成探究能力,善于合作、敢于质疑具有团队精神,提升自主学习能力;发展学习化学的兴趣,逐步形成可持续发展的思想,树立辩证唯物主义的世界观等。《普通高中化学课程标准(2017年版2020年修订)》中的课程目标是根据化学学科核心素养对高中学生发展的具体要求而提出的。大体分为五个方面:提升学生对宏观现象的辨识能力以及根据微观结构对宏观的预测和解释能力;能从多视角全面认识化学变化以及从对立统一、动态平衡观点考察化学反应;学会基于证据对研究对象进行分析推理以及通过建构模型建立解决问题的思维框架;通过有价值的化学问题的探究过程,培养学生独立思考、敢于质疑和勇于创新的精神;培养学生严谨求实的科学态度,具有"绿色化学"观念和可持续发展意识,认识化学对人类重大贡献的基础上运用化学原理分析解决各种化学问题等。总体看来,《普通高中化学课程标准(2017年版2020年修订)》对于高中化学课程的目标描述得更加微观翔实具体,主要体现在,目标的提出结合了学科核心素养,充分考虑了化学学科本身的特点,简言之,课程目标针对学科特点而设立,不是一以贯之各个学科都可以通用的目标,这样的目标对指导一线教师的教学更加实际,一线教师在实际教学中落实起来更有抓手。

（五）课程内容变化

《普通高中化学课程标准（2017年版2020年修订）》较之《普通高中化学课程标准（实验）》中高中化学课程内容进行了如下调整：一是精选了课程内容,以学科大概念为核心,课程内容的呈现结构化。二是课程内容以主题引领和情境化形式呈现,促进学生学科核心素养的养成。三是更新课程内容：学科的新发展、新成就编入教材,将社会主义核心价值观融入教材。《普通高中化学课程标准（实验）》中对于两册必修和六册选修教材分别以主题的形式给出了相应的"内容标准"和"活动与探究建议"；《普通高中化学课程标准（2017年版2020年修订）》不同的是在其课程内容部分就必修、选择性必修、选修三类课程的若干个主题均详细地给出了"内容要求""教学提示""学业要求"。内容要求不仅对每个主题的教学中学科本体知识上进行详细的要求,而且增加了学生必做实验内容。教学提示中分别给出了教学策略、学习活动建议、情景素材建议三种提示。学业要求中针对每个主题的内容给出了详细的目标性要求,与内容要求相呼应。综上,新版课程标准对于实际的教学工作指导更细致、明晰、具体。

（六）实施建议对比

对于课程的实施建议,《普通高中化学课程标准（2017年版2020年修订）》与《普通高中化学课程标准（实验）》对比,在原有教学与评价建议、教材编写建议、课程资源开发与利用建议的基础上增加了学业水平考试命题建议。在建议中给出：考试目的、命题框架、命题原则、命题程序和典型试题与说明。典型试题与说明中以一道题目为载体,对"测试宗旨—核心素养、测试载体—真实情境、测试任务—实际问题、解决问题工具—化学知识"进行详细解读和说明,体现了该课程标准对考试命题的指导作用和价值。

2003年版本将课标教学与评价建议分别进行阐述,2017版本则将教学与评价建议一并进行阐述；2017年版本课标在教学建议中除了沿袭2003年版本课标强调化学实验的育人功能和重视发展学生的科学探究能力之外,突出强调了以下几点:一是根据化学学科核心素养制订教学目标;二是根据学业质量要求选择教学内容;三是创设真实问题情境,促进学习方式转变;第四,主张日常学习评价,促进"教—学—评"一体化。

教材编写建议方面,2017年版本课标强调教材编写要以立德树人、发展核心素养为宗旨,内容选择要凸显化学学科核心概念和核心知识,内容编排与呈现要注重情境化、结构化和系统化,并符合学生的认知规律。

(七)新课标提出了核心素养和学业质量

《普通高中化学课程标准(2017年版2020年修订)》提出了高中化学学科核心素养的五个方面,分别是:宏观辨识与微观探析、变化观念与平衡思想、证据推理与模型认知、科学探究与创新意识、科学态度与社会责任。并且在新课程标准的附录中给出了这五个方面核心素养的四个素养水平和其划分依据。

2017年版课标还有一项重要的变化是增加了学业质量,给出学业质量标准的内涵。学业质量标准是将学科核心素养及其表现水平与课程内容相结合,是对学生学业成就表现的总体表征和刻画。根据不同水平学生的学业成就表现,将学生的学业质量划分为不同的水平,在学业质量水平中描述了不同学业水平的学生在该学科学习结果的关键具体表现。学业质量水平中将学生的学业质量水平划分为四个水平,每一个水平都对应五个方面核心素养以及在这一水平层次上的具体表现。学业质量水平不仅是教师教学目标达成与否的重要依据,更是考试命题的重要依据。课标中明确指出,学业质量水平2是高中生在化学学科应该达到的合格要求,学业质量水平4则是高中化学学业水平等级性考试的命题依据。

二、新旧教材对比研究

为提升化学教师自身的学科教学知识(PCK)水平,我们以人教版高中化学教科书为载体,进行了新旧教材对比研究,旨在促使教师在教材的对比中,发现新教材的变化之处,促使其理解新课程改革的理念、目标、方向,进一步

◆ 核心素养视角下的高中化学教学实践

促进教师本身的学科教学知识(PCK)水平,在提高的同时改变、改进教学行为和方式,进而积极建构素养为本的课堂。为此笔者对人教版必修2(旧版本教材)和必修第二册(新版本教材),以及人教版选修4(旧版本教材)和选择性必修1(新版本教材)的教材内容进行了对比研究。

(一)必修2(旧版本教材)和必修第二册(新版本教材)的教材内容对比

1. 必修2(旧版本教材)和必修第二册(新版本教材)整体进行对比

(1)封面不同。新教材更注重微观结构,突出化学学科从原子、分子水平上认识物质组成、结构、性质及变化的学科特点。

(2)目录不同。新教材的目录,不是从第一章开始编起,而是承接必修第一册的第四章、第五章编起的,体现必修知识内容的连贯性和整体性。旧教材元素化合物知识比较集中,新教材则相对分散。新教材则增加了章目录,使学生对这一章的内容一目了然,可以做到心中有数。

(3)编排方式的变化。新教材编排方式上非金属元素及化合物较为分散:周期律前—氯(必修1),周期律后—硫、氮(独立介绍)—硅(融于应用之中)。这样的安排突出了化学理论对元素性质学习的指导作用,落实了学科核心素养要求。

(4)新增内容。学生必做实验;学习方法指导;梯度明显的习题;与生产实际结合的工业生产原理;高科技成果展示;系统性的章节总结等。

(5)改进部分。基础实验设计。在化学实验的设计上突出环保意识和绿色化学理念,通过实际的操作使学生体验环境保护与资源利用的和谐统一。

2. 必修2(旧版本教材)和必修第二册(新版本教材)分章节进行对比

(1)第五章　化工生产中的重要非金属元素

本章内容包含三节,分别是硫及其化合物、氮及其化合物、无机非金属材料。两个实验活动:用化学沉淀法去除粗盐中的杂质离子、不同价态含硫物质的转化。

本章作为系统性学习非金属元素的典型章节,教材编写的主要目的是通过对硫和氮等非金属元素的学习,帮助学生理解认识非金属元素及其化合物的基本思路和方法,了解物质间的相互转化规律,形成化学学科的核心素养。教材编写的基本思路是从硫元素和氮等非金属元素在周期表的位置和原子结构入手,进一步分析和预测非金属元素的主要性质,然后按照单质、氧化物(氢化物)、酸、盐的顺序依次认识和学习。在此基础上设计各种探究活动,并以硫酸和硝酸的工业制取原理为背景,运用所学的氧化还原理论实现含不同价态同种元素物质间的相互转化。这一编写思路体现了"结构决定性质,性质决定用途"的化学观念,也符合"整体—部分—整体"的认识事物的基本思路。

具体变化体现在如下方面:

①新教材将钠、氯的相关知识呈现在元素周期律之后,试图运用元素周期律知识来指导硫和氮元素的学习,这样的安排体现了由特殊到一般,再由一般到特殊的学习方法,符合学生的认知规律。

②新教材更重视硫元素的性质学习。新增了硫元素和氮元素在元素周期表中的位置,根据其最外层电子数判断化合价,利用元素周期律知识将其与氧元素的非金属性进行比较,引导学生体会位置决定结构,结构决定性质的研究方法。除此之外,新教材还增加很多化学反应,比如:硫与铁、硫与铜、硫与氢气及二氧化硫与硫化氢的反应等。

③新教材着重给出了工业制备硫酸的原理示意图,体现了工业制备硫酸的重要性,也为了让学生对工业流程有简单了解,激发学习热情,培养社会责任感。新教材将铜与浓硫酸反应的装置图进行了改进,增加了二氧化硫的尾气处理,增强环保意识。除此之外,还增加了硫酸根离子的检验。

④对于氮元素这部分,新教材新增了氮气与镁的反应、二氧化氮溶于水的实验,还增加了氨的物理性质与工业用途;将氨气溶于水显碱性和氨的催化氧化的方程式放入正文;新增实验铵盐与氢氧化钠反应及离子方程式的书写;新增硝酸的物理性质与保存方法以及硝酸分解的方程式;新增铜与硝酸反应的实验,并且注意了尾气吸收;新增了"雨水 pH 测定的研究目的"与"上

网搜集酸雨的资料"两个任务。新教材沿用自然界中的氮的循环图,将氯化铵与氢氧化钙反应的简易装置示意图放入思考与讨论部分中。

⑤新教材将无机非金属材料按照硅酸盐材料和新型无机非金属材料两大类别进行分类学习,而旧教材是按照二氧化硅和硅酸、硅酸盐、硅单质的小类别进行分类研究。新教材将陶瓷、玻璃、水泥的成分制备用途均放入正文,并新增新型无机非金属材料,将二氧化硅和碳的反应由课后习题转入正文;新增了富勒烯、碳纳米管、石墨烯等新型无机非金属材料的主要用途,对高纯硅的制备及其在新能源技术领域应用的介绍力度加大。从微观的纳米尺度—分子结构、微米尺度—原料形态、宏观尺度—成品外观三个角度让学生进一步了解化学与科技的关系。

⑥新教材中新增了学生必做实验:化学沉淀法去除粗盐中的杂质离子、不同价态含硫物质的转化。强化化学实验中分离提纯的基本操作,也力求培养学生多角度、动态地分析化学变化的意识和能力。

⑦章末整理与提升部分,让学生认识物质结构与性质的关系,使学生体会从物质类别和元素价态两种视角综合分析研究物质间转化关系的元素化合物知识学习方法。

⑧新教材增加的化学实验设计的思路,以化合价为主线,强化氧化还原理论的应用,既是对之前学习的元素化合物知识的总结,又是对氧化还原理论认识的深化。

⑨新教材的课后习题梯度设计更加合理,一些重要的推理与迁移都在习题中体现。如:二氧化硅与氢氟酸的反应、二氧化硅与氢氧化钠的反应等,更好地起到补充、巩固、提高的作用。

(2)第六章　化学反应与能量

本章共包含两节,化学反应与能量变化和化学反应的速率与限度;包含两个实验活动:化学能转化成电能和化学反应速率的影响因素。

本章内容力图在初中化学相关知识的基础上,使学生进一步加深对化学反应本质的相关了解,拓宽原有的认识视角,对化学反应初步形成较为全面的认识。通过本章学习,力求使学生掌握化学反应基本特征,即物质变化和能量变化。对于化学反应本身和利用化学反应基本视角,即实验事实、基本概念、微观解释、判断依据、应用价值,具备系统把握的能力。教材中通过多角度认识化学变化和运用化学反应原理解决化学实际问题的例子,使学生在掌握化学反应的实质、能量变化的本质、反应速率和限度及其调控等核心知识的同时,深入体会科学分析与探究的方法,深刻认识化学学科价值,切实感受化学学科的魅力。

具体变化体现在如下方面:

①新增吸放热反应实验,通过具体数据、断裂、形成化学键的能量变化实例,归纳吸放热反应;从解释吸放热的原因到吸放热的判断,最后安排吸放热的应用价值实例。先是将数学数据支撑和化学微观分析相结合,后是利用数学归纳法推理演绎,最后是原理的实践应用,这样的设计安排环环相扣,符合学生的认知规律。

②新增铜、锌稀硫酸原电池实验与原理示意图,以及探究实验"简易电池的设计与制作"。教学中可把"简易电池的设计与制作"安排成学生进实验室亲自操作体验的探究活动,让学生体会原电池的构成要素,分组设计实验方案并交流讨论,最后评价方案的可行性与优劣,使学生养成科学的态度,学会科学研究的方法。探究实验后的"问题与讨论"可引导学生带着明确的问题和清晰的思路进行实验操作。"以上实验中,电池不可或缺的构成部分有哪些?"引导学生总结规律得出结论的同时,也提醒学生不能就一次的探究实验得出绝对化的结论,要为后面学习留有余地。这种"在做中学"的方式将知识作为解决真实问题的工具,结合此处新增的"信息搜索""科学·技术·社会""化学与职业""研究与实践"栏目均可使学生充分体会所学知识的价值。

③探究速率大小的影响因素部分。新教材以新旧兼容、详略有别的方式编排。教材"探究"中安排两个实验和一个讨论,结合"方法导引"中指出科学研究中采取的变量控制的方法。从提出问题假设开始,"反应温度的影

响"的探究教材给了具体步骤,"反应物浓度的影响"的探究只给出设计提示,"问题与讨论"则需要学生自主提出问题、进行假设、设计实验方案。这种进阶式设计的探究,保证了探究的可操作性,也使学生掌握了探究问题的一般方法。

④新增工业合成氨在工业生产中实际采用温度和压强的介绍和讨论,新增"如何提高燃煤效率"的"思考与讨论"这一项。启发学生联系自己学过的化学反应,结合生产和生活实例,对化学反应条件的控制进行具体应用,感性和理性认识结合,将生活问题转化成化学问题,生活经验升华为科学理论。

新教材探究问题分层设置,使学生初步形成对化学反应规律的完整认识,有利于学生形成变化的观念与平衡的思想;并且必修和选修界线相对清晰,遵循新课标提出的对应学段的学业质量要求水平。

(3) 第七章 有机化合物

本章内容包含四节:认识有机化合物、乙烯与有机高分子材料、乙醇与乙酸、基本营养物质。两个实验活动搭建球棍模型认识有机化合物分子结构的特点、乙醇乙酸的主要性质。

本章遵循"结构决定性质"的化学学科基本研究方法和学习方法,首先从碳原子的成键方式入手,让学生站在结构的角度,从微观层次上初步认识有机物;再以简单的有机物甲烷为例,介绍烷烃和有机物的基本性质,让学生初步了解有机物和无机物在结构和性质上差别。以具体有机物为线索,按照从简单到复杂的顺序,依次介绍乙烯、乙醇、乙酸这三种具有代表性的有机物,以及合成高分子、糖类、蛋白质和油脂等复杂有机物的结构与性质。教材注意了落实学科核心素养,将宏观性质和微观结构结合起来,通过"方法导引""整理与提升"等栏目建立认知模型,提出碳骨架和官能团两个辨识有机物的重要视角,在此基础上形成认识、学习有机物的一般思路。

具体变化体现在如下方面:

①新增两个碳原子间的成键方式与多个碳原子间的结合方式。为学生建立了"碳骨架—空间位置关系—构造多个碳原子间的结合方式—空间构

型"的认知模型。

②新增甲烷分子结构示意图,将比例模型改为空间充填模型,"资料卡片"栏目新增了"使用模型研究物质结构"这一内容,教材通过大量示意图直观地呈现微观结构,使学生对有机物结构的认识从平面层次上升到立体层次,由实物模型转化为头脑中的思维模型。

③新增烷烃的性质以及烃的分类的内容,"思考与讨论"栏目中以作为化学与生活密切联系的烷烃同系物做实例,帮助学生认识烷烃的性质与应用,教学时可采用体验式学习活动,感受护肤品凡士林和蜡笔的性质。让学生自行归纳烷烃的组成和结构特点。

④新教材对于"乙炔和苯"的知识,因其结构复杂且难度较大,因此在必修模块课标要求降低,只是点到为止,安排在选择性必修2《物质结构与性质》后学习,符合学生认知规律。

⑤新增橡胶聚异戊二烯的结构简式,橡胶的结构特点及在航空、航天和国防等尖端技术领域的重要作用;新增自然界、人工合成的有机物的应用图片;新增能源、资源、环境、安全、健康等问题的解决,充分体现有机化学所构建的完整知识体系的重要性。

⑥新教材中葡萄糖的结构简式的书写发生了改变,增加了银镜反应与新制氢氧化铜反应的实验图片;新增甘氨酸和苯丙氨酸的结构简式,为选修有机化学模块以及高中生物学习奠定基础。

⑦新增的"化学与职业"栏目介绍了新兴职业——营养师,除了提醒学生需要打好坚实的有机化学知识基础外,也能帮助高中生做些必要的职业规划。"研究与实践"栏目让学生了解食品中的有机化合物。

⑧新增实验活动,即搭建球棍模型认识有机化合物分子结构的特点,创设学生在活动中学习的环境,帮助学生认识碳原子的成键方式和特点,从微观的分子结构和化学键的视角来探析有机物的结构特点。

新教材注重落实学科核心素养,将宏观性质和微观结构结合起来,先后编入有机物中碳原子的成键特点、烃的分类、官能团与有机物分类等内容,通过"方法导引""整理与提升"等栏目建立认知模型,给出碳骨架和官能团这两个辨识有机物的重要视角,以及在此基础上认识有机物的一般思路。

(4)第八章　化学与可持续发展

本章内容包括三节:自然资源的开发利用、化学品的合理使用、环境保护与绿色化学。

从化学角度看,开发利用自然资源的过程就是利用化学变化获得有用物质、获取能量的过程。资源开发利用与保护资源、保护环境,坚持可持续发展,树立"绿色化学"的观念为当前化学的应用与发展指明了方向。教材按照产品源于自然、归于自然的物质转化过程安排教学内容,从资源利用、生产,到产品的使用、消费,再到资源、环境保护,将化学品生命周期的循环链条呈现得非常完整,使本章主题的内涵更加丰富、全面。

具体变化体现在如下方面:

①将旧教材的两节变为三节,新增热分解热还原的金属冶炼方法。在必修1学习了有关金属及其化合物的化学性质和氧化还原等知识后,再对金属矿物的开发利用进行系统化学习也就顺理成章、水到渠成。新增的"思考与讨论"栏目简明扼要地展示了铝的生产原理,抽取了铝冶炼过程中的核心物质和主要反应,通过对教材数据的分析和两幅图片的比较,引导学生思考和讨论,获得实际生产中必须考虑投入与产出,要考虑成本,要加强废旧金属的回收和再利用等启示。

②新教材给出了海水资源的丰富性,借助"信息搜索"栏目,以"海水淡化""海水制盐""海水提溴"等为关键词进行搜索,拓宽了知识获取的渠道,将学习从课内延伸到课外,进一步提高学生对海水资源综合利用途径的认识。

③海水提溴是本节的重点和难点,新教材将海水提溴由之前的资料卡片的文字叙述转为"思考与讨论"栏目中清晰的工艺流程示意图,能完整体现自然界物质提取的一般流程和方法,有利于学生形成结构化认识,逐步建立起解决较为复杂的真实化学问题的思维框架。

④增加滴滴涕(DDT)和六六六的功与过,青蒿素、柠檬黄和谷氨酸钠的结构简式;新增食品添加剂的最大用量;新增次生污染物的形成示意图与污水处理流程示意图。在"思考与讨论"栏目中安排了辩论题"农业生产中是否应该继续施用化肥和农药",培养学生的合作能力、收集和整理信息的能力以及表达与交流的能力。

⑤新增绿色化学的理念与行动,树立化学的正面形象;体现化学在社会热点问题,如资源、能源、材料、健康、安全、环境等方面的积极作用。

⑥新增真实的生产情境,体现工业实际应用的复杂性,常识性介绍相关法律法规,根据法规进行判断分析问题,培养实事求是的科学态度、勇于担当作为的社会责任。

(5)教学策略和实践体会——以第五章为例

①发挥核心概念对元素化合物学习的指导作用。如:贯穿整个化学学习的氧化还原反应概念指导非金属元素的学习,尝试单元教学解决课时不够问题。

②充分认识化学实验的独特价值,精心设计具有高水平的实验探究活动。如:探究 SO_2 与 $BaCl_2$ 溶液的反应,如何生成沉淀;对某次采集的酸雨样品,每隔一段时间测定一次 pH,pH 为何逐渐减小;探究生成物是铁和硫单质反应生成硫化亚铁;浓硝酸与铜反应后溶液呈绿色的原因?没有实验条件可以观看视频或是优秀课中的探究实验。

③紧密联系生产如生活实际,创设丰富多样且富有价值的真实问题情境;如:雷电发庄稼;酸雨的成因危害与防治;火山喷发中含硫物质的转化;食品中适量添加二氧化硫的作用(去色、杀菌、抗氧化);氯气、氨气等泄漏的处理;汽车尾气的处理。

④有效开展化学日常学习评价,多样化教学方式和学习途径,促进学习方式改变。如布置调查作业再组织交流讨论:从含硫氮物质的性质及转化的视角分析酸雨和雾霾的成因、危害和防治;调查水体重金属污染及富营养化的危害与防治;讨论日常生活中含氯化合物的保存与使用;工业合成氨、工业

制硫酸;氮肥的生产和合理使用;含氯消毒剂及其合理使用;三峡工程、港珠澳大桥工程中使用的水泥,载人航天器外壳的耐高温陶瓷,磁悬浮技术使用的超导陶瓷,计算机芯片中的高纯硅,材料新宠石墨烯,富勒烯在化妆品中的应用。

⑤抓要点,适当取舍,把握好教材的基本要求,合理控制知识的深广度。必修阶段涉及的复杂结构知识、弱电解质知识一定不拓展。

⑥采用对比、归纳、整理、分类等方法,将所学知识系统化、结构化,充分利用课本"练习与应用"这一栏目。

(二)选修4(旧版本教材)和选择性必修1(新版本教材)的教材内容对比

选择性必修1《化学反应原理》与旧教材同中有变,笔者选取了一部分典型变化和基于真实问题情境的习题加以分析,但愿对高中化学教学有一些帮助。

1. 选择性必修1《化学反应原理》新教材的特点

《化学反应原理》的核心知识结构基本没有变化,仍然包括三个主题和四章内容,应当更注重与必修内容的衔接,注重教材内部内容的衔接,注重与大学知识的衔接,不是简单地将大学知识搬来,简单下移,而是精心设计、精心选择,遵循螺旋式上升的认识规律,在深入浅出上下功夫,让学生在中学阶段对相关问题具有正确基本的了解,为培养出符合新时代要求的高素质专业人才打基础。

2. 选择性必修1《化学反应原理》变化内容

(1)引言

有效碰撞理论、活化分子和活化能、催化剂均移入化学反应速率一节中,理论解释各因素影响化学反应速率的原因,突出学科逻辑性,更符合学生认知发展规律。

(2)化学反应的热效应

①明确体系与环境,内能等概念,为反应热、焓、焓变等概念打基础。

②焓及焓变,出现化学反应中焓的变化示意图,纵坐标为焓,等压条件下,反应热等于焓变。

③△H 的单位中"mol^{-1}"的含义,来自大学知识内容,标准摩尔焓变,中学则指每摩尔反应。

④燃烧热。101 kPa(不限定温度,常用的是 25 ℃时的数据);1 mol 纯物质完全燃烧;生成指定产物;C→CO_2(g);H→H_2O(l);N→N_2(g);S→SO_2(g)。

⑤可逆反应热化学方程式的书写。

第一章中氮气与氢气反应的热化学方程式写的等号,化学反应调控一节中,工业合成氨的热化学方程式用的可逆号。笔者认为对于可逆反应的热化学方程式的书写,等号和可逆符号均可以。

(3)化学反应与电能

①电解饱和食盐水。电解饱和食盐水的阴极反应写成水得电子生成氢气和氢氧根,虽然反应实质是水电离产生的氢离子反应,但是水不能拆,这样写与离子反应方程式的书写要求一致。

②牺牲阳极法(原:牺牲阳极的阴极保护法)

课本中运用牺牲阳极法,设计了两个实验。虽然应用的是原电池原理,但出现了阴阳极的表述,可以从物理与化学学科对正负极和阴阳极的定义解释,在物理学中把电势高、电流流出的一极称作正极,对应的为负极。在化学中,把发生氧化反应的一极称作阳极,其实正负极、阴阳极对于原电池和电解池均试用,只是化学中习惯在原电池中用正负极,电解池中用阴阳极。取出电解质溶液检验二价铁,是防止铁电极与铁氰化钾中的三价铁反应,产生二价铁干扰实验。

新增加的第二个实验是要说明铁与活动性不同的金属接触时,其腐蚀程度是有差异的,要避免铁受到腐蚀,需要较活泼的金属与其连接。可以把课后习题中用镁保护金属管道放在一起讲解。

(4)化学反应的方向、限度和速率

①化学反应速率

速率表达式和浓度变化均带有符号,即反应物浓度减少,浓度变化为负值;速率表达式带负号,即生成物浓度增加,浓度变化为正值;即速率表达式带正号,即但是这样使得计算结果仍然是正的数值。

②影响化学反应速率的因素

在必修第二册实验活动 7 定性研究,在此基础上,学生设计定量实验方案更具开放性,给学生建立定性与定量分析的概念,从定性到定量,注意变量控制,实验对比。

③基元反应

知道化学反应是有历程的,认识基元反应活化能对化学反应速率的影响。

教材中的细节也应引起重视,碘化氢分解反应中分子碰撞示意图就表达了基元反应,有效碰撞生成氢气和碘自由基

④影响化学反应速率的理论解释

活化能:对于基元反应,活化分子的平均能量与反应物分子的平均能量之差。

⑤催化剂改变反应历程示意图

活化能表达出反应历程,可能存在一个或多个峰,但是不影响反应热,课后习题设计得非常好(如选择性必修1《化学反应原理》29 页第 5 题)

⑥浓度商

概念的引入,根据 Q 与 K 的关系,判断反应进行的方向。

⑦化学反应的方向

旧:能用焓变和熵变说明(理解、解释)化学反应的方向。

新:知道化学反应是有方向的,知道化学反应的方向与反应的焓变和熵变有关。

⑧化学反应的调控

第一,理论分析。浓度压强温度催化剂对速率和平衡的影响;第二,实际生产(综合考虑问题的意识)考虑设备条件,安全操作,经济成本等。

(5)水溶液中的离子反应与平衡

①电离平衡常数(科学视野改正文、计算)。

②水的离子积常数和盐的水解常数都未提及水。

③溶度积常数。

④沉淀的转化,增加图片更直观。

⑤中和滴定,计算从体积平均到浓度平均;强酸与强碱的中和滴定接近终点时改为滴加半滴。

⑥增加 Na_2CO_3 的水解。

⑦Ksp 的表达式,出现在正文部分。

⑧沉淀的溶解,删去了 $Mg(OH)_2$ 与 NH_4Cl 的反应。

3.落实习题的素养功能

《普通高中化学课程标准(2017 年版 2020 年修订)》第 73 页写道:"真实、具体的问题情境是学生化学学科核心素养形成和发展的重要平台,为学生化学学科核心素养提供了真实的表现机会。"因此,教师在教学中应重视创设真实且富有价值的问题情境,促进学生化学学科核心素养的形成和发展。

课标中有情境素材建议,对照课本内容,发现正文中没有出现的内容,大部分会在习题中出现。总结如下:

【情境素材建议】

氢气与氧气反应生成液态水或气态水的能量变化

以氢能引入,氢气与氧气反应的热化学方程式出现次数非常多,综合这些题目和相关概念知识,可以设计为层层递进的问题引发学生思考:

生成 1mol 气态水和 1mol 液态水释放的能量相同吗? 为何不同?

生成 1mol 气态水释放能量多还是生成 1mol 液态水释放的能量多?

1mol 液态水生成气态水吸收多少热量?

1mol 氢气与 2mol 氢气分别燃烧生成液态水放出热量相同吗？谁多？

1mol 液态水分解需要吸收多少热量？

氢气燃烧生成水放出热量多少与什么因素有关？

这些问题让学生深度思考，为学生书写热化学方程式、反应热的计算、燃烧热打下坚实的基础。学习完成后，让学生分析氢能的优缺点，查阅资料，了解我国现阶段氢能的发展，增强学生科学态度与社会责任等核心素养。

家用燃料和火箭推进剂燃料的选择

从家用燃料到火箭推进剂，到火炬燃料。家用燃料经历了"煤→液化石油气→天然气"的变迁，从低成本、易开采到更安全更环保，家用燃料的变迁历程也是我国经济发展及科技进步的缩影。火箭推进剂与家用燃料不同，讨论火箭推进剂燃料的选择标准，为什么选用肼和二氧化氮？从家用燃料到火箭推进剂中的燃料，从平日生活到科技前沿，引导学生在真实情景中进一步完善选择燃料的思维框架，即燃烧热、燃料成本、燃料的运输与储存、燃料与产物的安全性等角度考虑。紧接着分析火炬的燃料，从丙烯到丙烷的原因。

铅蓄电池、锂离子电池等生活中常用的电池；化学电池的发展历史与新型电池的开发；电解在污水处理的应用。

可以从生活中学生熟悉的电动自行车电池的发展史作为线索引入，分析二者的优缺点，然后再介绍电池的具体原理，让学生体验化学的魅力，激发学习化学的热情。

向学生介绍化学电源的发展史与新型电池的研发工作，提取信息，原电池的发展都是抓住原电池的一般模型，把握原电池工作原理，以氧化还原为基础的电极反应，电池的改进与发展是不断适应社会需要。化学在改善人们生活，推动社会进步中发挥了巨大作用，同时也要让学生理解，要使一项理论研究成果转化成为技术产品，实现其应用价值，需要考虑许多复杂的技术问题和社会问题，由此培养学生社会责任意识。

电解在污水处理的应用，认识电解在实现物质转化和储存能量中的具体应用，体会电解对人类社会进步的重要贡献。电解处理含铬废水采用的是间接氧化和间接还原,即利用电极氧化和还原产物与废水中的有害物质发生化学反应,生成不溶于水的沉淀物,以分离除去有害物质,设计问题:

阳极阴极的电极反应方程式分别是什么?

随着电解的进行,氢氧根浓度增加,会发生什么反应?

链接必修教材课后习题中二价铁离子除铬,提出问题是否可以直接利用二价铁离子除铬?

【情境素材建议】

有应用价值的可逆反应体系,工业合成氨、高炉炼铁;酸碱指示剂的变色。

给学生提供工业合成氨的发展资料,让学生思考为什么合成氨的工业化生产会经历如此漫长的过程,合成氨为什么需要那么庞大而复杂的生产设备和特殊的生产条件?让学生体会一般研究思路:先判断反应的方向,再利用平衡移动原理分析如何提高产量。

工业生产要综合考虑理论分析和实际工艺要求。探讨合成氨的发展前景,拓宽学生视野。

调控化学反应的成功案例,汽车尾气处理。

按照分析反应—调控反应—应用反应的思路进行分析,从反应方向角度分析反应能否发生,先判断能否发生,再考虑速率和转化率的问题。提高反应速率,可采取哪些措施,提高平衡转化率,可采取哪些措施,综合考虑速率和平衡,总结理想反应条件。

对比预测的反应条件和实际反应条件,总结各种影响因素,分析有效控制反应的措施。

【情境素材建议】

同浓度盐酸、醋酸与镁条的反应;不同盐溶液的酸碱性;钡盐中毒与解毒。

借助手持技术测定 $0.1mol/L$ 醋酸的 pH 和 $0.1mol/L$ 盐酸的 pH,证明验证醋酸的不完全电离,紧接着设计问题 1L $0.1mol/L$ 醋酸与足量镁条反应,产生氢气的物质的量是多少？1L 0.1mol/L 盐酸与足量镁条反应,产生氢气的物质的量是多少？这些问题让学生产生认知冲突,部分学生会认为只有发生电离的醋酸会与镁反应产生氢气,再利用手持技术,将动态化反应过程进行量化表征,继而分析醋酸电离存在平衡。在教学过程中,用事实说话,让学生体验认知过程,整个教学过程与化学学科核心素养中的证据推理相契合,最后形成分析模型,与模型认知相契合。

钡盐中毒与解毒是对沉淀溶解平衡的应用与检测。如果用碳酸钡代替硫酸钡做钡餐,碳酸钡溶解出的碳酸根离子会与胃液中的氢离子反应,使碳酸钡的沉淀溶解平衡正向移动,钡离子浓度增大,导致中毒。

水溶液中离子平衡的应用实例,铝盐和铁盐的净水作用、缓冲溶液及其作用

铝盐净水作用是盐类水解的应用,分析原因。利用盐类水解原理来解决实际问题,突出化学原理的应用价值。

酸碱指示剂,血液的酸碱平衡,可开发学生对水溶液离子平衡内容的总结。

4. 教学策略

(1)精选教学素材和应用案例,促进学生赞赏化学、体会化学科学对人类文明和社会发展的促进作用。

(2)加强从物质组成、结构、性质等化学视角与真实情境素材之间的联系,引导学生从化学的视角看待和解决实际问题。

第二节　单元结构教学研究

新课程标准更注重大概念教学,通过大概念教学培养学生的基本观念,单元结构教学就是对大概念教学的落实,单元结构教学包括教材单元教学和主题单元教学两种,无论采用哪一种教学方法,都要注重素养为本的教学取

向,培养学生的学科核心素养。

教师通过单元结构教学,可以帮助学生把一个知识体系中最精华、最有价值的学科内容进行重整,对学科的核心知识进行总结和提炼,使学生更加重视知识的结构化,以主题为引领,使课程内容更加情景化,促进学科核心素养的落实,让学生把所学学科知识凝聚起来,形成一个单元体系,帮助学生在知识之间建立联系,最终使学生形成关于学科的全景图,以便于他们从科学的视角学以致用。

新课程计划强调培养学生的思想道德、科学文化、劳动技能和身体心理各方面的素质,为未来的发展奠定基础,造就新世纪的人才。课程的设置和安排对教师提出了新的要求,要减轻学生过重的课业负担,要培养学生的学习主动性和创造性。以往那种单一的、陈旧的教学方法已不适应新课改的要求,教师不可能靠加课时、搞题海战术来提高教学质量了。新课程计划呼唤新的教学方法,要求教师在有限的时间内完成规定的教学任务。

化学学科的教学方法总体要求是:运用各种方法要有灵活性和综合性。每一种教学方法都有其特定的步骤,当使用某一种教学方法时,要根据不同的教材和学生以及当时的形势做出机动灵活的调整、优选或改变,切不可一成不变。

以前,化学课堂教学教师一直按教材一章一节按部就班地去讲,导致教学进度上不去,学生的知识变得支离破碎,要使知识再度系统化就需要花费更多的时间和精力。新课程标准中化学学科的课时减少了,而教材内容增加了。这种情况下,如果能在教学方法上实行改革,探索更加省时高效的教学方法,就能适应新课改的需要。经过不断的探索和实践,在新的形势下,鼓励教师进行"单元结构教学"的研究也就应运而生。

教学实践表明,不论教什么学科,务必使学生理解该学科的基本结构。这里所说学科的基本结构就是指学科中的基本概念、原理以及它们之间的联系和规律。

现代化学教学规律中有知识结构与认知结构相适应的规律。若把化学知识结构看成一张网,那么每个概念就像网的一个个结点,原理就像联结每个结点的线段,把化学知识之间的关系组成点—线—网的网络结构,学生接受知识储存在大脑中,经过大脑的加工,将知识间的联系组成认知结构。只有当网络结构的新知识与学生认知结构中已有的知识是相关或一致时,才容易产生联想而被学生接受和理解。

"单元结构教学法"就是在以上理论的指导下创建和运用起来的。其目的在于教师先理解单元的整体性知识,再传授给学生整体性知识,教师要在头脑建立系统性知识的基础上利用教学设计再在学生头脑中建立系统的知识体系,教师在认识化学事物的普遍规律基础上通过课堂教学使学生认识事物的普遍规律。一旦师生在整体上有了认识,掌握了学科的基本结构,就容易理解、记忆学科的详细内容,促进知识技能的迁移。

"单元结构教学"分为五个步骤。第一步是教师启迪。把知识框架教给学生,同时设疑,指出重点目标。第二步是学生按知识结构读书、实验,探索、发现问题。第三步是学生做基本练习,初步验证理论知识。第四步是组织学生讨论,教师指点、评论、纠错,落实所学知识技能。第五步是学生归纳总结,形成知识体系。

采用"单元结构教学"就要打破课本知识的编排顺序,将一章或一个主题作为一个整体,学生要明确整体知识框架,要求学生认真阅读课文,并向学生讲明培养阅读能力的重要性。然后采用"边讲边实验"的方法,把知识结构和学生的认知结构融合成课堂教学结构。既发挥了教师的主导作用又突出了学生的主体作用,既培养了学生的动手操作能力,又使学生掌握的知识系统化。这样用较少课时完成教学任务,节省出较多时间用来处理习题,帮助学生分析解题思路,培养学生分析问题、解决问题的能力,使学生的整体知识体系趋于完善。

一、元素化合物单元结构教学设计与案例

在元素化合物的教学中,笔者尝试了采用"单元结构教学"这一方法。

下面就人教版必修第二册第五章《硫和硫的化合物》内容对元素化合物单元结构教学做详尽的介绍。

(一)理清教学设计思路

对于非金属的知识单元,通过运用价类二维图,分别从化合价和物质类别两个角度分析研究,注重知识的内在联系,给出思维方法。由于知识点多,覆盖面广,综合性强,我们试图从抓基础开始,点面结合,把前后知识进行串联,把硫及其化合物的知识作为一个超大的整体,进行单元设计,使学生从整体来到个体,又从个体回归整体。虽然内容多,但条理清晰,既抓住基础又注重能力培养。

在本单元采用单元结构教学时,首先指出硫的主要化合价有 -2、0、$+4$、$+6$ 价等,而硫的不同价态的物质之间普遍存在氧化还原反应规律,有的是归中反应,有的是歧化反应,而相互之间发生反应需要有价态间隔。然后讨论硫化氢、硫、二氧化硫和硫酸(或三氧化硫)这些典型物质间的相互转化反应,练习书写代表性的化学反应方程式,建立整体的知识框架。这样,给学生留下整体性印象,在学生掌握物质的普遍联系之后再认识特殊的物质,符合辩证唯物主义的认识规律,即矛盾的特殊性寓于普遍性之中。这样的教学方法,学生学到的是一个知识整体,有骨架有血肉,而不是星星点点的散乱的知识。

不同价态的含硫物质涉及不同的物质类别,这里既有单质又有硫化物、氧化物,还有酸和盐。在教学时,不仅要从价态上研究物质的转化,还要注重从类别角度分析含硫物质性质,建立不同价态硫元素转化的思维模型,掌握从物质类别和元素价态角度研究元素化合物性质的具体思路和方法。发展学生分类观,包括价态分类和类别分类,教师要以学生的学习为主,把某一个单元设计成若干个相互衔接的教学阶段。在不同价态含硫物质的转化这一单元的设计中,按不同价态的转化分为三课时,分别是 0 价和 $+4$ 价之间的相互转化、-2 价和 0 价之间的相互转化、$+4$ 价和 $+6$ 价之间的相互转化。以这样的线索设计,体现化学变化是有层次的,物质之间的转化是有规律可

(二)教学过程分步推进

1.挖掘不同价态含硫物质的转化的实例

硫是重要的非金属元素,也是人类最早认识的化学元素之一。无论是自然界中火山喷发,还是工业生产,以及实验室中对含硫元素的物质的探讨,都是以不同价态的硫元素之间的转化为核心。

火山喷发时,部分硫转化为硫化氢气体,部分硫转化为二氧化硫和三氧化硫气体,当有氧气、水蒸气和阳光等存在时,二氧化硫会被氧化成三氧化硫,二氧化硫和三氧化硫溶于水,分别生成亚硫酸和硫酸。一些微生物又会把部分酸转化成硫单质和硫化氢。火山喷发时,熔融态的含硫物质与铁、砷、汞等化合形成矿物。暴露于地球表面的多种含硫矿物,受空气中氧气和水蒸气等的作用,转化成石膏、芒硝等。

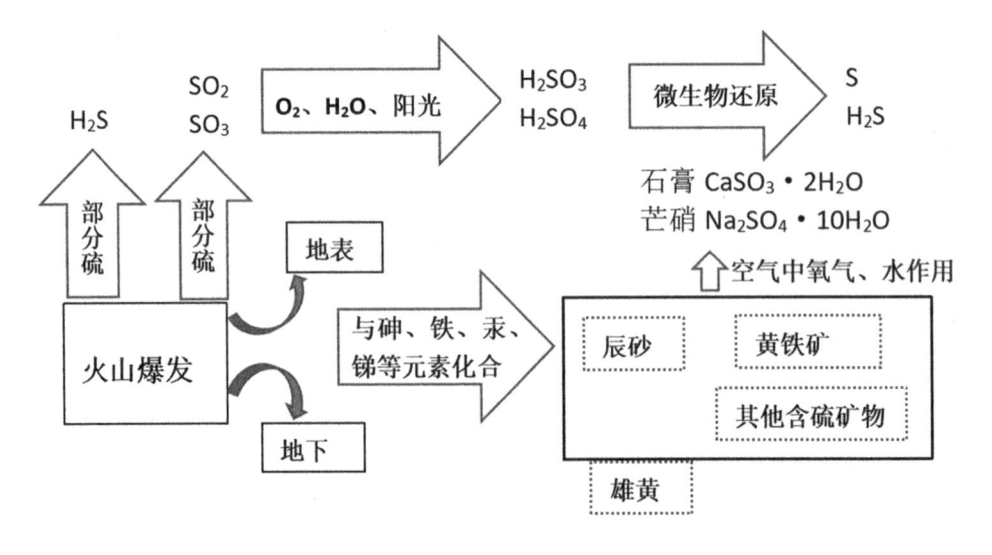

图2-1 自然界中不同价态含硫物质的转化

2.梳理不同价态含硫物质的转化的关系

在实验室中怎样实现不同价态含硫物质的转化?研究元素化合物性质的重要视角为元素价态和物质类别。

硫元素处于第三周期的第ⅥA族,最高正价为+6价,最低负价为-2价,还有中间价态为0、+2、+4价,从物质类别角度分析,包括氢化物、单质、氧化物、酸、盐等。

指导学生完成下列不同价态含硫物质的转化关系的"价—类"二维图。
H_2S、FeS_2、S、Na_2S、SO_2、SO_3、$Na_2S_2O_3$、H_2SO_3、H_2SO_4、Na_2SO_3、Na_2SO_4。

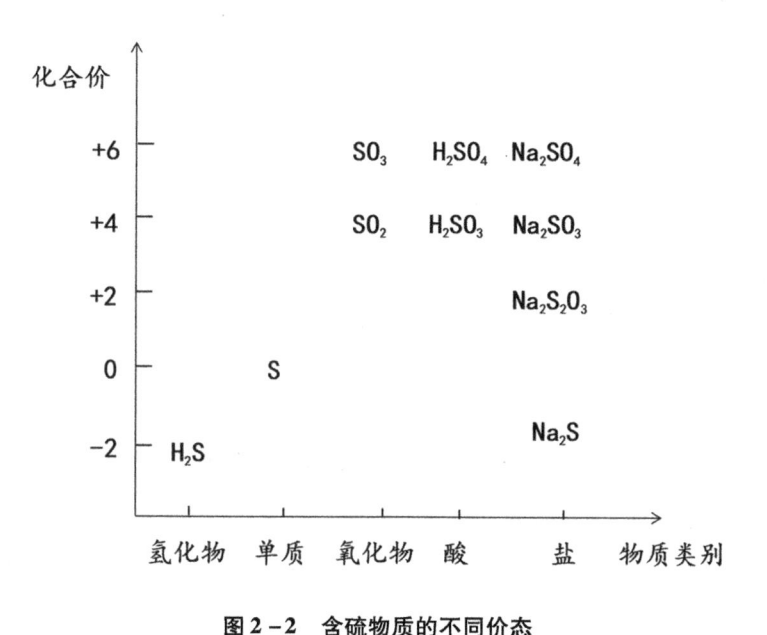

图2-2 含硫物质的不同价态

理论上,硫元素的最高价+6价硫只有氧化性,最低价-2价硫只有还原性,中间价态既有氧化性又有还原性,实现低价态到高价态的转化需加入氧化剂,从高价态到低价态的转化需加入还原剂。以价态为主线,运用氧化还原反应理论设计实验,完善不同价态硫元素之间的转化。

①设计从0价到+4价,+4价到0价硫的转化

表2-1　从0价到+4价,+4价到0价硫的转化

预期转化 (化合价)	转化前的 含硫物质	选取试剂(氧化剂或还原剂)	转化后的 含硫物质	预期现象
0→+4	硫单质	空气	二氧化硫	硫燃烧发出淡蓝色火焰,产生有刺激性气味气体
+4→0	二氧化硫	硫化氢	单质硫	生成淡黄色固体

0→+4价硫的转化可设计为:在燃烧匙中点燃少量硫粉(注意通风)。硫燃烧,发出淡蓝色火焰,产生有刺激性气味的气体。说明硫单质遇到氧化剂在适宜的条件下化合价升高发生化学变化。

+4价到0价硫的转化可设计为:转化前的物质为二氧化硫,选择还原剂硫化氢,转化后物质为硫,产生黄色浑浊。方程式 $2H_2S + SO_2 = 3S\downarrow + 2H_2O$。相同价态具有相似的氧化性或还原性,转化前物质选择亚硫酸钠,还原剂选择硫化钠,会不会产生黄色浑浊呢?实际情况是亚硫酸钠溶液与硫化钠溶液混合并没有产生浑浊,没有发生反应。对比上面的反应,这是什么原因呢?引导学生加酸,产生的现象是否与预测一致呢?向刚刚混合后的硫化钠与亚硫酸钠溶液中滴加稀硫酸,立即产生了大量的黄色浑浊,教师指导学生完成离子方程式的书写。师生分析得出正四价硫与负二价硫的反应需要酸性环境的结论。硫化钠与亚硫酸钠溶液混合产生了黄色浑浊,亚硫酸提供了酸性介质,而且它的酸性足以支撑沉淀的出现。

②设计从-2价到0价,0价到-2价硫的转化

表2-2　从-2价到0价,0价到-2价硫的转化

预期转化（化合价）	转化前的含硫物质	选取试剂（氧化剂或还原剂）	转化后的含硫物质	预期现象
-2→0	硫化氢	过氧化氢	单质硫	生成淡黄色固体
0→-2	单质硫	单质铁	硫化亚铁	剧烈反应,生成黑色固体

-2→0价硫的转化方案可设计为:方案一,向氢硫酸中滴加过氧化氢或者氯水,生成淡黄色固体为硫单质。方案二,点燃硫化氢气体,在酒精灯火焰上放置一个盛水的烧杯,观察烧杯底部的变化,若有淡黄色固体出现,说明生成硫单质。在此过程中,-2价硫被氧化为0价。0→-2价硫的转化可设计为:将还原铁粉和少量的硫粉混合,置于石棉网上,用酒精灯加热,待反应开始后停止加热。剧烈反应,生成黑色固体为FeS,硫元素由0价被还原为-2价。

③设计从+4价到+6价,+6价到+4价硫的转化

表2-3　从+4价到+6价,+6价到+4价硫的转化

预期转化（化合价）	转化前的含硫物质	选取试剂（氧化剂或还原剂）	转化后的含硫物质	预期现象
+4→+6	亚硫酸	过氧化氢	硫酸	反应前后的溶液用pH试纸检验其pH变小。或者向反应后的溶液中滴加稀盐酸无明显现象,再滴加氯化钡溶液产生白色沉淀
+6→+4	硫酸	单质铜	二氧化硫	产生有刺激性气味的气体,该气体能使品红溶液褪色

+4→+6价硫的转化可设计为：+4价含硫物质可选二氧化硫、亚硫酸、亚硫酸钠，然后确定加入试剂。若转化前物质选择二氧化硫，加入氧化剂酸性高锰酸钾溶液、氯水、氯化铁溶液，溶液均褪色或变色。转化前物质仍选择二氧化硫，加入氧化剂为双氧水或氧气，无明显现象，引导学生讨论：有没有发生反应？如何确定这个反应已经发生了？如何检验？（先加盐酸酸化，无明显现象后，再加氯化钡，产生白色沉淀。）同价态具有相似的氧化性或还原性，转化前含硫物质选亚硫酸钠，氧化剂可以选择酸性高锰酸钾溶液、氯水、氯化铁、双氧水、氧气等，转化后产物均为硫酸根。

+6→+4价硫的转化可设计为：课本【实验5-3】的铜和浓硫酸反应的实验，在加热的条件下，浓硫酸中+6价的硫与铜反应被还原为二氧化硫中+4价的硫，浓硫酸氧化了铜，浓硫酸作氧化剂，二氧化硫是还原产物。还可以引导学生把铜换成木炭，也发生类似的氧化还原反应。

3. 总结不同价态含硫物质的转化关系的规律

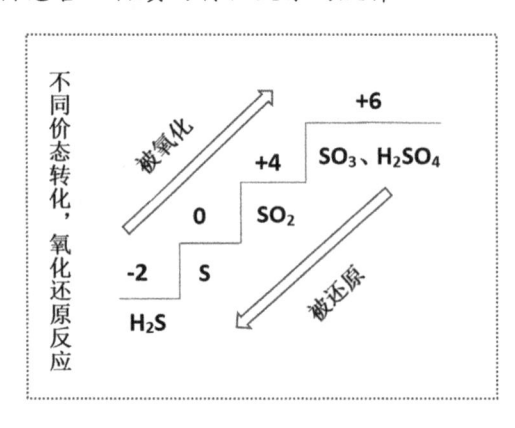

图2-3 不同价态含硫物质的转化关系

（三）回顾实践，促进教学反思

《硫和硫的化合物》单元教学设计是在了解了含硫元素的物质在自然界中转化的基础上，引导学生运用氧化还原理论探究在实验室里如何实现不同价态硫元素之间的转化，并在此过程中学习不同价态含硫物质的性质。这部分教学具有重要的意义和价值,其目的是让学生通过具体含硫物质之间的转化,从物质类别、硫元素价态角度对它们进行分类,在绘制在"价—类"二维图中,从化合价和物质类别两个角度对不同价态含硫物质的性质进行预测并设计实验,帮助学生建立从不同视角对物质进行分类的分类观。教学过程中设置驱动问题,引导学生思考、迁移、深度加工和反思构建知识框架,形成清晰的解决问题的思路,掌握化学实验探究的方法。在学习过程中也暴露出他们在实验设计中的不足,对实验步骤和实验现象的描述不够准确,借此培养学生严谨求学的科学态度。

以元素周期律为指导,学生在前面已学习了元素周期律的知识,教师在教学中要注意利用元素周期律的理论指导硫及其化合物的学习,以便强化已有知识,并使新学知识纳入学生已掌握的知识体系中,逐步形成硫及其化合物的整体知识体系的建构。

注重知识的系统化和结构化。注重对硫及其化合物的知识进行归纳整合,从相关知识之间的内在联系出发,建立物质之间的关系,把硫化氢、硫、二氧化硫和硫酸这些重要物质之间的转化关系连接起来,形成了简洁直观的硫及其化合物的知识网。

二、有机化合物单元结构教学设计与案例

有机物有其独特的结构和性质,教学中要依据有机物碳骨架和官能团分析有机物的分子结构,根据其结构与变化,去认识有机物的性质和反应规律,从而实现结构决定性质的观念。由于有机物在分类时,某一大类物质的结构在碳骨架或者官能团方面具有密切的联系,从而决定了这一大类物质(如烃、烃的衍生物等)性质的相似性和不同性,因此,有机化合物适合进行单元结构教学。

当有机化合物采用单元结构教学这一方法时,可以依据有机化合物分子中原子间的连接顺序、呈现方式和空间排布判断有机物分子中碳原子的饱和程度,共价键类型和极性,也就是说,可以依据碳骨架认识有机化合物,对有

机物进行分类,也可以根据有机物分子中的官能团(包括碳碳双键、碳碳三键、羟基、碳卤键、醛基等)对有机物进行分类。

有机物在化学性质方面有一定的规律,分子中基团之间可以相互影响,在一定条件下,官能团可以相互转化,因而形成一个整体,在某一个系列中各物质之间既有区别又相互联系,通过学习给学生提供一种研究有机化合物的方法,为日后深入学习打下基础。

在有机化合物单元结构教学中,可以帮助学生树立元素观,根据官能团的变化特点认识有机物的性质,知道碳元素的不同物质之间化学性质是有联系的,通过官能团的变化特点对物质的转化进行深入理解,帮助学生建立元素观,使学生对整个单元的知识脉络清楚明确,在解决问题时更有全局性,了解有机物之间的联系,对转化规律了如指掌,能够从容应对各种变化。下面我们就教师利用《烃》的内容对有机化合物知识进行单元结构教学设计的过程介绍如下。

(一)确定整体设计思路

在学习烃这一单元时,一般从有机化合物类别的角度上研究有机物的组成、结构、性质、变化和应用,对于本单元,我们试图从化学反应类型的视角研究烃,通过分析取代反应、加成反应和加聚反应的反应规律,研究官能团的转化和化学键断裂与形成,从而认识不同的物质的性质,帮助学生建立单元结构思维模式,掌握一种新的研究方法。

首先,帮助学生复习关于烃的结构的基础知识,认识烃的分类和结构特点,了解烃的化学键类型和碳骨架结构,然后从三种反应类型的视角认识烃的化学性质,并结合实例加以分析,最后总结出烃类物质的转化规律,分析官能团的变化,形成这一单元的知识体系。

从反应类型的角度把本单元分为三课时。第一课时,取代反应;第二课时,加成反应;第三课时,加聚反应。这样通过化学反应类型使学生在物质结构和物质性质之间架起一座桥梁,对有机物分子微观结构的变化及官能团的转化具有深刻的认识,从典型化学反应机理的推导,到典型代表物宏观性质的实验探究以及结论的得出,形成一个可以互相联系的思维体系,为有机化学的后续学习奠定基础。

(二)整体设计单元教学过程

1. 首先熟知烃的分类和结构特点

表2-4 烃的分类和结构特点

	类别	通式	化学键的类型	碳骨架	官能团
烃	烷烃	C_nH_{2n+2}	σ键	—C—	
	烯烃	C_nH_{2n}	σ键、π键	C=C	双键
	炔烃	C_nH_{2n-2}	σ键、π键	—C≡C—	三键
	芳香烃	C_nH_{2n-6}	σ键、大π键	⌬	

2. 从化学反应类型的角度认识各类烃的化学性质

表2-5 各类烃的化学性质

反应类型	物质类别	典型反应
取代反应	烷烃	$CH_4 + Cl_2 \xrightarrow{光照} CH_3Cl + HCl$
	芳香烃	⌬ $+ H-NO_2 \xrightarrow[浓H_2SO_4]{50℃~60℃}$ ⌬$-NO_2 + H_2O$
加成反应	烯烃	$CH_2=CH_2 + Br_2 \rightarrow CH_2BrCH_2Br$
	炔烃	$CH\equiv CH + HCl \xrightarrow[\triangle]{催化剂} CH_2=CH-Cl$
	芳香烃	⌬ $+ 3H_2 \xrightarrow{Ni}$ ⬡

续表

反应类型	物质类别	典型反应
加聚反应	烯烃	$n\text{CH}_2=\text{CH}_2 \xrightarrow{\text{催化剂}} \text{{---}CH}_2\text{---CH}_2\text{{---}}_n$
	炔烃	$n\text{CH}\equiv\text{CH} \xrightarrow{\text{催化剂}} \text{{---}CH}=\text{CH{---}}_n$

3.理解重点反应的反应机理

(1)取代反应:有机物分子中某些原子或原子团被其他原子或原子团所替代的反应叫作取代反应。

①甲烷与氯气的反应

甲烷中的碳氢键断裂,氯原子替代氢原子,形成碳氯键。

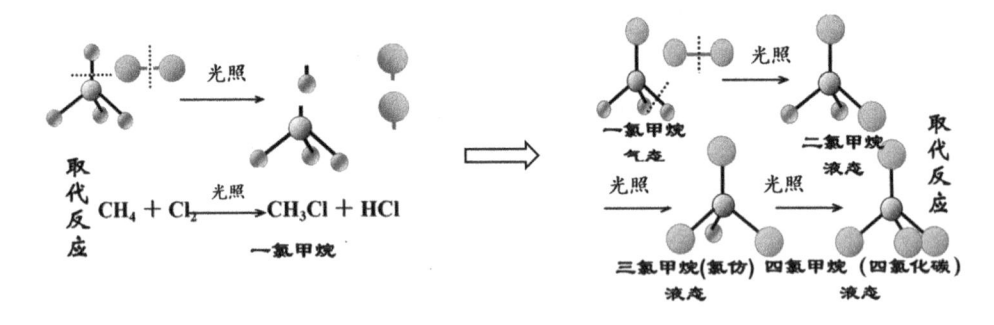

图 2-4 甲烷与氯气取代反应历程

②苯和溴的取代反应

苯分子中的氢原子被溴原子取代,形成碳溴键。

(2)加成反应:有机物分子中的不饱和的碳原子与其他原子或原子团直接结合生成新的化合物的反应叫作加成反应。

①乙烯的加成反应

乙烯与溴反应,碳碳双键中有一个键易断,2 个 Br 原子分别直接与 2 个价键不饱和的 C 原子结合,生成的 1,2—二溴乙烷是一种无色油状液体。

$$CH_2=CH_2 + Br-Br \longrightarrow CH_2Br-CH_2Br$$

(结构式表示：$H_2C=CH_2 + Br_2 \longrightarrow BrCH_2-CH_2Br$)

当不对称烯烃与卤化氢发生加成反应时，通常"氢多加氢"。以丙烯为例，第一个方程式是主要的，第二个方程式是次要的。

$$CH_3CH=CH_2 + HCl \xrightarrow{\triangle} CH_3CHClCH_3$$

$$CH_3CH=CH_2 + HCl \xrightarrow{\triangle} CH_3CH_2CH_2Cl$$

②乙炔的加成反应

$$CH\equiv CH + HCl \xrightarrow[\triangle]{催化剂} CH_2=CHCl$$

$$CH\equiv CH + H_2O \xrightarrow[\triangle]{催化剂} CH_3CHO$$

乙炔与水加成后的产物乙烯醇（$CH_2=CH-OH$）不稳定，很快转化为乙醛。

③苯和氢气加成反应生成环己烷

$$C_6H_6 + 3H_2 \xrightarrow{Ni} C_6H_{12}$$

（3）加聚反应：烯烃或炔烃等不饱和键单体间相互反应生成一种高分子化合物的反应称为加成聚合反应，简称加聚反应。

①乙烯加聚生成聚乙烯

$$CH_2=CH_2 + CH_2=CH_2 + CH_2=CH_2 + \cdots\cdots$$
$$\longrightarrow -CH_2-CH_2- + -CH_2-CH_2- + -CH_2-CH_2- + \cdots\cdots$$
$$\longrightarrow -CH_2-CH_2-CH_2-CH_2-CH_2-CH_2- \cdots\cdots$$

②氯乙烯加聚生成聚氯乙烯

$$nCH_2=CHCl \xrightarrow[加温、加压]{催化剂} \text{—}[CH_2-CHCl]_n\text{—}$$

③乙炔加聚生成聚乙炔

$$nH-C\equiv C-H \xrightarrow{催化剂} \text{---}[CH=CH]_n\text{---}$$

4. 分析官能团的变化总结烃类转化规律

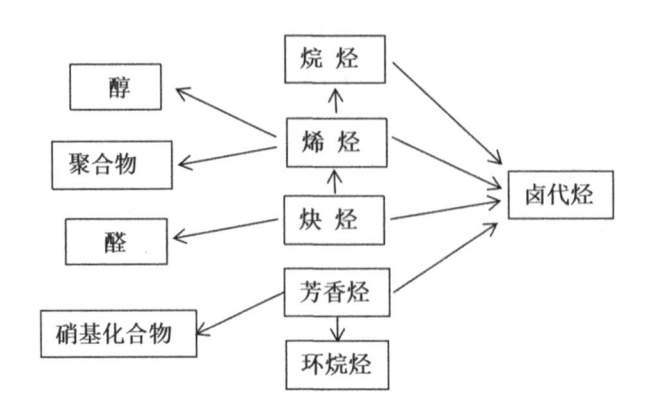

图 2-5　烃及其衍生物转化关系

(三) 教学反思提升教师单元教学设计能力

烃是有机化学中的基础物质,从化学反应类型角度来学习烃的各个代表物质,使学生对烃的性质的学习不会那样抽象,难以理解。可以激发学生学习的兴趣和欲望,通过分析典型的化学反应类型,借助动画对化学键的断裂与形成以及官能团的变化形象的描述,使化学反应机理深深印在学生的脑海中,使学生将宏观与微观相结合,深入了解知识的来龙去脉,理解化学反应的本质,增强学习的自信心,体现知识自身的价值和意义。

注重前后知识的串联,把握新旧知识的内在联系,既要考虑到新学的选择性必修3中第二章内容,又要兼顾高一时学过的选修第二册中涉及第六章有机化合物相关内容。使新旧知识不再是单一的知识点,而是可以相互转化和发生联系,并最终形成一个整体知识网,这样可以做到提纲挈领、纲举目张。

要注意学生思维的训练,使学生的认识不只停留在个别物质上,而是通过层层推进、步步深入的逻辑推理,把个体放到整体中,从而实现学生的思维从个别到整体的飞跃,发现各知识点之间的逻辑关系,建立各物质之间环环相扣的紧密连接,从而使学生的思维达到举一反三、触类旁通的训练目的,从而实现学生思维的未知和已知之间的连接,完成从未知到已知的转化过程,具备初步的推理能力。

三、化学反应原理单元结构教学设计与案例

化学反应原理包括化学反应的热效应,化学反应速率和化学平衡,水溶液中的离子反应与平衡,化学反应与电能。离子反应是一类重要的化学反应,水溶液中的离子平衡从微观层面上对化学平衡理论进行了延伸、拓展和巩固,使学生对离子反应从本质上有了认识。这些都是关于化学反应的普遍性问题,这些知识覆盖面广,涉及领域繁多,但是这些知识在本质上是紧密联系的,相互之间有着很强的逻辑关系,所以适合进行单元结构教学。

下面以水溶液中的离子反应与平衡为例,研究单元结构教学在化学反应原理中的应用,通过单元结构教学,使学生对单元结构进行有效整合,深刻认识离子反应,通过完成单元结构的思维导图,改善学生的认识视角,使学生运用知识解决问题时能更加灵活和多样。

以水的电离平衡为基准,在水中加入酸或碱,对水的电离平衡产生怎样的影响?加入各种不同类型的盐,在水中又会引起怎样的变化?发生了什么样的反应?帮助学生构建变化观这一学科观念,引导学生从溶液中发生的各种变化的视角认识离子反应,着力挖掘化学学科的整体知识结构,努力体现化学学科的核心观念和思想方法,把整体知识结构的构建转化为具体问题的解决方法。下面就选择性必修1中《水溶液中的离子反应与平衡》的单元教学设计思路过程呈现如下。

（一）整体设计思路分析

水溶液中的离子反应与平衡包括弱电解质的电离平衡、水的电离和溶液的酸碱性、盐类的水解、沉淀溶解平衡。

水溶液中的离子反应与平衡应用前一章所学的化学平衡理论,探讨水溶液中离子间的相互作用,起到延伸、拓展和巩固前一章所学知识的作用。

新课标对溶液中的离子平衡的内容要求:

◆ 核心素养视角下的高中化学教学实践

（1）认识电解质有强弱之分，能应用化学平衡理论描述弱电解质在水溶液中的电离平衡。

（2）知道水是一种极弱的电解质，在一定温度下，水的离子积是常数。

（3）初步掌握测定溶液pH的方法，能进行pH的简单计算，知道溶液pH的调控在工农业生产和科学研究中的重要作用。

（4）认识盐类水解的原理、影响盐类水解程度的主要因素，了解盐类水解在生产、生活中的应用。

（5）能应用化学平衡理论描述溶解平衡，知道转化的本质。

该单元以平衡为核心，以水的电离为基准，在化学平衡的基础上发生各种变化，形成了电离平衡、水解平衡和沉淀溶解平衡三个新的平衡体系。通过单元结构教学，帮助学生树立变化观念，各种平衡之间的变化，知识之间是有层次的，相互是有联系的，这种变化有其机理和逻辑关系，学生要搞清这种变化，在遇到不同问题时，也要随机应变，用变化的思想去解决问题。本单元分为电离平衡、水解平衡、沉淀溶解平衡三个部分。

（二）设计单元整体教学过程

1. 梳理具体知识结构

在水溶液中的离子反应与平衡这一单元中，运用单元结构教学，我们首先要梳理电离平衡、水解平衡和沉淀溶解平衡这三个平衡的形成，然后再归纳整理三大平衡之间的相互联系，发现它们之间的递进关系，从而建立本单元的整体结构，再去解决具体的实际问题，提升对知识的综合应用水平。

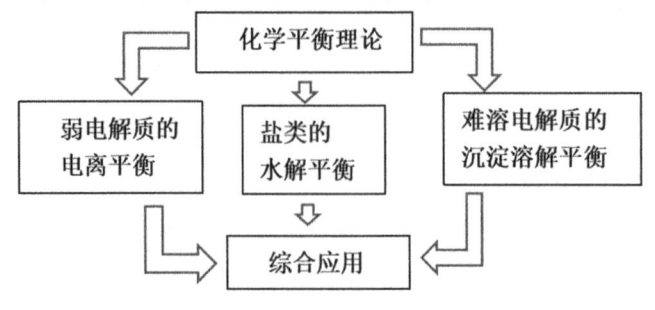

图2-6 水溶液中离子平衡知识结构

2.结合实例分析三大平衡

结合实例做出分析和解释,并完成下表。

表2-6 三大平衡

平衡类型	弱电解质的电离平衡（醋酸的电离为例）	盐类的水解平衡（氯化铵的水解为例）	沉淀溶解平衡（氯化银沉淀溶解为例）
体系中存在的粒子			
有关反应			
平衡常数表达式			

3.完善知识的逻辑结构

```
                        知识形成规律                      认知发展规律

选修4      利用水溶液中的离子平衡理论解释
           和解决生产生活科研中的实际问题  ·······▶  综合应用

           利用化学平衡移动原理分
           析水溶液中的平衡体系        ·······▶  理性分析
                                                定量计算

必修1      酸、碱、盐是电解质，
           电解质电离。离子反应，      ·······▶  定性认识
           离子方程式

初中       水溶液，酸、碱、盐，
           酸碱中和，pH，溶解度        ·······▶  了解、感性认识
```

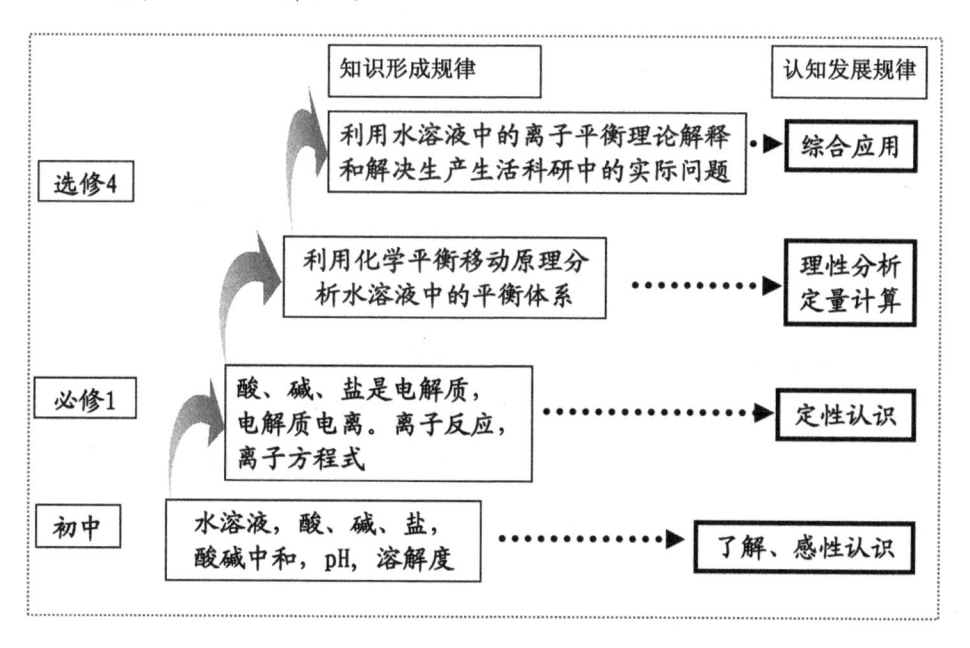

图2-7 电角质溶液的知识结构

初中了解了水溶液,酸、碱、盐,酸碱中和pH值,溶解度等知识,形成感性认识,高中必修对酸、碱、盐是电解质,电解质电离,离子反应,离子方程式等知识形成定性认识,选修4化学反应原理利用化学平衡移动原理分析水溶

液中的平衡体系,学生能够定性分析、定量计算,利用水溶液中的离子平衡理论解释和解决生产生活以及科研中的实际问题,达到对知识的综合应用水平。知识点的梯度上升符合知识的形成规律,从感性到理性,从定性到定量,从理论分析到综合应用,符合学生的认知发展规律。

4.寻找整体知识体系的实质

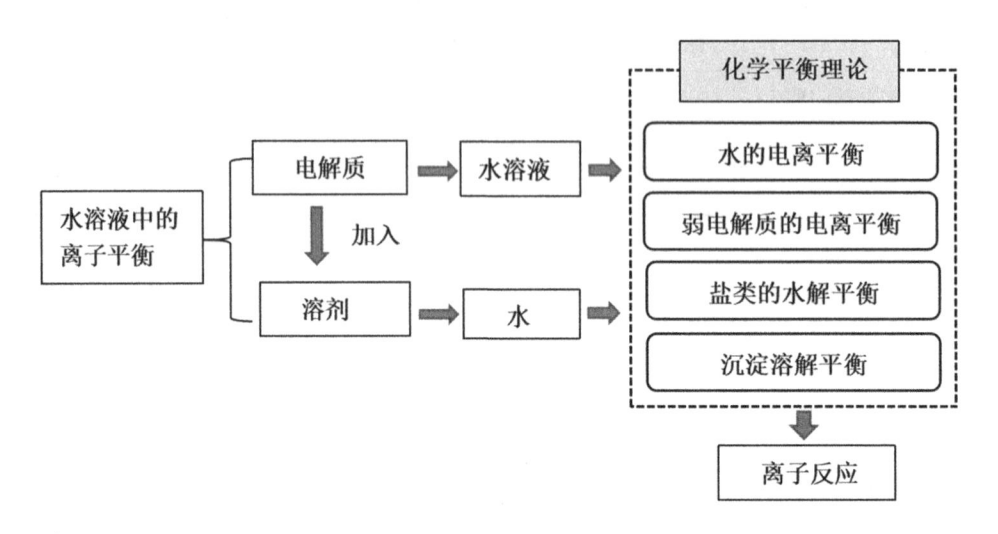

图 2-8 水溶液中离子平衡知识体系

整体知识体系的建构基于对水溶液体系的认识,水为溶剂,纯水体系中的粒子成分、平衡体系,在水中加入电解质,电解质在水中的变化,对纯水体系的影响,形成弱电解质的电离平衡、盐类的水解平衡、沉淀溶解平衡,所有的平衡体系的建立是对化学平衡理论的延伸、拓展和巩固,在与弱电解质和难溶电解质有关的离子平衡中发现离子反应的本质。

(三)教学反思提升单元结构教学能力

1.突出化学是一门实验科学的特点

教师应尽可能给学生提供动手实验的机会,强调实验对于理论的重要性。如弱电解质的电离平衡的建立,就是以实验为突破口。

第二章　教师学科教学知识(PCK)发展研究内容

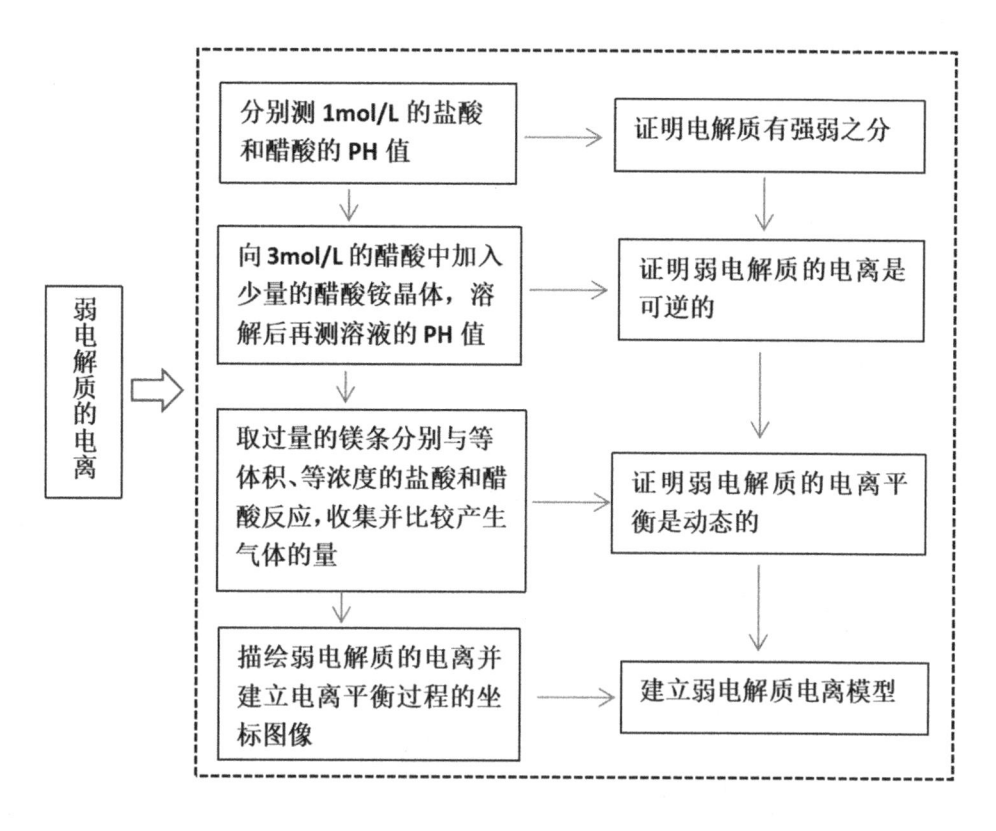

```
弱电解质的电离
  ├─→ 分别测 1mol/L 的盐酸和醋酸的 PH 值 ──→ 证明电解质有强弱之分
  │         ↓
  ├─→ 向 3mol/L 的醋酸中加入少量的醋酸铵晶体，溶解后再测溶液的 PH 值 ──→ 证明弱电解质的电离是可逆的
  │         ↓
  ├─→ 取过量的镁条分别与等体积、等浓度的盐酸和醋酸反应，收集并比较产生气体的量 ──→ 证明弱电解质的电离平衡是动态的
  │         ↓
  └─→ 描绘弱电解质的电离并建立电离平衡过程的坐标图像 ──→ 建立弱电解质电离模型
```

图 2-9　弱电解质的电离思维模型

2. 抓住问题核心，图 2-9 充分利用问题驱动

```
纯水能电离吗？
    ↓
怎样定量描述纯水的电离程度？
    ↓
温度改变会对水的电离产生怎样的影响？
    ↓
加入某种溶质时会对水的电离产生怎样的影响？ ──→ 物质进入水中后会发生怎样的变化？
                                    ──→ 会对水的电离平衡产生怎样的影响？

水的电离平衡 / 弱电解质的电离 / 盐类水解平衡 / 沉淀溶解平衡
            ↓
    溶质在水溶液中的作用
```

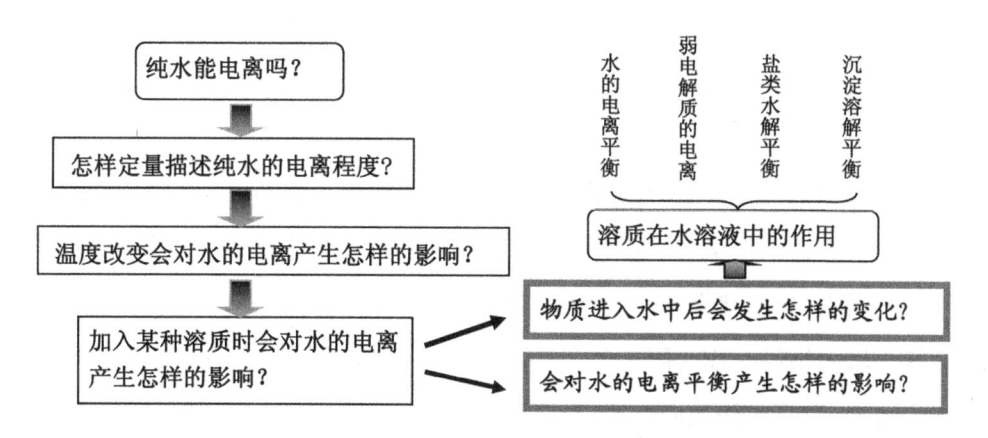

图 2-10　研究水溶液中离子平衡思路

45

◆ 核心素养视角下的高中化学教学实践

通过提出：纯水会电离吗？怎样定量描述纯水的电离程度？温度对水的电离产生怎样的影响？加入某种溶质会对水的电离产生怎样的影响？物质进入水中之后会发生怎样的变化？会对水的电离产生怎样的影响等问题研究溶质在水中的作用，推而广之，建立水的电离平衡、弱电解质的电离平衡、盐类的水解平衡、沉淀溶解平衡。

3. 突出学科的社会价值，理论与实践相结合

水溶液中的离子反应与平衡理论应用广泛，内容丰富，呈现方式多种多样。这些都体现了化学理论的应用价值，有助于激发学生的学习兴趣。在研究性学习中，学生选取自己感兴趣的课题，在教师指导下，合作探究、交流分享，既巩固了课堂知识，也起到了拓展和延伸作用，满足了不同学生的需求。

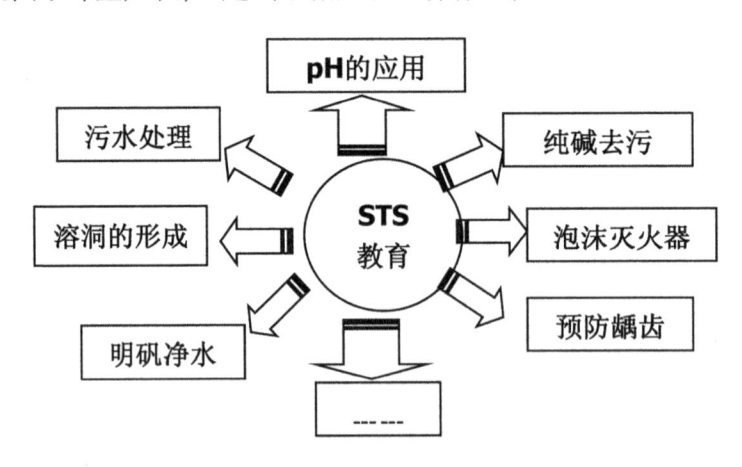

图 2-11 水溶液中离子平衡的社会应用价值

新课程标准转变了教师的教学观念：即从重知识传授到重学生发展，从重教师教到重学生学，从重结果到重过程。观念的转变为我们的教学带来了生机和活力，学生就像一株破土而出的幼苗，需要阳光和雨露的滋润，更需要肥沃土壤的供给。作为园丁的我们孜孜不倦所追求的就是保持它们旺盛的生命力，精心呵护他们健康成长。

"单元结构教学法"把学生放在一个凸出的位置，教师创设问题的意境，

引导学生亲自发现问题、提出问题、产生遐想,借助某些材料做出解答,检验自己的结论。这样能激发学生的智慧潜能,培养内在动机,学会发现技巧,促进智力发展,增强学习和发现的自信心。

我们在每一单元的教学中都设置这样的学习步骤,通过学生自我实践去发现知识的真谛,改变以往的"填鸭式"教学,使教师成为辅助者,学生不再是知识的奴隶而是知识的主人。变"要我学"为"我要学"。一旦调动起了学生的学习兴趣,发挥他们的积极性和主动性,那将是非常可贵的。

试行"单元结构教学法"以来,教师不断激发起学生的思维火化,使学生头脑中的"疑点"不断涌现,而这一个个"疑点"推动学生不断在知识的海洋中遨游、搏击。学生学得轻松自如,生动活泼,充分发挥了主体作用,掌握知识牢固,解决问题有办法。

新课程标准强调培养学生的自学能力。采用"单元结构教学法"旨在帮助和敦促学生养成良好的学习习惯,改善学习方法,从而培养学生以自学能力为核心的多方面的能力。课前学生要预习,带着问题听课,而对于教师的设疑学生必须认真阅读课文,通过思考得出答案,在读书中,在实验中,在做基本练习中发现新的问题,产生求知欲望,在得到教师的指正评论后又在思想上产生升华,把知识归纳总结,进行知识积累,掌握知识体系。这一整套学习方法,有助于学生养成勤动脑,爱思考的学习习惯,使学生受益终身。

经过这样的训练,学生的学习方法更加科学灵活,学会了钻研,潜心思考,学会了自己归纳整理。学生逐步成长为一名出色的"医师",能够运用上述所掌握的良好的学习方法自行解决疑难问题;遇到没有学过的知识也可以自如地凭借良好的学习习惯和技能,采用知识迁移的方法自行进行处理;对有争议的问题搜索已存入头脑中的信息,发挥自己的聪明才智,自行设计实验方案,弄个水落石出。当这一系列教学过程完成的时候,学生丰富的想象力,超人的创造力,全新的思维方式就水到渠成,而这一切能力的核心——自学能力的培养,正是我们追求的目标。

新课程标准对教师的要求提高了,教师需要学习新知识,研究新方法。

◆ 核心素养视角下的高中化学教学实践

"单元结构教学法"试行以来,教师对知识结构进行了重新整合,对教学环节进行了重新设计。这就充分调动了学生学习的积极性和主动性,学生学会了阅读、提问、思考和总结,并且在学生头脑中逐步构建了整体性知识结构,有利于学生认识事物的全面性,从而培养学生多方面的能力。

第二编

素养为本的课堂教学实践

▶▶ 商桂苹　赵洪彬　孙秀萍　孙慧玲　蒋小青

预知当下或未来我们的化学教学走向哪里,必先回顾我们的昨天在哪里? 三维目标与五方面素养之间有着怎样的联系? 回答上述两个问题方能相对清楚知道素养为导向下的教学设计的要义。较之三维目标的知识与技能、过程与方法、情感态度与价值观的宏观目标,目前化学课程标准(2017年版)提出的宏观辨识与微观探析、变化观念与平衡思想、证据推理与模型认知、科学探究与创新意识、科学态度与社会责任五大素养则是在中观维度提出的化学课程和化学教学目标。两者之间有无联系呢? 如果有,联系是什么呢? 如图1所示,宏观辨识与微观探析、变化观念与平衡思想可以看成是化学学科知识维度提出的,对应三维目标中的知识与技能方面,而证据推理与模型认知、变化观念与平衡思想是从过程与方法维度提出的,而科学态度与社会责任是原有三维目标中情感、态度、价值观目标的具体化。进一步整理核心词汇解读概念,前两个素养旨在培养学生以微粒观和转化观为主的化学观念,最后一个素养主要是培养学生化学情感、化学服务人类的态度、化学学科社会价值。如此说来,新一轮课改的目标是旨在使学生通过模型思维和探究过程,形成化学观念和养成化学情感的结果性目的。

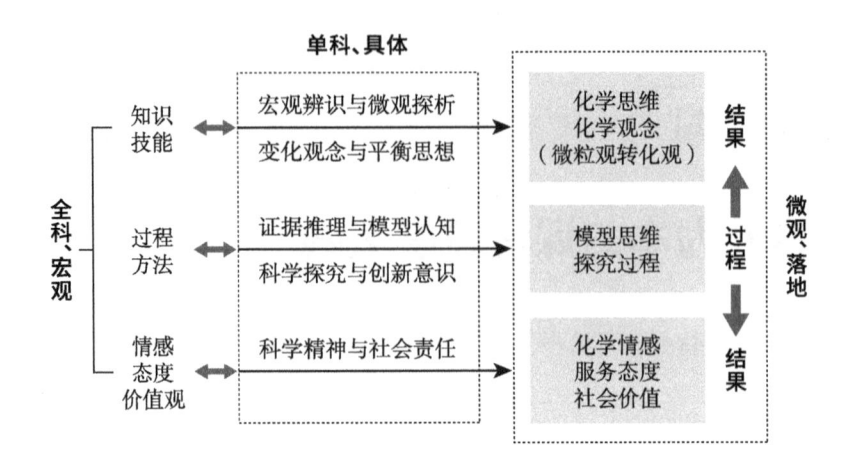

图 1　三维目标与核心素养解读

素养的形成和观念的培养离不开具体的化学知识。高中化学必修课程包含很多化学基本概念、基本理论和基础知识,我们要借助基本概念、基本理论和基础知识、借助模型思维和探究过程促使学生形成化学观念、养成化学情感,最终实现核心素养的"落地生根"。师如何教即师之所教,生如何学即生之所学。凸显教师课前对如何教和如何学的设计即教学设计的重要性。素养导向下的教学设计,就是要着重关注如下三个方面:注重化学思维的培养、观念的构建,体现科学探究过程、科学探究方法,凸显化学学科知识的社会价值,借此实现核心素养为本的教学。

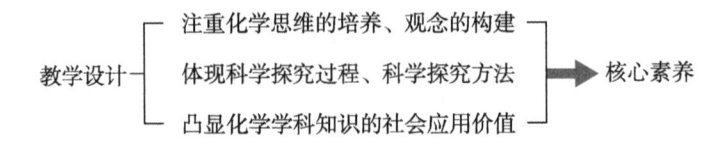

图 2　素养导向下教学设计要素

第三章　观念建构的教学策略研究

教育所给予人们的无非是当一切已学过的东西都忘记后剩下来的东西（劳厄 M. Vonlaue）。学生学科素养的形成并不是庞杂化学知识的简单堆砌，恰恰是当学生遗忘了具体化学知识后还能留存下来的宝贵的学科思想或学科观念。我国学者宋心琦、胡美玲也认为"学生能否牢固地、准确地、哪怕只是定性地建立起基本的化学观念，应当是中学化学教学的第一目标。背诵或记忆某些具体的化学事实性知识当然是有价值的，但是更重要的价值在于它们是化学观念及某些基本观念的载体"。在具体的教学中，学科的基本知识容易遗忘，但学科观念对人的影响却是深远的。因此，中学化学教学在设计之初不能就知识论知识，而是要超越具体性知识，使学生掌握学科中最本质的东西，用化学的思想和方法来统摄具体知识，逐步形成科学规范的化学基本观念，培养中学生正确的化学基本观念应当成为中学化学教学最有意义的价值追求。

第一节 观念建构教学的基本程序

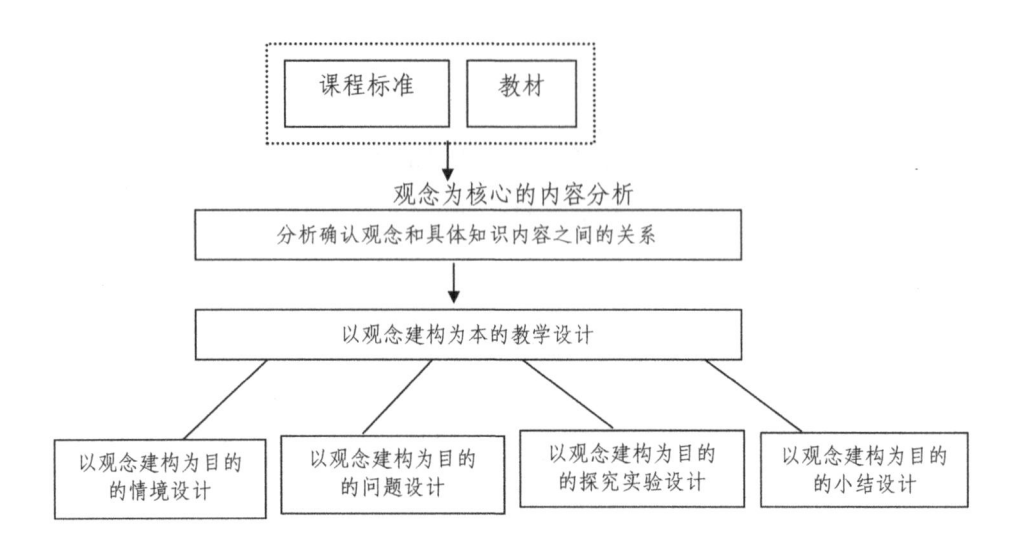

图 3-1 高中化学基本观念建构教学的基本程序

一、设计以基本观念建构为目的的情境

教师要研读课标、教材的基础上,充分利用已有的知识经验和生产生活中的素材,为观念建构为目的的教学提供切实的情境。而这些情境在选择时要充分考虑它们能为我们的观念建构教学服务。所以一般我们要选取的情境需要具备以下功能:

一是激发学生强烈的求知欲和兴趣;

二是引发学生对某一问题的认知冲突,最好尽量是与已有认知观念上的冲突;

三是情境材料与要学习的课题关联性较强,利于观念的形成和知识的

构建。

比如,笔者在设计高中化学人教版第一册第三章第二节《铝和铝合金》一课的设计中,为建构转化观,笔者设计工业冶炼铝的情境,因为工业冶炼铝中包含铝的重要化合物很多转化,是氧化铝和氢氧化铝的两性与转化观融合的好素材。再比如,高中化学人教版第一册第三章第二节《铁的重要氧化物》一课的设计中,教师要充分理解铁的化合物与钠、铝化合物实现酸碱盐转化的共性中的个性,即变价。所以可以设计让学生梳理其认识的铁的氧化物、氢氧化物、盐等,在梳理的过程中学生自然会利用交叉分类对铁的化合物进行整理,将分类观传递给学生,同时为转化观的建立埋下伏笔。

《铝和铝合金》的教学中可以提供给学生工业冶炼铝的相关素材。

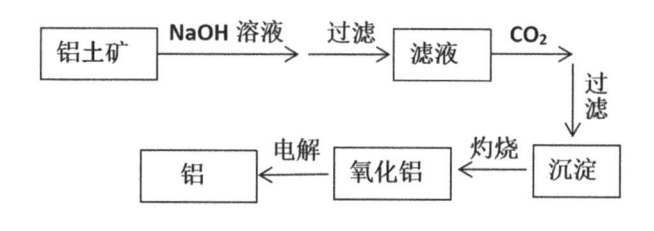

铝土矿 →(NaOH 溶液)→ 过滤 → 滤液 →(CO_2)→ 过滤 → 沉淀 →(灼烧)→ 氧化铝 →(电解)→ 铝

图 3-2 工业冶炼铝的流程

意在突出铝的化合物之间的转化(同价态),建立转化观念埋伏笔,认识铝化合物两性打基础。

《铁的化合物》教学中,通过师生列举熟悉的铁的各种化合物,回忆铁的各种化合物之间的转化。引出不同价态间的转化关系,为转化观念形成创设情境。

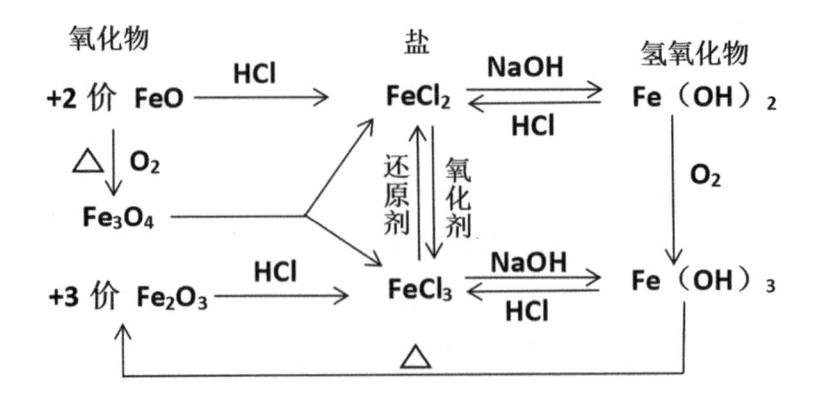

```
氧化物                           盐                      氢氧化物
+2价 FeO  ——HCl——→   FeCl₂  ⇌ NaOH/HCl ⇌  Fe(OH)₂
         △↓O₂              还原剂│氧化剂            ↓O₂
         Fe₃O₄  ——→       
+3价 Fe₂O₃ ——HCl——→  FeCl₃  ⇌ NaOH/HCl ⇌  Fe(OH)₃
                    △
```

图3-3 "铁及其化合物"转化观建立创设情境

二、设计以基本观念建构为目的问题

高质量问题是基本观念建构成功的关键,问题设置得是否科学、是否有价值将从根本上决定观念建构的效果。问题的设计要明确为我们的基本观念建构教学服务,不能违背这个初衷去设计问题,与此同时也不能为了设计有利于观念建构的教学,从而背离学生已有的认知,以及背离知识的生成规律。所以有利于建构基本观念的教学设计中,问题的设计要遵循以下几个原则:

一是根据最近发展区原理,问题的设置要充分考虑学生的原有认知,符合学生的认识规律;

二是问题的设置要充分考虑为观念建构服务的知识发展规律,符合化学学科知识的形成规律;

三是在充分考虑以上两个原则的基础上,设计的问题能引起学生潜意识里知识理解的更新,观念上变化。

比如,北京师范大学王磊教授带领的高端备课组于乃佳老师的《氧化还原反应》一课,为了培养学生利用微粒观点看待化学变化,他设计如下问题:用盐酸和氢氧化钠制备氯化钠与用钠在氯气中燃烧制备氯化钠有何不同?

循序渐进地引导学生积极深入思考离子、电子等在化学反应微观世界的相互作用。于乃佳老师的《氧化还原反应》一课中,"微粒观"建构教学设计片段如下:

首先,教师展示:氯化钠样品。

提问学生:实验室中可通过哪些不同的反应原理(类型)得到氯化钠呢?

学生相互讨论,能列举出:复分解、化合等反应。

该环节意在让学生从身边的氯化钠入手,复习初中学过的几类反应。

然后教师投影展示:钠在氯气中燃烧实验。

学生观察到反应现象剧烈,迅速得到氯化钠。这样做的目的是增强学生对钠和氯气反应的感性认识,为钠原子和氯原子得失电子的分析做铺垫。

教师接下来再布置任务:宏观上看,上述两种方法都能得到氯化钠,但从微观角度看,两个反应还是有很大差别的,你能找出这两个反应的本质区别吗?

教师及时引导学生从反应前后元素是否变化,原子重新组合时是否变化的微观角度去对比两个反应。

学生分组进行讨论。联系前面学习的离子反应,能够得出盐酸与氢氧化钠反应前后都是离子,微粒没有变化;联系初三学过的知识即离子化合物的形成,可分析出钠和氯气反应前微粒为原子,而反应后微粒为离子。

设置先行组织者,从前面的知识认识化学反应前后,微粒可能发生改变。培养了学生用不同视角观察反应,从宏观上和微观上认识两个反应的不同点。

以上案例可以比较清晰看出于乃佳老师为帮助学生从微观的视角认识化学反应,即帮助学生建构"微粒观",在《氧化还原反应》的教学中设计的问题环环相扣,目的明确,步步为营。

三、设计以基本观念建构为目的的探究实验

我们设计的探究实验以及实验现象和结论,都是我们观念建构教学中学

生尝试用某种观念解决实际教学问题的佐证材料。所以教师在点拨学生设计的探究实验时,要尽量以有成熟实验结论的实验为主。如果实验设计开放性和挑战性太大,需要从多个角度、多个方面分析,虽有利于学生思维水平的提升,但开放性太大,有可能会背离主题。因此最好的探究实验设计是:即服务与某种观念的建构,又不能绝对是验证性实验,要具有一定的探究价值,而探究点同样有利于某种观念的构建。比如,高中化学人教版第一册第三章第二节《铝和铝合金》中,设计氧化铝到氢氧化铝的转化,学生设计出:先加盐酸后加氢氧化钠。这个实验设计巧妙,因为学生在实验过程中,部分学生的确可以通过实验实现预想的转化,而氢氧化钠的量又会引起新的探究点,从而完成氢氧化铝两性的知识要点以及转化观的构建。《铝和铝合金》教学中,为帮助学生建立"转化观",在实际的课堂教学中,我们设计了三个探究实验如下:

根据学生现有的知识,设计实验实现氧化铝到氢氧化铝的转化。

实验探究1:学生设计实验方案,完成实验。

$$Al_2O_3 \xrightarrow{\text{HCl 溶液}} \xrightarrow{\text{NaOH 溶液}} Al(OH)_3$$

该实验引出氢氧化铝溶于氢氧化钠,即氢氧化铝与偏铝酸盐之间的转化。教师抓住实验中的"异常"现象,提出问题:"为什么有些同学没有得到氢氧化铝沉淀?设计实验证明你的推测。"

实验探究2:氢氧化铝中加入氢氧化钠溶液,验证氢氧化铝溶于强碱。

教师顺势提出新问题:"氢氧化钾、氢氧化钡行吗?弱碱试试?"

实验探究3:学生完成硫酸铝和氨水制备氢氧化铝的实验。

该环节确定了氢氧化铝与弱碱之间不反应的事实,并最终完成建立氢氧化铝与偏铝酸盐的转化的条件。

通过以上三个环环紧扣的实验方案,学生能够掌握化学物质制备过程中的转化思想,并体会同一种元素同种化合价的不同种物质(酸、碱、盐、氧化物)之间转化的奇妙之处,充分认识科学实验对化学学习的重要性。

四、设计以基本观念建构为目的的课堂小结

学生在对新知识的学习接近尾声时,需要在教师的点拨下升华认识,根据建构主义理论,学生在学习过程中要经过同化和顺应两个过程来完成意义建构。在以建构主义理论为指导的化学课堂上学生能充分体会到原有知识经验的基础作用和新经验对它的丰富与调整。如何看待这些新的变化,能否从本质上理解这些变化是学生建构化学基本观念的重要表征,也是学习要达到的最终目的。同时,这样在建构新知识的过程中,学生可以发现学科知识本身存在的规律,并且在具体知识学习过程中形成认识物质组成及变化的基本思维方式即学科观念,而在以基本观念建构为本的课堂教学中,要求课堂小结部分应该在如下两个方面进行努力:

一方面是提纲挈领,总结本节课中学习具体知识背后所运用的某种学习化学的思维方式即所涉及的某种化学基本观念。

另一方面是高屋建瓴,提出本节课中涉及的化学基本观念对认识和解决化学相关问题的指导意义。即这种观念可以引申为一种方法,学习相关化学知识的方法。

这样的小结既成为本节课学生学习的升华,又成为后续学生学习该类知识的延伸。比如在人教版高中化学选择性必修1第三章《水溶液中的离子平衡》第三节《盐类的水解》中,我们设计了如下小结,如图3-4。

该小结的设计使学生明确了研究电解质在水溶液中存在平衡的方法,即先从微观本质入手分析电解质粒子种类及相互作用,在分析粒子间相互作用的结果,最后在设计实验验证以上分析。宏观现象与微观本质之间可以自然地嫁接起来,微观探析是为了更好地解释宏观的辨识,宏观的辨识是为了证明微观的探析,宏与微本就是化学学习的两个不可分割的方面,在本节设计的最后再提出并升华对"水溶液中离子平衡"的认识,对学生认识高中化学,领悟高中化学内涵大有裨益。

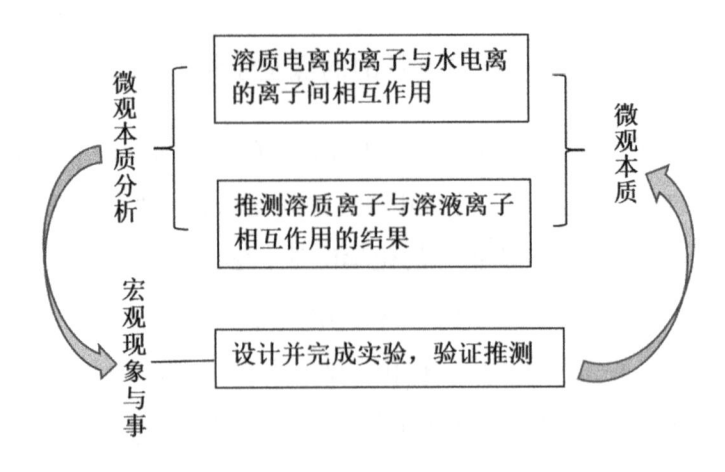

图 3-4 研究电解质溶液中存在平衡的方法

第二节 观念建构为本教学研究的基本路径

先梳理初高中化学某种基本观念的认识进阶,然后再借助思维导图,将基本观念与必修、选择性必修的各章、节、知识点之间进行有效关联。以人教版高中化学教材为蓝本,利用思维导图,将基本观念与具体知识点相连接,梳理这些知识内容可以帮助教师进行观念教学设计和帮助学生进行观念建构学习的具体的典型的知识内容。为具体的以某种基本观念建构为主题的教与学提供抓手。寻找理论支撑,在理解性教学和理解力培养的指导下,探索"微粒观"、"转化观"和"科学价值观"教学策略。

一、"微粒观"的认识进阶和思维导图

(一)初高中化学"微粒观"的认识进阶

从该观念包含的主要内容:物质是由肉眼看不见的微粒构成的、微粒总是在不断地运动的、微粒间一定存在着相互作用三个方面来看,初中化学提及了前三个方面,第四个方面是高中化学重点内容之一。虽然前三个方面初

中化学有所提及,但主要是从定性的角度进行阐释,高中化学则是从定量角度进行阐释的。

```
初中化学
物质的微粒性:
原子、分子、离子等层次上构成;
微粒总是在不断运动的;
微粒之间有一定的间隔

高中化学
  必修
  微粒的相互作用:
  微粒之间存在相互作用;
  化学反应是某一层次粒子的相互作用

  选择性必修
  物质的微粒性:
  微观粒子的空间结构;
  微粒的相互作用:
  微观粒子的结构决定性质;
```

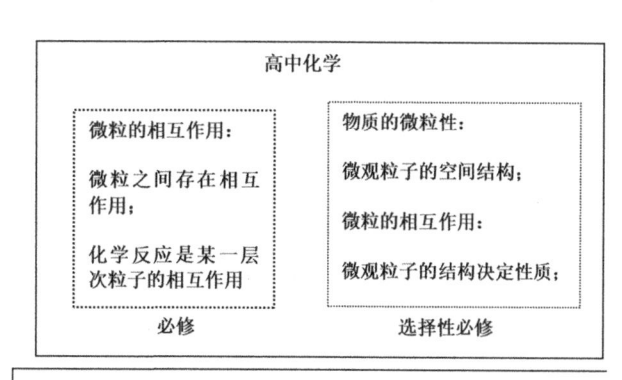

图 3-5　学生"微粒观"认识进阶

(二)高中化学"微粒观"与知识点对接的思维导图

"微粒观"的建构,必修和选择性必修都有很好的素材,其中必修教材中的"离子反应"和"氧化还原反应"两个基本概念是微粒观建构的重要素材,可以通过学习两个基本概念使学生建立起从微观角度认识化学反应、对化学反应进行分类的视角。选择性必修教材中"水溶液中的离子平衡"与"晶体结构与性质"则进一步帮助学生建立"微粒观":微粒的观点认识电解质在水溶液中的行为(微粒种类和相互作用),以及从微观角度认识晶体的构成,微观角度认识物质的组成、结构和性质。

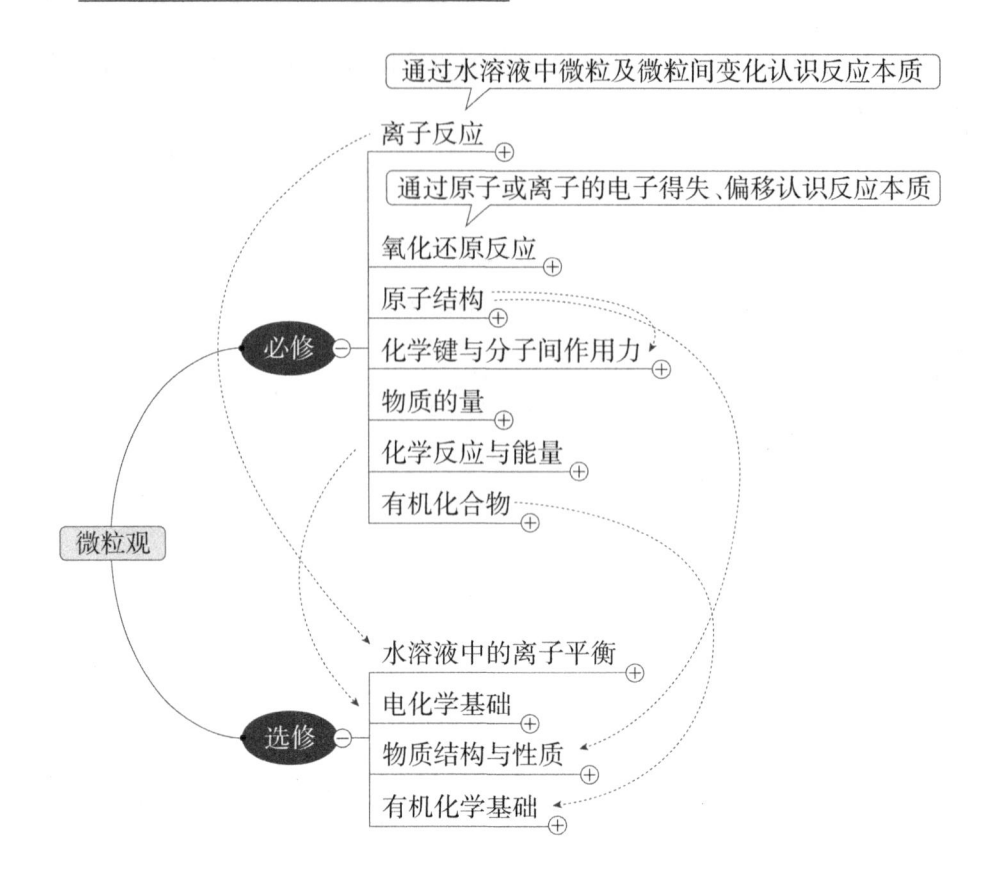

◆ 核心素养视角下的高中化学教学实践

图 3-6 "微粒观"与知识点对接的思维导图

第三章　观念建构的教学策略研究 ◆

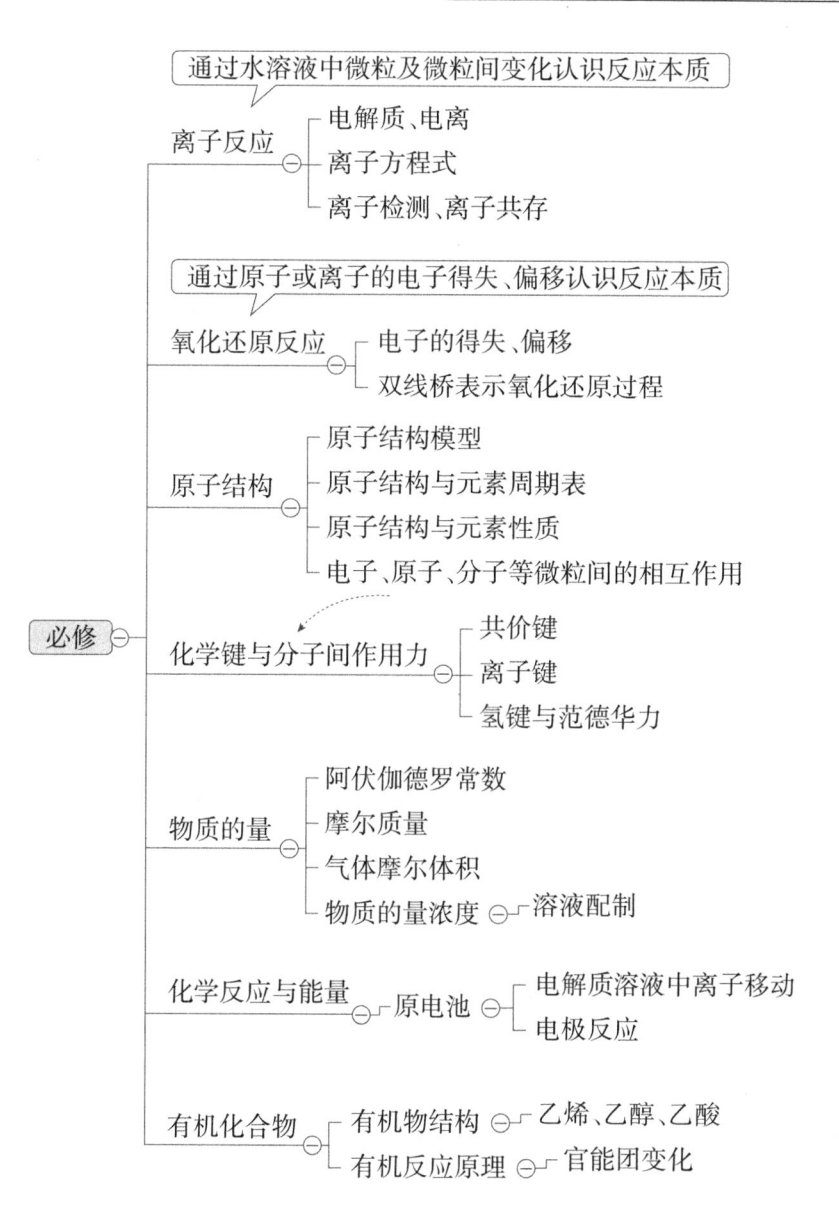

```
必修 ─┬─ 离子反应 ──┤通过水溶液中微粒及微粒间变化认识反应本质│
      │            ├─ 电解质、电离
      │            ├─ 离子方程式
      │            └─ 离子检测、离子共存
      │
      ├─ 氧化还原反应 ──┤通过原子或离子的电子得失、偏移认识反应本质│
      │              ├─ 电子的得失、偏移
      │              └─ 双线桥表示氧化还原过程
      │
      ├─ 原子结构 ─┬─ 原子结构模型
      │          ├─ 原子结构与元素周期表
      │          ├─ 原子结构与元素性质
      │          └─ 电子、原子、分子等微粒间的相互作用
      │
      ├─ 化学键与分子间作用力 ─┬─ 共价键
      │                    ├─ 离子键
      │                    └─ 氢键与范德华力
      │
      ├─ 物质的量 ─┬─ 阿伏伽德罗常数
      │          ├─ 摩尔质量
      │          ├─ 气体摩尔体积
      │          └─ 物质的量浓度 ── 溶液配制
      │
      ├─ 化学反应与能量 ── 原电池 ─┬─ 电解质溶液中离子移动
      │                        └─ 电极反应
      │
      └─ 有机化合物 ─┬─ 有机物结构 ── 乙烯、乙醇、乙酸
                   └─ 有机反应原理 ── 官能团变化
```

图 3-7

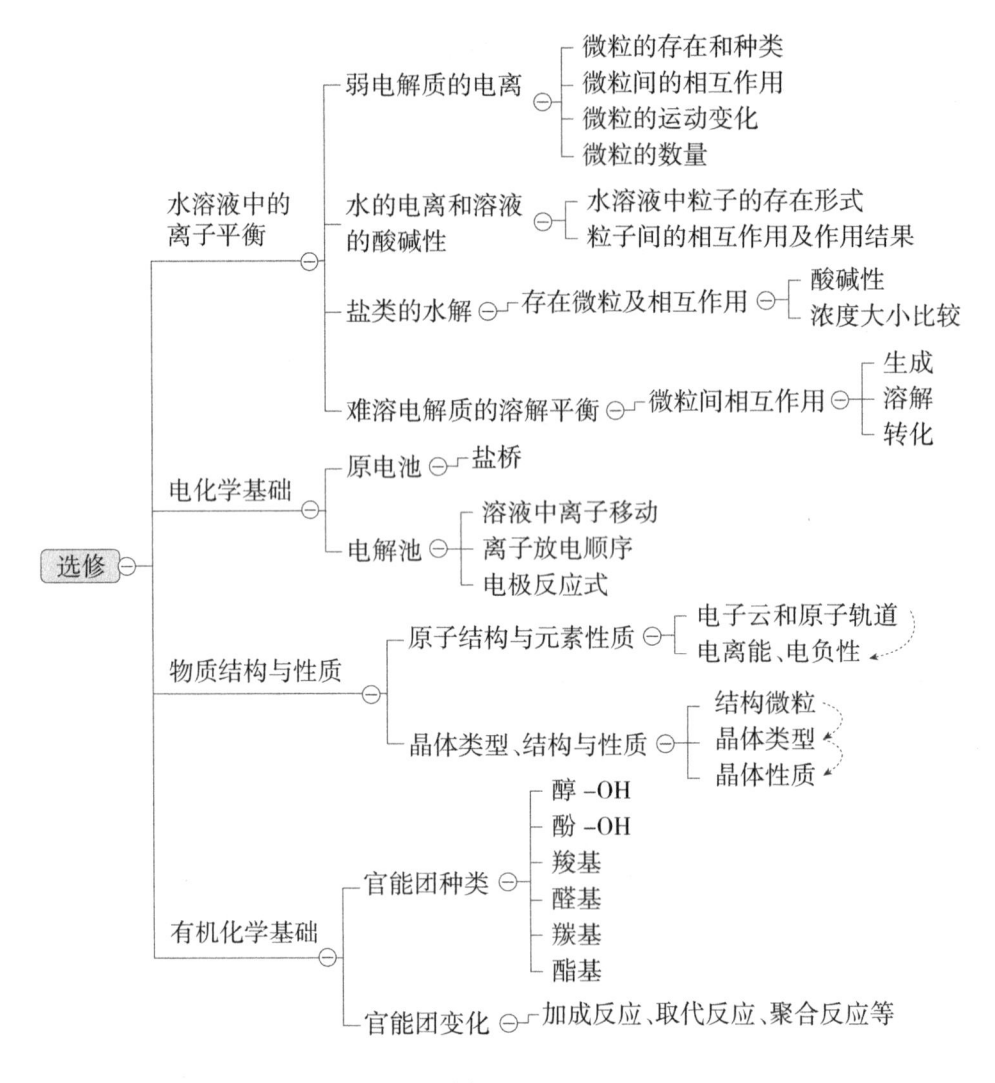

```
                              ┌─ 微粒的存在和种类
                    ┌ 弱电解质的电离 ─┤  微粒间的相互作用
                    │              │  微粒的运动变化
                    │              └─ 微粒的数量
      水溶液中的    │ 水的电离和溶液 ─┬─ 水溶液中粒子的存在形式
      离子平衡 ─────┤ 的酸碱性        └─ 粒子间的相互作用及作用结果
                    │                              ┌ 酸碱性
                    │ 盐类的水解 ─ 存在微粒及相互作用 ┤
                    │                              └ 浓度大小比较
                    │                            ┌ 生成
                    └ 难溶电解质的溶解平衡 ─ 微粒间相互作用 ┤ 溶解
                                                 └ 转化
                    ┌ 原电池 ─ 盐桥
      电化学基础 ────┤              ┌ 溶液中离子移动
                    └ 电解池 ──────┤ 离子放电顺序
选修 ─┤                             └ 电极反应式
                                           ┌ 电子云和原子轨道
                    ┌ 原子结构与元素性质 ───┤
      物质结构与性质┤                       └ 电离能、电负性
                    │                       ┌ 结构微粒
                    └ 晶体类型、结构与性质 ─┤ 晶体类型
                                            └ 晶体性质
                                 ┌ 醇 -OH
                                 │ 酚 -OH
                    ┌ 官能团种类 ┤ 羧基
                    │            │ 醛基
      有机化学基础 ─┤            │ 羰基
                    │            └ 酯基
                    └ 官能团变化 ─ 加成反应、取代反应、聚合反应等
```

图 3-8

二、"转化观"的认识进阶和思维导图

(一) 初高中化学"转化观"的认识进阶

从研究的主要内容上看,初中化学倾向于定性的了解:物质世界充满化学变化,化学变化是化学研究的主要内容。高中阶段则着重研究化学变化的本质与条件,以及化学变化的特征和规律、方向和限度等。

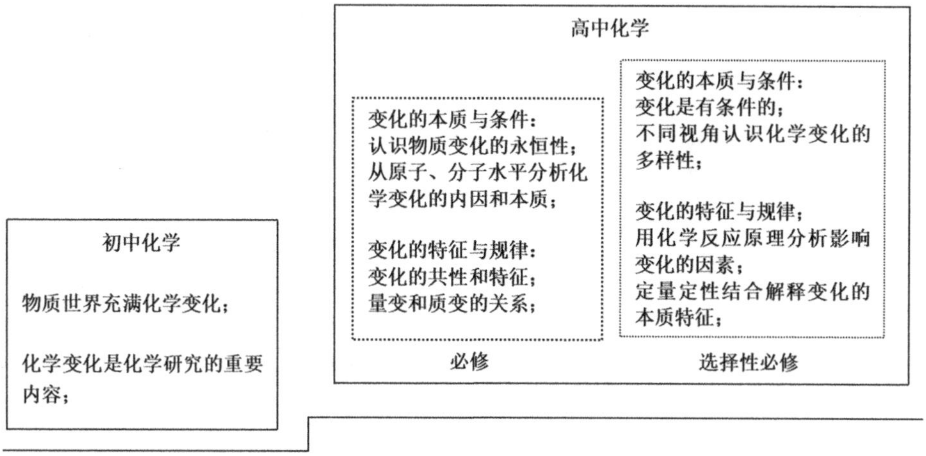

```
┌─────────────────────────────────────────────┐
│                  高中化学                    │
│              ┌─────────────────────────┐    │
│              │ 变化的本质与条件：       │    │
│              │ 变化是有条件的；         │    │
│  ┌──────────────────┐ 不同视角认识化学变化的│    │
│  │变化的本质与条件： │ 多样性；           │    │
│  │认识物质变化的永恒性；              │    │
│  │从原子、分子水平分析化              │    │
│  │学变化的内因和本质； 变化的特征与规律：│    │
│  │                  │用化学反应原理分析影响│    │
│  │变化的特征与规律： │变化的因素；       │    │
│  │变化的共性和特征； │定量定性结合解释变化的│    │
│  │量变和质变的关系； │本质特征；         │    │
│  └──────────────────┘ └─────────────────┘    │
│         必修              选择性必修         │
└─────────────────────────────────────────────┘
```

┌─────────────────────┐
│   初中化学   │
│   │
│ 物质世界充满化学变化； │
│   │
│ 化学变化是化学研究的重要 │
│ 内容；   │
└─────────────────────┘

图3-9 学生"转化观"认识进阶

(二)高中化学"转化观"与知识点对接的思维导图

"转化观"的建立途径从能量转化和物质转化两个方面进行。其中必修教材中的"化学能与热能""化学能与电能"都是能量转化的良好素材,必修教材中的"金属及其化合物""非金属及其化合物"是物质转化的良好素材。其中必修和选择性必修教材中的有机物及有机反应的学习是帮助学生建立"转化观"的典型素材,必修和选择性必修中的"化学反应限度""化学平衡"是学生对"转化观"实现深度理解的绝佳素材。

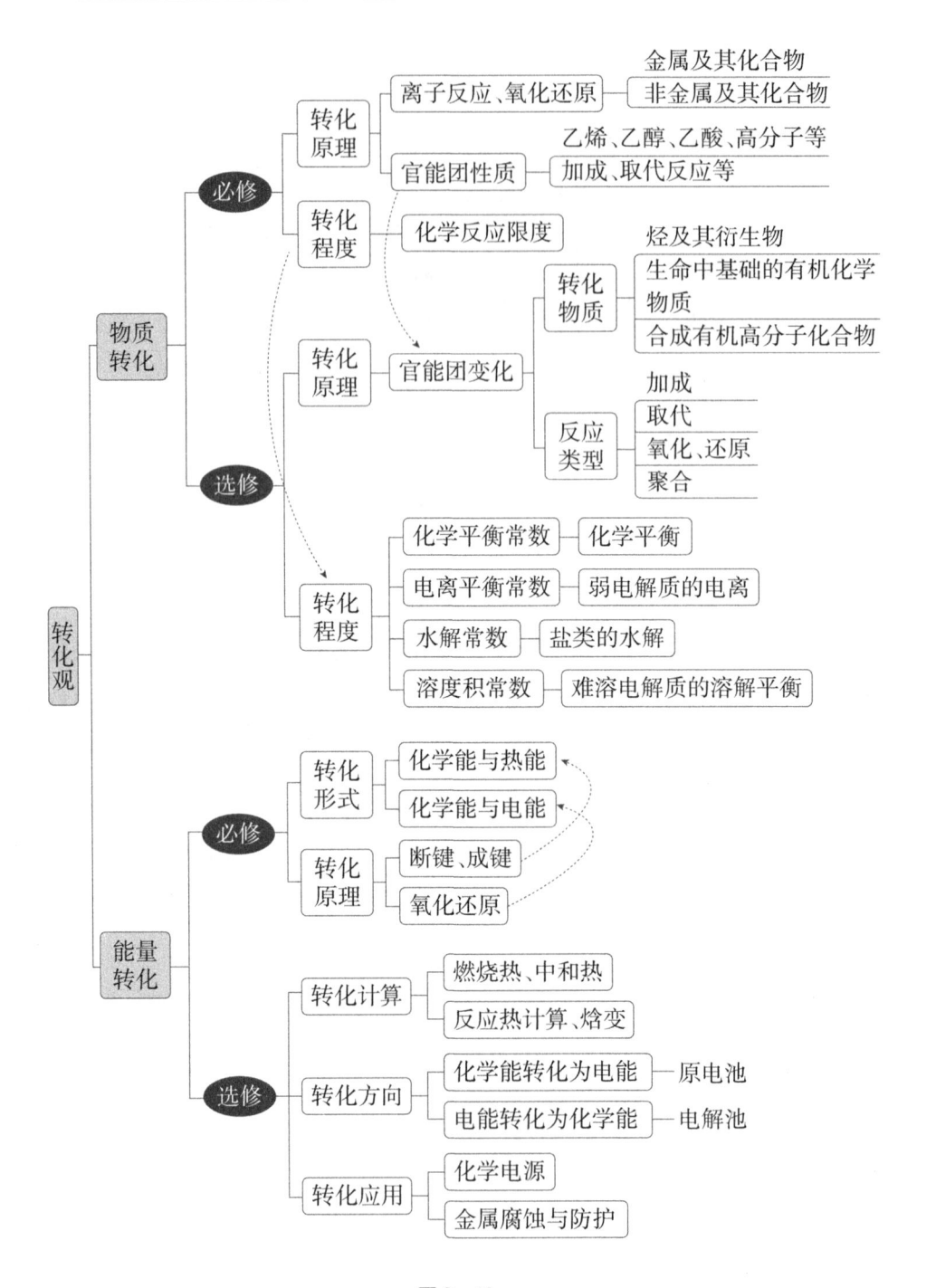

◆ 核心素养视角下的高中化学教学实践

```
转化观
├── 物质转化
│   ├── 必修
│   │   ├── 转化原理
│   │   │   ├── 离子反应、氧化还原
│   │   │   │   ├── 金属及其化合物
│   │   │   │   └── 非金属及其化合物
│   │   │   └── 官能团性质
│   │   │       ├── 乙烯、乙醇、乙酸、高分子等
│   │   │       └── 加成、取代反应等
│   │   └── 转化程度 —— 化学反应限度
│   └── 选修
│       ├── 转化原理 —— 官能团变化
│       │   ├── 转化物质
│       │   │   ├── 烃及其衍生物
│       │   │   ├── 生命中基础的有机化学物质
│       │   │   └── 合成有机高分子化合物
│       │   └── 反应类型
│       │       ├── 加成
│       │       ├── 取代
│       │       ├── 氧化、还原
│       │       └── 聚合
│       └── 转化程度
│           ├── 化学平衡常数 —— 化学平衡
│           ├── 电离平衡常数 —— 弱电解质的电离
│           ├── 水解常数 —— 盐类的水解
│           └── 溶度积常数 —— 难溶电解质的溶解平衡
└── 能量转化
    ├── 必修
    │   ├── 转化形式
    │   │   ├── 化学能与热能
    │   │   └── 化学能与电能
    │   └── 转化原理
    │       ├── 断键、成键
    │       └── 氧化还原
    └── 选修
        ├── 转化计算
        │   ├── 燃烧热、中和热
        │   └── 反应热计算、焓变
        ├── 转化方向
        │   ├── 化学能转化为电能 —— 原电池
        │   └── 电能转化为化学能 —— 电解池
        └── 转化应用
            ├── 化学电源
            └── 金属腐蚀与防护
```

图 3 – 10

三、"学科价值观"的认识进阶和思维导图

(一)初高中化学"学科价值观"的认识进阶

物质对于人类来说都有两面性,必须合理使用物质;正确认识化学品和传统化学发展过程中对于人类社会发展的突出贡献,辩证看待近现代化学发展给人类社会带来的负面影响;在积极治理污染的同时,努力发展绿色化学。

初中化学教材旨在提高学生的化学学习兴趣,增强好奇心和探究欲;培养科学的探索精神;建立科学的物质观,了解化学与社会发展、个人生活的关系;树立正确的环境理念和意识。高中阶段则趋向于从化学专业的角度培养学生科学价值观,比如:合理使用化学药品的意识、化学学科是环境科学的基础、化学在环境保护中的作用、物质及其转化过程中对环境的影响等。

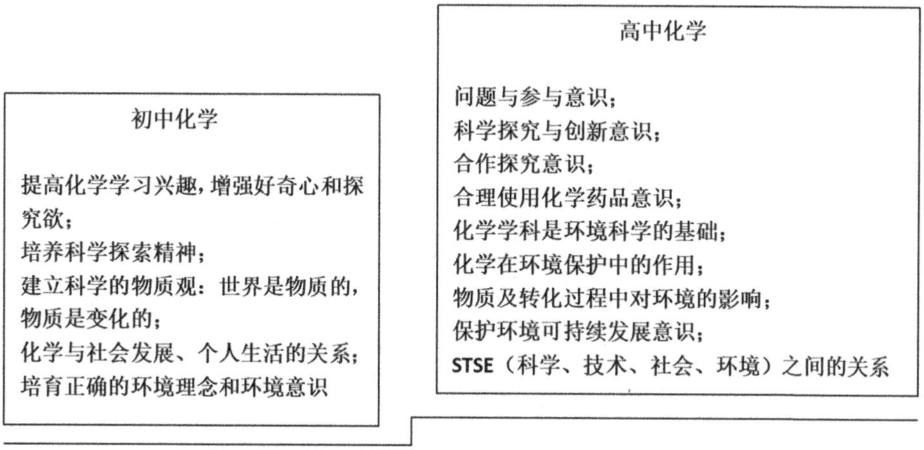

初中化学

提高化学学习兴趣,增强好奇心和探究欲;
培养科学探索精神;
建立科学的物质观:世界是物质的,物质是变化的;
化学与社会发展、个人生活的关系;
培育正确的环境理念和环境意识

高中化学

问题与参与意识;
科学探究与创新意识;
合作探究意识;
合理使用化学药品意识;
化学学科是环境科学的基础;
化学在环境保护中的作用;
物质及转化过程中对环境的影响;
保护环境可持续发展意识;
STSE(科学、技术、社会、环境)之间的关系

图3-11 学生"科学价值观"认识进阶

(二)高中化学"学科价值观"与知识点对接的思维导图

"科学价值观"的培养分为:器物层面、精神层面和唯物辩证层面。器物层面又包含材料科学、生命科学、环境科学、能源科学等。精神层面旨在形成化学视角看待物质世界的基本观点和观念,主要包含微粒观和转化观等八个方面。唯物辩证法层面涉及物质的多样性、规律的统一性,物质结构的多层

◆ 核心素养视角下的高中化学教学实践

次性,组成、结构与性能的关系,化学反应中宏观与微观的关系,微粒吸引与排斥的关系,化学平衡与移动的关系,化学物质的两面性等。

科学价值观

① 器物层面
对化学产生"中心的、实用的和创造性的科学"的认识
- 材料科学
- 生命科学
- 环境科学
- 能源科学

② 精神层面
化学是一门充满智慧、使人的精神世界充盈的科学
- 微粒观
- 元素观
- 结构观
- 守恒观
- 分类观
- 转化观
- 实验观
- 价值观

③ 唯物辩证法层面
树立合理利用资源,可持续发展的观念
- 物质的多样性、规律的统一性
- 物质结构的多层次性

结构决定性质,性质决定用途
- 组成、结构与性能的关系
- 化学反应中的宏观与微观的关系
- 微粒吸引与排斥的关系
- 化学平衡与移动的关系
- 化学物质的两面性

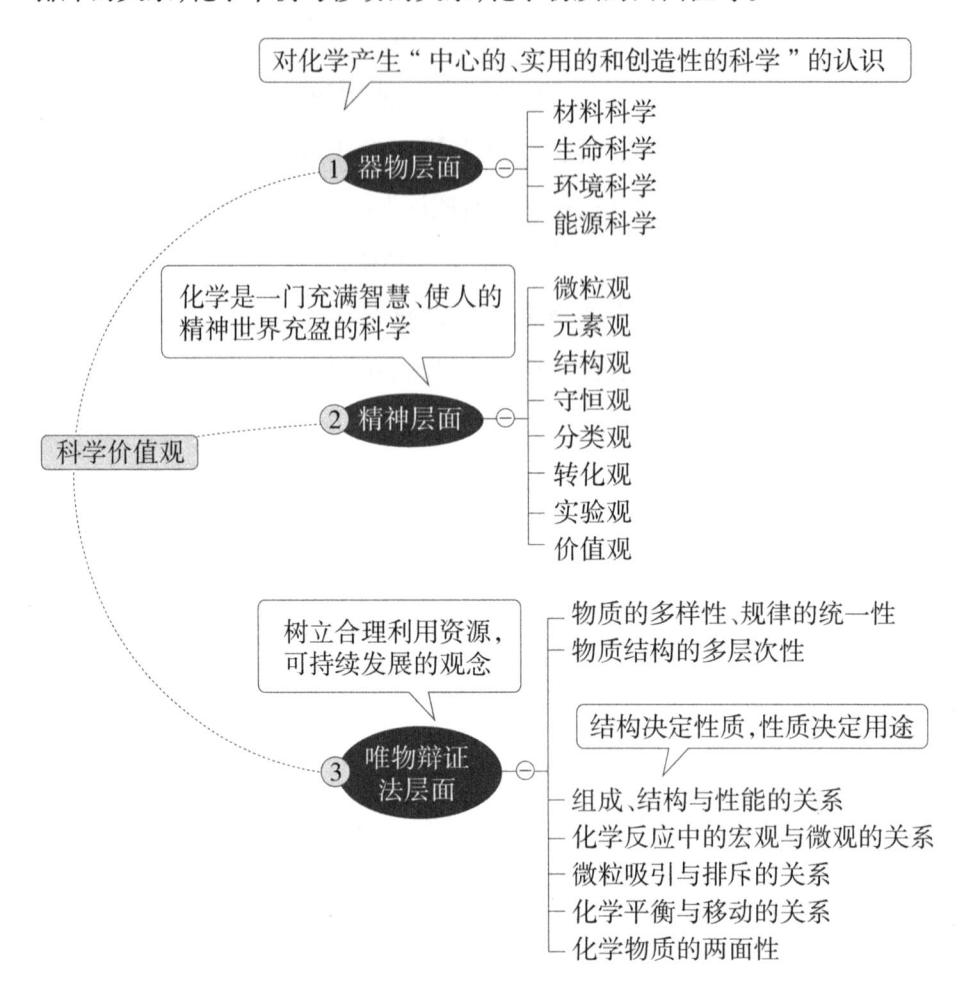

图 3-12　科学价值观

①器物层面

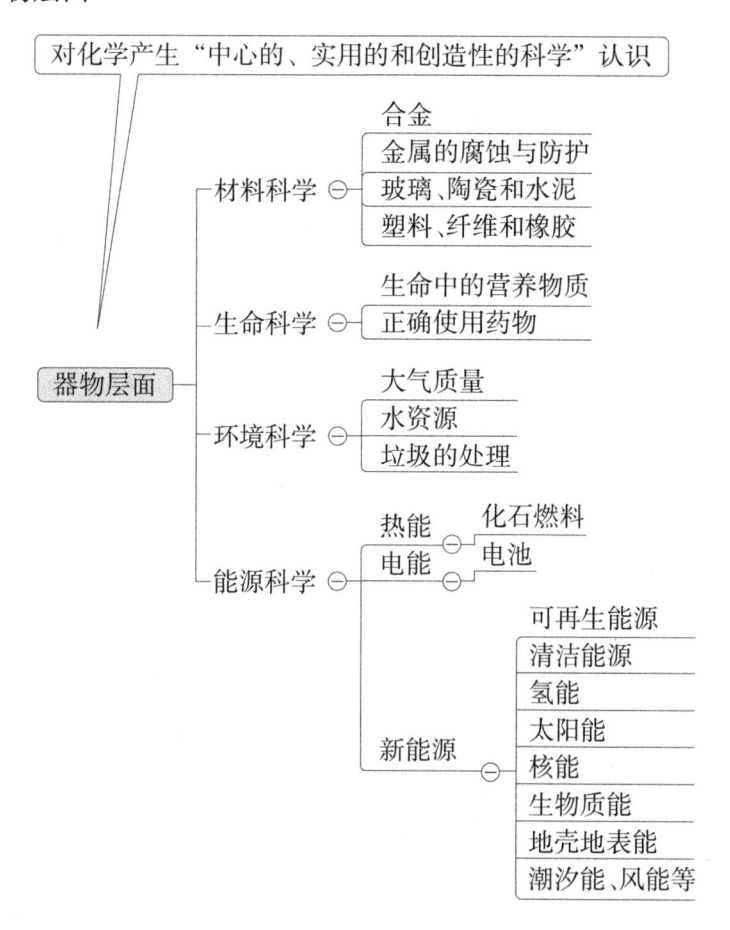

```
                    ┌─对化学产生"中心的、实用的和创造性的科学"认识─┐
                    │                                              │
                            ┌─ 合金
                            ├─ 金属的腐蚀与防护
                   材料科学 ─┤
                            ├─ 玻璃、陶瓷和水泥
                            └─ 塑料、纤维和橡胶

                            ┌─ 生命中的营养物质
                   生命科学 ─┤
                            └─ 正确使用药物

         器物层面 ─┤        ┌─ 大气质量
                   环境科学 ─┼─ 水资源
                            └─ 垃圾的处理

                            ┌─ 热能 ─── 化石燃料
                            │  电能 ─── 电池
                   能源科学 ─┤
                            │         ┌─ 可再生能源
                            │         ├─ 清洁能源
                            │         ├─ 氢能
                            └─ 新能源─┼─ 太阳能
                                      ├─ 核能
                                      ├─ 生物质能
                                      ├─ 地壳地表能
                                      └─ 潮汐能、风能等
```

图 3-13　器物层面

② 精神层面

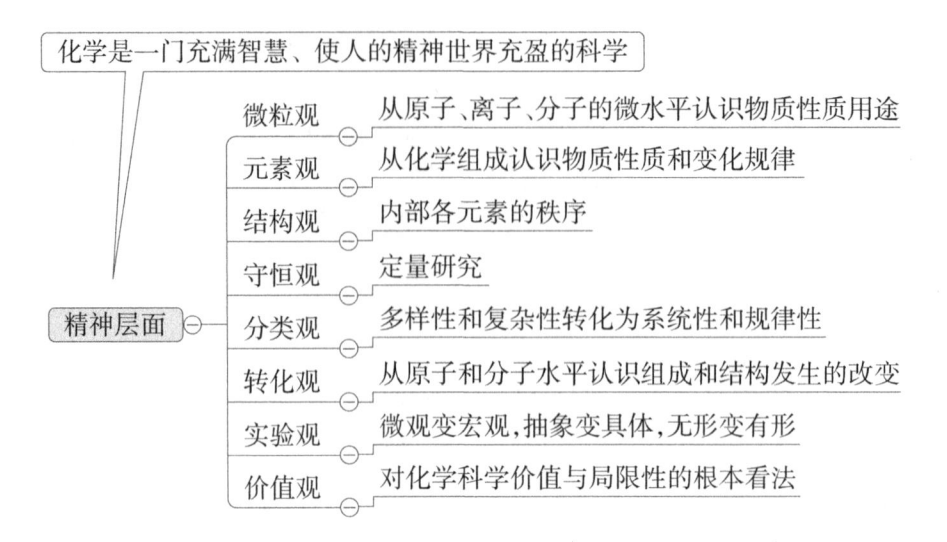

```
                  ┌ 化学是一门充满智慧、使人的精神世界充盈的科学
                  │
                  │ 微粒观 — 从原子、离子、分子的微水平认识物质性质用途
                  │ 元素观 — 从化学组成认识物质性质和变化规律
                  │ 结构观 — 内部各元素的秩序
                  │ 守恒观 — 定量研究
  精神层面 ────────┤ 分类观 — 多样性和复杂性转化为系统性和规律性
                  │ 转化观 — 从原子和分子水平认识组成和结构发生的改变
                  │ 实验观 — 微观变宏观,抽象变具体,无形变有形
                  └ 价值观 — 对化学科学价值与局限性的根本看法
```

图 3-14　精神层面

③ 唯物辩证法层面

```
                    ┌ ① 器物层面 — 对化学产生"中心的、实用的和创造性的科学"的认识
                    │
                    │ ② 精神层面 — 化学是一门充满智慧、使人的精神世界充盈的科学
  科学价值观 ────────┤
                    │              树立合理利用资源,可持续发展的观念
                    │              ┌ 物质的多样性、规律的统一性
                    │              │ 物质结构的多层次性
                    │              │ 结构决定性质,性质决定用途
                    └ ③ 唯物辩证 ─┤ 组成、结构与性能的关系
                        法层面      │ 化学反应中的宏观与微观的关系
                                    │ 微粒吸引与排斥的关系
                                    │ 化学平衡与移动的关系
                                    └ 化学物质的两面性
```

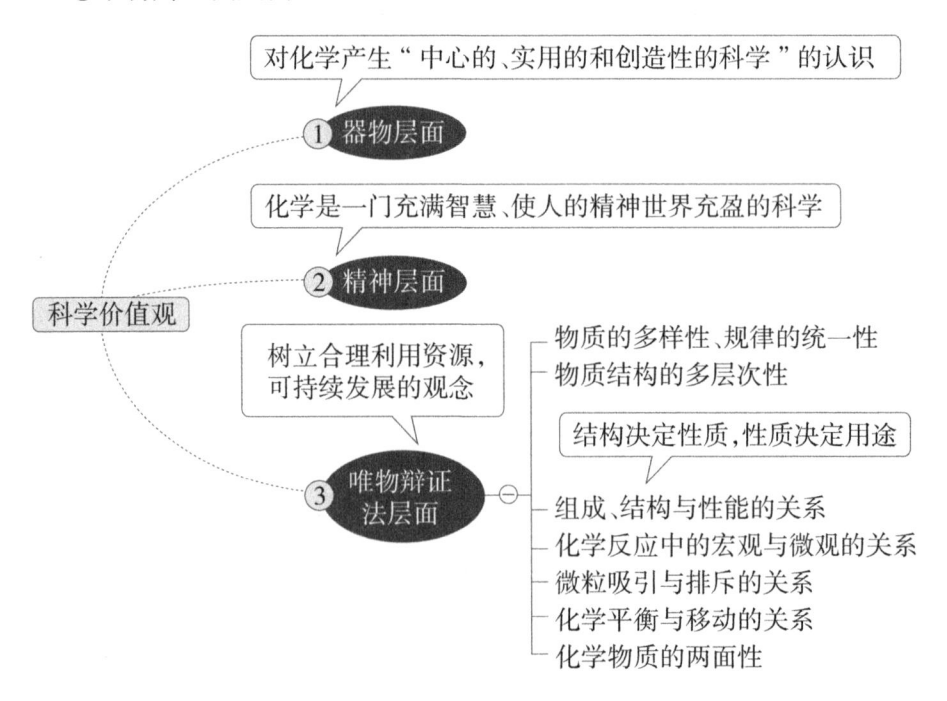

图 3-15　唯物辩证法层面

a 物质的多样性、规律的统一性。

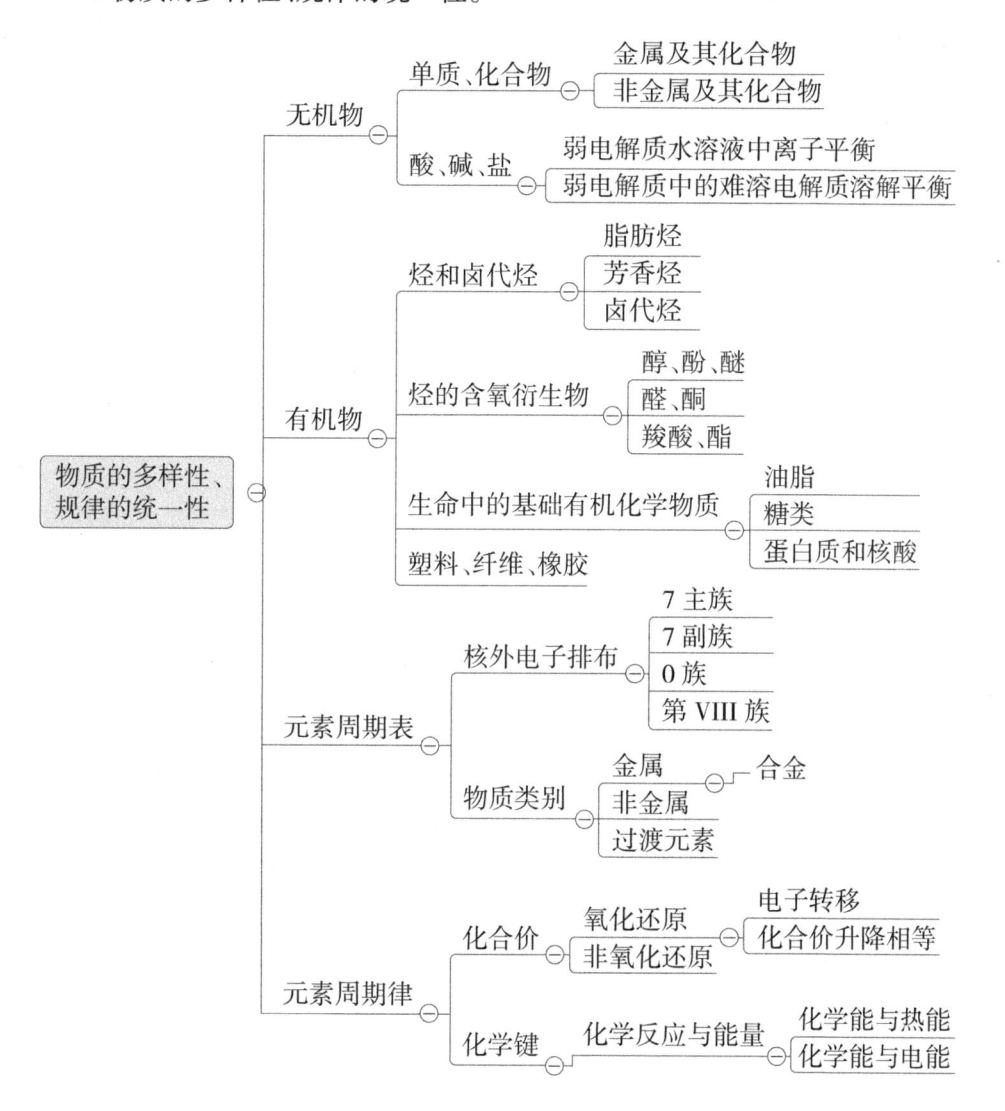

```
物质的多样性、规律的统一性
├─ 无机物
│   ├─ 单质、化合物
│   │   ├─ 金属及其化合物
│   │   └─ 非金属及其化合物
│   └─ 酸、碱、盐
│       ├─ 弱电解质水溶液中离子平衡
│       └─ 弱电解质中的难溶电解质溶解平衡
├─ 有机物
│   ├─ 烃和卤代烃
│   │   ├─ 脂肪烃
│   │   ├─ 芳香烃
│   │   └─ 卤代烃
│   ├─ 烃的含氧衍生物
│   │   ├─ 醇、酚、醚
│   │   ├─ 醛、酮
│   │   └─ 羧酸、酯
│   ├─ 生命中的基础有机化学物质
│   │   ├─ 油脂
│   │   ├─ 糖类
│   │   └─ 蛋白质和核酸
│   └─ 塑料、纤维、橡胶
├─ 元素周期表
│   ├─ 核外电子排布
│   │   ├─ 7 主族
│   │   ├─ 7 副族
│   │   ├─ 0 族
│   │   └─ 第 VIII 族
│   └─ 物质类别
│       ├─ 金属 ── 合金
│       ├─ 非金属
│       └─ 过渡元素
└─ 元素周期律
    ├─ 化合价
    │   ├─ 氧化还原
    │   │   ├─ 电子转移
    │   │   └─ 化合价升降相等
    │   └─ 非氧化还原
    └─ 化学键
        └─ 化学反应与能量
            ├─ 化学能与热能
            └─ 化学能与电能
```

图 3-16 物质的多样性、规律的统一性

b 物质结构的多层次性,组成、结构与性能的关系,化学反应中宏观与微观的关系。

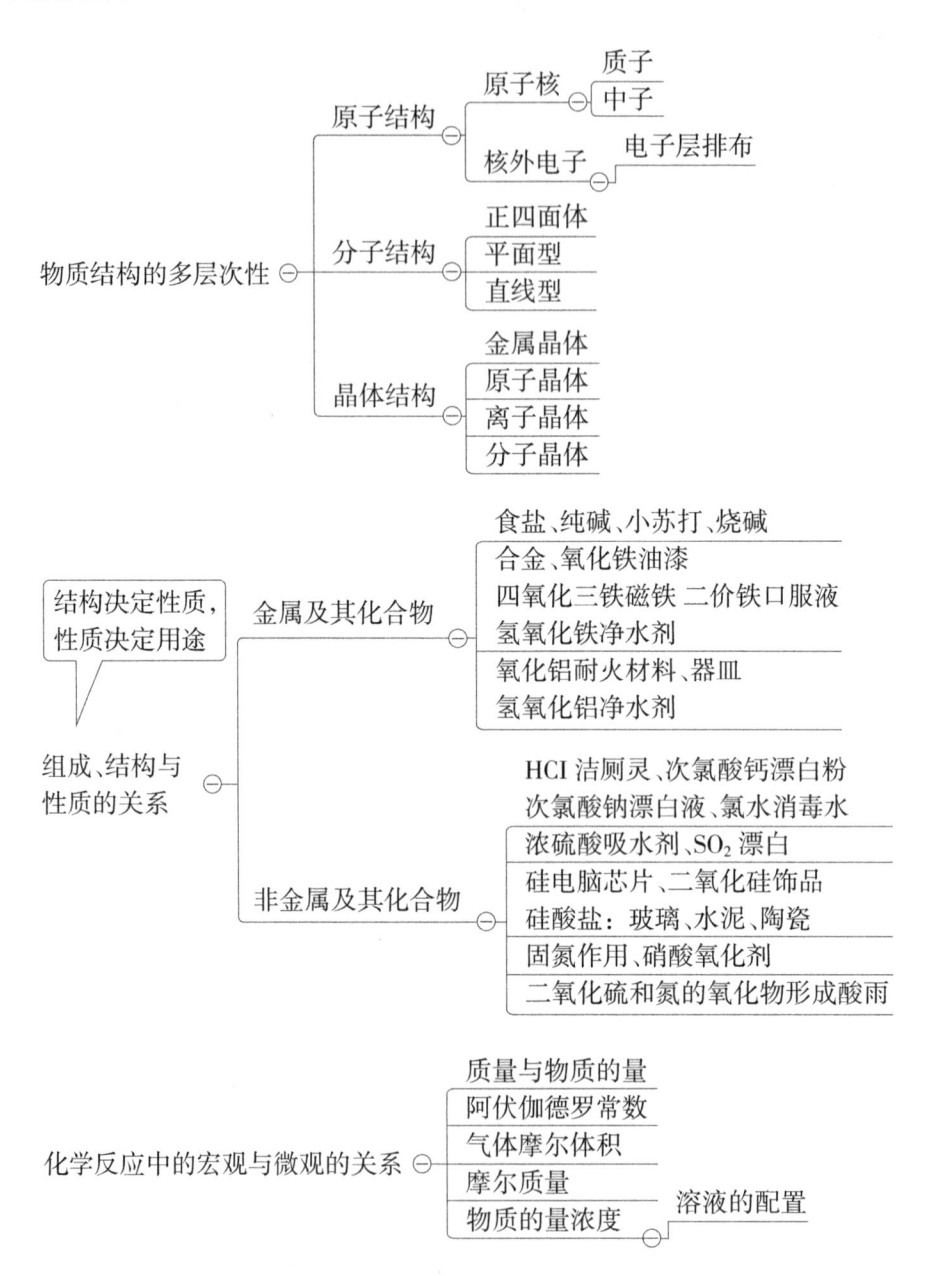

物质结构的多层次性
- 原子结构
  - 原子核
    - 质子
    - 中子
  - 核外电子 — 电子层排布
- 分子结构
  - 正四面体
  - 平面型
  - 直线型
- 晶体结构
  - 金属晶体
  - 原子晶体
  - 离子晶体
  - 分子晶体

结构决定性质,性质决定用途

组成、结构与性质的关系
- 金属及其化合物
  - 食盐、纯碱、小苏打、烧碱
  - 合金、氧化铁油漆
  - 四氧化三铁磁铁 二价铁口服液
  - 氢氧化铁净水剂
  - 氧化铝耐火材料、器皿
  - 氢氧化铝净水剂
- 非金属及其化合物
  - HCl洁厕灵、次氯酸钙漂白粉
  - 次氯酸钠漂白液、氯水消毒水
  - 浓硫酸吸水剂、SO_2漂白
  - 硅电脑芯片、二氧化硅饰品
  - 硅酸盐:玻璃、水泥、陶瓷
  - 固氮作用、硝酸氧化剂
  - 二氧化硫和氮的氧化物形成酸雨

化学反应中的宏观与微观的关系
- 质量与物质的量
- 阿伏伽德罗常数
- 气体摩尔体积
- 摩尔质量
- 物质的量浓度 — 溶液的配置

图3-17 物质结构的多层次,组成、结构与性能的关系,以及化学反应中宏观与微观的关系

c 微粒吸引与排斥的关系、化学平衡与移动的关系、化学物质的两面性。

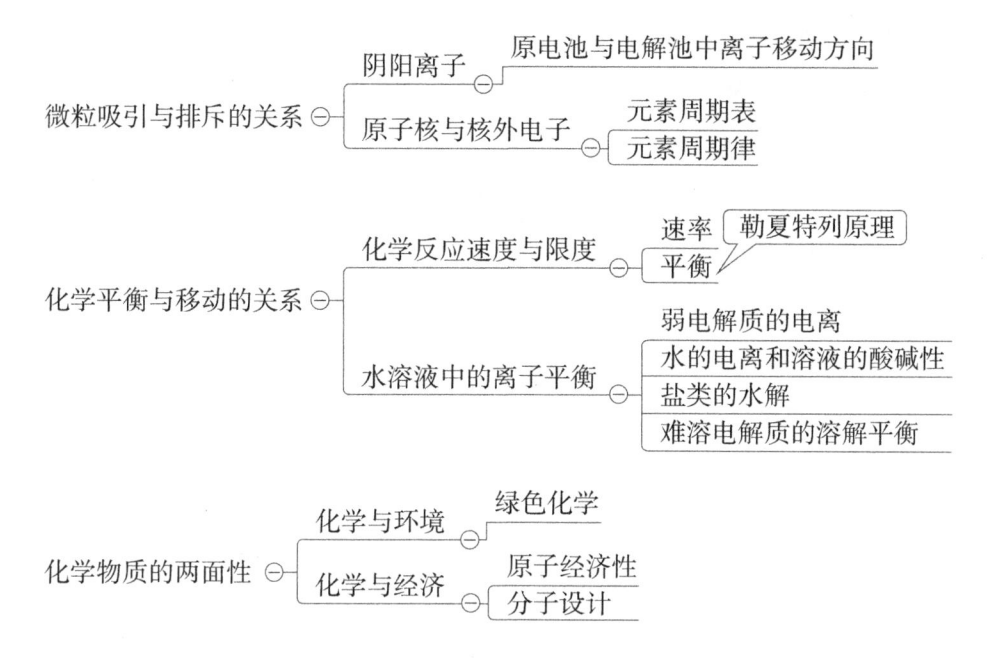

微粒吸引与排斥的关系 ─┬─ 阴阳离子 ── 原电池与电解池中离子移动方向
　　　　　　　　　　└─ 原子核与核外电子 ─┬─ 元素周期表
　　　　　　　　　　　　　　　　　　　　└─ 元素周期律

化学平衡与移动的关系 ─┬─ 化学反应速度与限度 ─┬─ 速率
　　　　　　　　　　　│　　　　　　　　　　　└─ 平衡 ── 勒夏特列原理
　　　　　　　　　　　└─ 水溶液中的离子平衡 ─┬─ 弱电解质的电离
　　　　　　　　　　　　　　　　　　　　　　　├─ 水的电离和溶液的酸碱性
　　　　　　　　　　　　　　　　　　　　　　　├─ 盐类的水解
　　　　　　　　　　　　　　　　　　　　　　　└─ 难溶电解质的溶解平衡

化学物质的两面性 ─┬─ 化学与环境 ── 绿色化学
　　　　　　　　　└─ 化学与经济 ─┬─ 原子经济性
　　　　　　　　　　　　　　　　　└─ 分子设计

图 3-18　微粒吸引与排斥的关系、化学平衡与移动的关系、化学物质的两面性

第三节　理解性教学与观念建构教学

一、理解性教学

理解性教学的核心是提升学生的理解力。理解力一词源于美国著名学者维金斯和麦克泰合著的《理解力的培养与课程设计——一种教学和评价的新实践》一书,该著作中对理解力的六个维度给了阐释如下:

一是解释:能对现象、事实、数据给出全面、合理、可靠的解释和说明。

二是释译:能够揭示故事意义,进行适当翻译,对于涉及的观点发表自己的看法,通过想象、轶事、例证、模型使以上观点个性化并易于为人所接受。

71

三是运用:能将所学知识有效地运用于不同的环境之中。

四是洞察:能用批判的眼光看待不同事物并顾全大局。

五是移情:能从别人可能认为陌生或有悖情理的事物中体会价值之所在,具备敏锐的直观洞察力。

六是自我评价:个人身上的某些特质,如个人风格、偏见、构想及思维习惯等,他们对理解的实现可能起促进作用,也可能起阻碍作用。对此个人应该能明确认识到在哪些方面自己还未能理解并找到原因之所在。

以培养理解力为目的,该著作提倡进行理解性教学和理解性课程设计,主张教学的最终目的是实现学生对知识的理解,提升学生对知识的理解能力。与此同时,该著作对以下问题给予详尽的解释。

(一)为什么教学要实现理解

目前某种低效教学模式的存在:教学设计是学生将学习过程转为记忆课程内容的过程,教师很小程度地达到或根本不可能达到对教材内容的理解。这样的课程组织程序可称为"教学、考试反复转,希望高分能实现"模式。学生的发展水平决定了将概念抽象化到何种程度是恰当的,促使学生达到深刻理解是学校教育的根本目标。

(二)哪些知识适用于理解教学

超越于课堂之外的具有持久价值的课程内容适用于理解教学,值得持久理解的内容都超越了那些孤立而散乱存在的事实或技能,它侧重于那些关键性的概念、原则或方法。简言之,课程内容应该具备持久的价值、学科的中心、需要发现、有吸引力等特征。指向理解的课程内容特点,如下图:

- ✦ 代表一种重大的观念,具有超越课堂的持久性价值。
- ✦ 居于本课程的中心
- ✦ 深入探讨抽象的、易于误解的观念
- ✦ 对学习者具有潜在价值

持久性理解

图3-19 指向理解的课程内容特点

二、观念建构教学与理解教学之间的联系

一是对于学习过程都指向和需要深度学习;二是归于教学内容都注重核心概念、观念和思维。由于观念建构的教学注重学生深度学习能力和深度思维培养,因此理解力培养的教学方式有助于我们达成观念建构教学目标,反过来,观念建构教学也有助于提升学生的理解力。所以,我们有理由相信,借助化学学科知识这一载体,在理解性教学理论的支撑下,利用理解力培养的教学方式进行观念建构为本的课堂教学和教学设计可以有效提升学生化学学科核心素养。

第四节 观念建构的教学策略、模型与案例

一、"微粒观"建构的教学策略与案例

(一)"微粒观"建构的"2C"教学策略

化学是在分子、原子水平上研究和认识物质的一门科学,所以说"微粒观"对于化学的学习具有统领作用,是化学基本观念中的核心观念,通过具

体的化学知识,帮助学生建立起微粒的观点认识化学世界,对提高学生的化学学科素养尤为重要。

理解力的六个维度中洞察的含义,观点深刻并具有批判性。要想阐明洞察的含义,我们需要回答以下问题:从哪一个立场出发?需要明确考虑什么样的前提预设?哪些观点需要阐明?哪些已经得到确证?论据是否足够?是否合理?这些观点是否可信?其局限性是什么?

基于以上分析,源于洞察,培养学生的理解力,适用于"微粒观"建构教学。"微粒观"作为认识并学习化学的重要的一种核心观念,需要学生具有深刻的洞察力,也需要教师在课堂上进行意义建构过程时提供丰富的素材,提出各种有价值的观点,使学生能够洞察学习内容,有能力揭示各种似是而非的假设或者结论。所以,在此提出"2C"教学策略,即:复杂(Complex)和冲突(Conflict)。

复杂(Complex)——相对复杂的认识核心问题的情境。

冲突(Conflict)——复杂情境中包含的与原有认知冲突的现象。

(二)"微粒观"建构的"2C"教学案例

1. 研读微粒观对应教材(必修和选修性必修)知识点的思维导图

从思维导图中我们不难发现,必修中的《离子反应》和《氧化还原反应》无疑是学生进入高中学习阶段接触"微粒观"认识具体化学反应的开始。而《离子反应》与选修中《水溶液中离子平衡》更是一脉相承,螺旋上升。

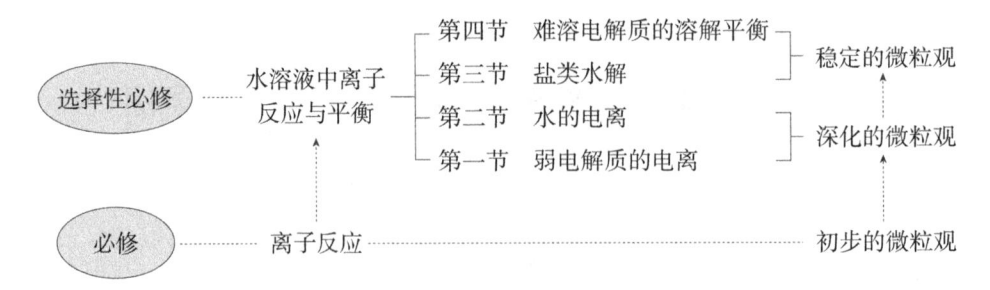

图 3-20 学生形成稳定"微粒观"过程分析

比如人教版必修第一册《离子反应》的第一课时我们在设计时运用了

"2C"教学策略,环节如下:

第一个环节,复杂(Complex)——提供给学生相对复杂的认识离子反应本质的情境。于是设计了一个"淘宝行动",即鼓励学生动手做试管实验,看看哪些物质之间能够发生反应。

提供给学生的实验药品有酸:硫酸、盐酸、硝酸,碱:氢氧化钠、氢氧化钡、氢氧化钾,盐:硫酸铜、氯化钾、碳酸钙。

第二个环节,冲突(Conflict)——与学生刚刚得出的结论形成认知冲突。于是设计了一个现象与本质的讨论,分析:①现象是沉淀、气体(生成或消失)的,发生反应,本质原因是什么?②硫酸、盐酸、硝酸与氢氧化钠、氢氧化钾、氯化钾混合现象一致,是否因为无现象,就确定没有发生反应?

第三个环节,引导学生借助酚酞完成第二个环节"无现象"实验,并细化实验方案。给学生提供如下支撑资料:水是一种极弱电解质,电离程度非常小。得出离子反应本质:离子浓度发生变化。

第四个环节,教师演示完成补充实验——氢氧化钡中滴加硫酸溶液导电性变化实验。运用现代化手持技术实验将硫酸溶液滴加到氢氧化钡溶液中的混合溶液的电导率曲线,通过电导传感器在显示器中呈现出来。实验直观准确,能将无法视觉捕捉到的实验现象通过数学曲线呈现出来,这里不仅有数形结合还有宏微结合。实验装置图如下。

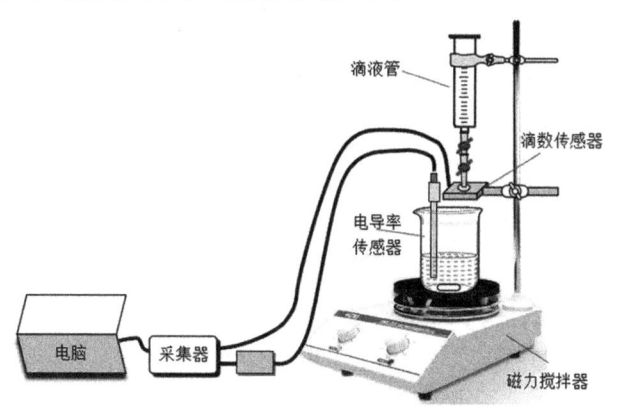

图 3-21 电子率实验仪器

◆ 核心素养视角下的高中化学教学实践

　　观念的建构通常难以通过一堂课的教学活动来完成。因此，观念建构为本的教学设计，不能立足一节课或一个课时的内容，而应该选择相近内容进行整体教学设计。这种整体的设计，可以立足于原有的一个单元，也可以是不同单元的相似内容的整合，更应该利用选修和必修中具有相同的核心观念的不同层次内容，以核心观念为纽带进行整体教学设计。可以在不同的教学阶段完成同一观念建构的不同水平，让观念建构的教学既具有整体性又具有连续性。下面以人教版高中化学选修中《水溶液中离子平衡》为例，来介绍如何进行具体的观念建构单元教学设计。

　　人教版必修中的《离子反应》是学生微粒观建立的基础，而选修中《水溶液中的离子平衡》则是学生建立稳定微粒观绝佳素材。本章四节内容均讨论电解质在水溶液中的微观粒子存在以及变化情况。所以可以确定在本章中可以用平衡观和微粒观作为核心观念，帮助学生从微粒角度来认识物质在水溶液中的行为。

　　2. 以微粒观为核心进行本章的整体教学内容分析

　　利用本章核心观念建构的思路是：物质在水溶液中是以分子、离子等微粒的形式存在的；这些微粒之间存在着相互作用，是分子分解为离子、离子结合成分子；当微粒间的这些相互作用过程存在可逆情况，就会在一定条件下达到平衡状态，这时微粒的数目保持不变；条件如果改变又会引起平衡的移动，从而影响各微粒的数量。通过教学使学生学会用微粒的观点分析电解质在水溶液中的行为如图：

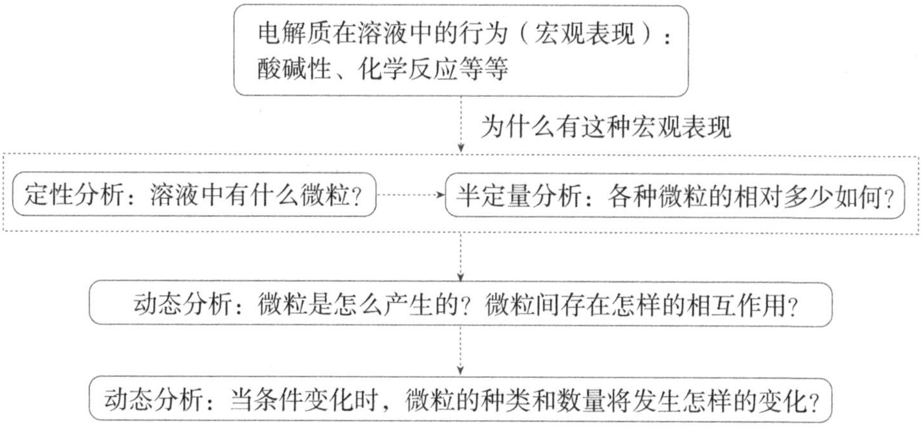

```
┌─────────────────────────────────┐
│ 电解质在溶液中的行为（宏观表现）：│
│ 酸碱性、化学反应等等             │
└─────────────────────────────────┘
              │ 为什么有这种宏观表现
              ▼
┌──────────────────────┐   ┌──────────────────────────────┐
│ 定性分析：溶液中有什么微粒？│◄─►│ 半定量分析：各种微粒的相对多少如何？│
└──────────────────────┘   └──────────────────────────────┘

┌────────────────────────────────────────────────┐
│ 动态分析：微粒是怎么产生的？微粒间存在怎样的相互作用？│
└────────────────────────────────────────────────┘

┌──────────────────────────────────────────────────┐
│ 动态分析：当条件变化时，微粒的种类和数量将发生怎样的变化？│
└──────────────────────────────────────────────────┘
```

图3-22　微粒观点分析电解质在水溶液中行为分析路径

3. 以微粒观为核心，设计本章的整体教学思路

本章在具体教学内容安排上，对电解质在水溶液中行为的解读也是循序渐进一脉相承的，自然在微粒观的建立上也是逐步深化的，所以要按照各节的具体教学内容分析电解质溶液中存在的微粒、微粒间的相互作用，以及相互作用后的结果。

通过第一节《弱电解质的电离》，引导学生分析 HA 作为弱酸，其水溶液中存在的微粒有哪些？它们之间的相互作用？学生分析以上两个问题，初步建立起微粒观。

通过第二节《水的电离和溶液的酸碱性》，在分析水作为一种弱电解质电离的基础上，引导学生分析向水溶液中加入强酸和强碱后，酸与碱电离出来的离子对水的电离平衡的影响，逐渐深化学生的微粒观。

通过第三节《盐类的水解》，选取一种盐，如 NaA（弱酸强碱盐），分析其成分电离过程：$NaA = Na^+ + A^-$　$H_2O \rightleftharpoons H^+ + OH^-$。先分析溶液中存在微粒：$Na^+$、$A^-$、$H^+$、$OH^-$，再分析微粒间的相互作用：$A^- + H_2O \rightleftharpoons HA + OH^-$。

通过第四节《难溶电解质溶解平衡》，分析难溶电解质氯化银和碳酸钙在水中行为：$AgCl \rightleftharpoons Ag^+ + Cl^-$，$CaCO_3 \rightleftharpoons Ca^{2+} + CO_3^{2-}$，再引导学生利用平衡移

动原理,分析沉淀的生成、溶解和转化。

在单元教学整体设计的基础上,再进行每一节的教学设计。将单元整体教学设计思想作为指导,每一节的教学设计目的性、针对性更强,为整体的微粒观建构的服务性更加明显。下面介绍本单元中的第三节《盐类水解》,利用"2C"教学策略,体现出较为具体的教学设计流程。

第一个环节,复杂(Complex)——提供复杂的问题情境。

(1)复习导入、微观分析

给出 $H_2O \rightleftharpoons H^+ + OH^-$ 的电离方程式,再给出 $HCl = H^+ + Cl^-$ 和 $NaOH = Na^+ + OH^-$ 两个电离方程式。提出问题:盐酸和氢氧化钠溶液中,水的电离平衡如何移动?盐酸、氢氧化钠促进了水的电离还是抑制了水的电离?

(2)同步推理、定性讨论

向水中加入盐呢?是否会影响水的电离平衡?如果影响,结果是什么?给出三种盐,分别是:$KCl = K^+ + Cl^-$、$NH_4Cl \rightleftharpoons NH_4^+ + Cl^-$、$CH_3COONa \rightleftharpoons CH_3COO^- + Na^+$。在完成三种盐的电离方程式的基础上,分析三种盐电离出的粒子对水的电离平衡的影响。

第二个环节,冲突(Conflict)——分组实验,制造"认知冲突"。

本环节借助三组实验,分别是溶于水显酸性、中性、碱性的盐溶液,用指示剂或pH试纸进行简单的分组实验,验证盐溶液对水的电离平衡影响的宏观表现。

【分组实验】测定部分盐溶液的酸碱性。中性:KCl、Na_2SO_4,酸性:NH_4Cl、$AlCl_3$,碱性:CH_3COONa、Na_2CO_3

第三环节,动态分析、定量讨论。

结合弱电解质电离的可逆过程,进行动态、定量的分析部分盐的水溶液显示酸性或碱性的原因?分析过程如图所示。

$$H_2O \rightleftharpoons H^+ + H^-$$

加入醋酸钠

$$CH_3COONa = CH_3COO^- + Na^+$$

$\Updownarrow$

CH₃COOH

促进了水的电离

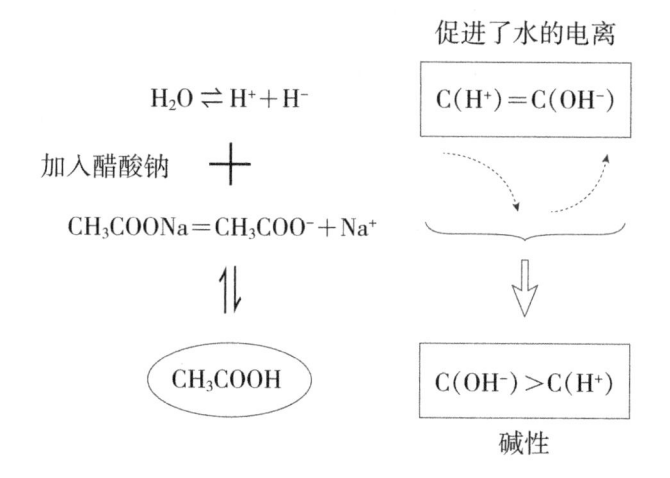

$C(H^+) = C(OH^-)$

$C(OH^-) > C(H^+)$

碱性

图 3-23 分析 CH₃COONa 水溶液中的有关变化

第四环节,得出结论、获取新知。

在动态分析盐溶于水中,不同盐在水中,电离出的粒子对水的电离平衡的影响不同,在此基础上,得出盐类水解的概念,水解方程式书写也就水到渠成。方程式则是盐类水解的符号化语言的表示。

(1)水解显酸性

$AlCl_3 + 3H_2O \rightleftharpoons Al(OH)_3 + 3HCl$

$NH_4Cl + H_2O \rightleftharpoons NH_3 \cdot H_2O + HCl$

(2)水解显碱性

$Na_2CO_3 + H_2O \rightleftharpoons NaHCO_3 + NaOH$ $NaHCO_3 + H_2O \rightleftharpoons H_2CO_3 + NaOH$

$CH_3COONa + H_2O \rightleftharpoons CH_3COOH + NaOH$

第五环节,总结归纳、升华认识。

盐的水解反应与中和反应关系?什么样的盐能够发生水解?能水解盐的酸碱性与组成的关系?水解程度取决于什么?师生共同讨论以上这些问题,对盐类水解的认识得到升华,即盐的水解反应是酸碱中和反应的逆反应。

(1)仅发生中和反应

$KCl + H_2O \xleftarrow{中和} KOH + HCl$ $Na_2SO_4 + 2H_2O \xleftarrow{中和} 2NaOH + H_2SO_4$

(2) 即发生中和反应又发生水解反应

$NH_4Cl + H_2O \rightleftharpoons NH_3 \cdot H_2O + HCl$　　$CH_3COONa + H_2O \rightleftharpoons CH_3COOH + NaOH$

(3) 只发生水解反应

$Al_2S_3 + 6H_2O \xrightarrow{水解} 2Al(OH)_3\downarrow + 3H_2S\uparrow$

"微粒观"建构的"2C"教学策略应用启示：以往的教学，无论是离子反应还是盐类的水解，我们都习惯利用宏观的事实引发学生进入微观层面的思考。诚然，透过现象看本质，宏微结合先宏后微都是化学研究的基本方法和路径。但是在多年的教学实践中我们发现，传统的教学对于学生微观视角认识化学、学习化学弊端也很明显：关注宏观现象，微观解释困难；宏观现象和微观原理之间的嫁接困难；新的宏观情境，同样的微观原理，迁移困难。高中学生，尤其高二学生已经具备从微观层面认识化学是一门研究分子、原子等微观粒子水平上研究物质的能力。所以，要想突破破解弊端的途径就要从微观粒子分析入手，以及分析粒子的变化，分析变化带来的宏观表现。这样，教师教学设计出发点发生变化，自然带来学生认识角度的变化，微粒观点认识化学物质的思维方式逐渐形成。这里提倡的"2C"教学策略，即复杂情境和认知冲突，是为学生"微粒观"认识化学物质发生变化的本质设置的障碍，也是脚手架，为学生建立起稳固的"微粒观"提供必要的心理基础。

在《盐类水解》一课教学完成之后，对部分学生进行了访谈。为受访学生提供一种课上没有接触的化学试剂：CH_3COONH_4 溶液，并分析推测验证其酸碱性。学生受访结果如下：

表 3-1 分析推测验证 CH_3COONH_4 溶液酸碱性

分析	推测	支撑材料选择
CH_3COO^-、NH_4^+ 两种离子与水电离出 OH^-、H^+ 的相互作用	无法推测酸碱性	1. CH_3COOH、$NH_3 \cdot H_2O$ 电离常数 2. pH 试纸、pH 计

对照班级进行实验发现,传统教学班级,受访学生明显表现出手足无措,无从下手,没有明确的思维路径。教师在进行以"微粒观"构建为本的教学设计中,教师的关注点也发生了变化,更接近于从本质上认识电解质在水溶液中的这一路径、变化以及变化带来的结果,这样更有助于落实化学学科核心素养中"宏观辨识与微观探析"这一教学内容。

二、建构"变化观"的教学策略与案例

(一)"变化观"的建构的"4W"教学策略

人教版高中新课程化学教材的编写思路,必修内容较好地体现了元素化合物基础知识与"元素观""分类观""转化观"等化学基本观念的有机融合与互相渗透,有效地帮助学生在掌握相关化学基础知识的同时,强烈感受并形成相应的化学基本观念。选修中有机化合物的学习更是"转化观"形成的绝佳素材。立足"转化观"的建构教学,可以选择必修中《铝的重要化合物》《铁的重要化合物》和选修中《醇》等相对典型的内容进行设计,凸显"转化观"观念建构。

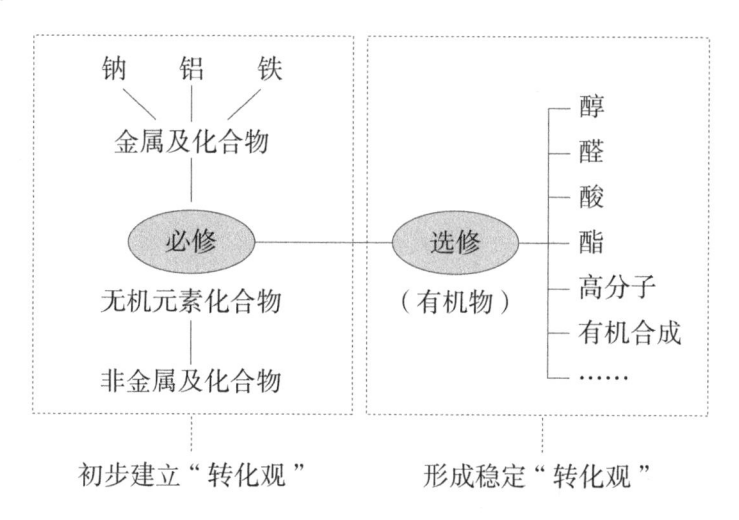

图 3-24 转化观与课本知识点的思维导图片段

在理解力六个维度中"解释",是指对事物进行合理、恰当的论证说明。

基于理解力培养的"解释",在我们的教学中应有如下两层含义:一是学生的理解不只是关于现象的知识,它还指"为什么"和"怎样的"知识。需要学生在学习中揭示事物的发生、发展、含义及该事物与其他事物的联系。二是学习过程中,要求学生展示自己的观点和看法,而不仅仅是给出自己的答案,能阐明导出过程,要求他们对最终结论给予论证,证明其合理性。

六个维度中释译维度的含义是能提供有意义的阐释、叙述和翻译。基于理解力培养的"释译",在我们的教学中有如下两层涵义:一是比"解释"高一个层次。要求学生能解释并迁移同理性事实,其中蕴含着自己的见解。二是学生学习是一种既高级又复杂的过程,不能仅依靠教师和教科书单方面的努力。要让学生进行深入而广泛的释译,从而对他们的见解进行持续的评价,使他们得到反馈的信息,促进学生自身理解力的提升,培养学生创造知识、提炼知识的学习能力,那么首先他们得了解参与知识的创造和提炼的过程。

基于以上认识,理解力中的"解释、释译",都在关注事物的来龙去脉,事物与事物之间的联系以及具体教学中师生对知识的建构过程。对于"转化观"的建构教学设计具有现实可行的意义,以"转化观"为出发点的教学关注转化过程、转化条件、转化方法、转化意义等。需要学生既能准确地了解和阐述各种现象,又能抓住事物(如思维、经历)的潜在本质。"4W"教学策略如下:

What——是什么?——何物质转化成何物质?(具体化学物质)
Where、When——在哪里?——什么条件实现的转化?(反应条件)
Why——为什么?——为什么能实现该转化?(化学原理)

(二)"变化观"建构的"4W"教学案例

根据酸、碱、盐之间的反应规律,实现相同价态物质间的转化,最合适的教学案例就是铝元素。下面介绍运用"4W"教学策略突显"变化观"建构的《铝和铝合金》这一课的教学设计流程。

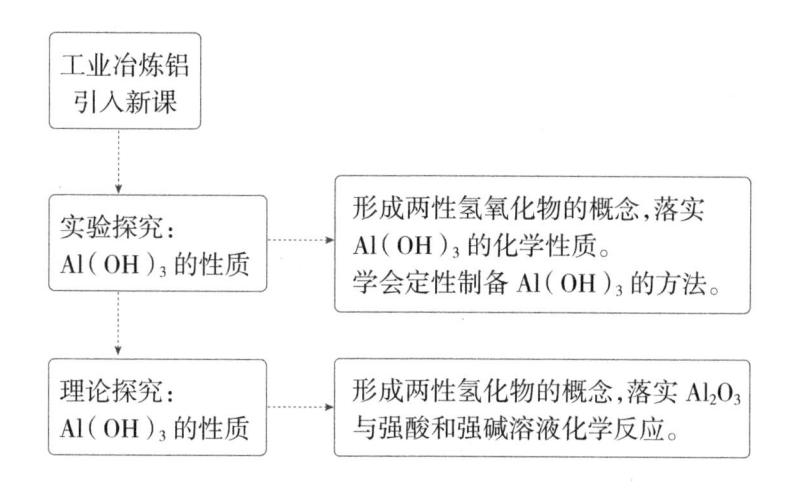

```
┌─────────┐
│工业冶炼铝│
│引入新课 │
└────┬────┘
     ┆
┌────┴────┐      ┌──────────────────────────┐
│实验探究：│      │形成两性氢氧化物的概念，落实│
│Al(OH)₃的│ ┄┄┄▶ │Al(OH)₃的化学性质。         │
│性质     │      │学会定性制备Al(OH)₃的方法。 │
└────┬────┘      └──────────────────────────┘
     ┆
┌────┴────┐      ┌──────────────────────────┐
│理论探究：│      │形成两性氢化物的概念，落实Al₂O₃│
│Al(OH)₃的│ ┄┄┄▶ │与强酸和强碱溶液化学反应。   │
│性质     │      │                          │
└─────────┘      └──────────────────────────┘
```

图 3-25 "铝和铝合金"教学流程

环节一：情境引入，介绍工业上铝土矿冶炼铝方法。

环节二：利用学生已经学过的知识实现将三氧化二铝转化为氢氧化铝。

提出问题 1：

如何实现 Al_2O_3 到 $Al(OH)_3$ 的转化？

设计实验方案：$Al_2O_3 \xrightarrow{HCl} Al^{3+} \xrightarrow{NaOH} Al(OH)_3$

完成实验探究 1：Al_2O_3 先加盐酸后加氢氧化钠溶液，验证其推测。

发现问题：$Al(OH)_3$ 能溶于 NaOH 溶液。

修正方案：$AlCl_3$ 溶液中加入氨水。

思维提升：调整 Al_2O_3 到 $Al(OH)_3$ 的转化方案：

$$Al_2O_3 \xrightarrow{HCl} Al^{3+} \xrightarrow{NH_3 \cdot H_2O} Al(OH)_3$$

环节三：工业冶炼铝的原理。

提出问题 2：

为什么工业上先用氢氧化钠，后用二氧化碳？

$$铝土矿(Fe_2O_3、Al_2O_3) \xrightarrow{NaOH} \xrightarrow{CO_2} Al(OH)_3$$

实验探究 2：Al_2O_3 先加氢氧化钠溶液后通入二氧化碳气体。

◆ 核心素养视角下的高中化学教学实践

提出问题:Al_2O_3 先加氢氧化钠溶液后逐滴加盐酸会怎样?

$$Al_2O_3 \xrightarrow{HCl} Al^{3+} \underset{HCl}{\overset{NH_3 \cdot H_2O}{\rightleftharpoons}} Al(OH)_3$$
$$Al_2O_3 \xrightarrow{NaOH} AlO_2^- \underset{CO_2}{\rightleftharpoons} Al(OH)_3$$

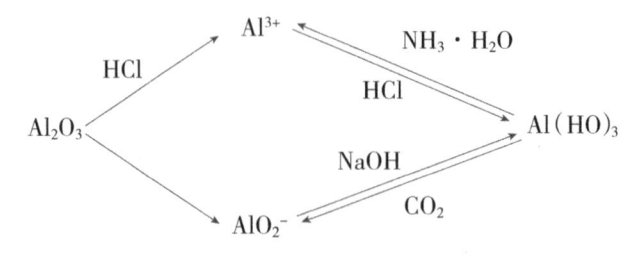

图 3-26 "铝和铝合金"知识结构

环节四:建构体系,绘制完整的铝的化合物之间的转化关系图。

回顾整个教学流程,在《铝和铝合金》的教学中是如何运用"4W"教学策略帮助学生实现"转化观"的建构呢?

What——是什么?——何物质转化成何物质?(Al_2O_3、Al^{3+}、AlO_2^-、$Al(OH)_3$ 等)

Where、When——在哪里?——什么条件实现的转化?(常温条件)

Why——为什么?——为什么能实现该转化?(符合酸碱盐复分解反应规律)

根据氧化还原反应的规律,实现不同价态物质间的转化。最适合构建氧化还原反应转化观点的就是必修第一册的《铁的重要化合物》。

学生熟悉的铁的化合物中,两种氧化物即氧化亚铁和氧化铁,具有碱性氧化物的通性;两种氢氧化物即氢氧化亚铁和氢氧化铁,具有碱的通性。相应的正二价和正三价的盐也都具有金属盐溶液一般的性质,但在共性之外还有从氧化还原角度分析的二价铁和三价铁之间发生转化的个性。掌握共性同时,更要突出特性。所以,铁及其化合物的转化是不同价态间物质转化的典型素材。下面介绍运用"4W"教学策略突显"变化观"建构的《铝和铝合金》一课的教学设计流程。教学设计详见附录。

环节一:温故知新,推测性质。

情境引入:你知道哪些铁的化合物?

分类思想:学生简单梳理将铁的化合物并对其进行分类。

归纳推测:学生绘制转化关系图,归纳铁的化合物的性质。

环节二:实验探究,验证推测。

探究实验:制备$Fe(OH)_2$、$Fe(OH)_3$。

发现问题:发现$Fe(OH)_2$易被氧化为$Fe(OH)_3$。

演绎推理:大胆推测$Fe^{2+} \rightleftharpoons Fe^{3+}$

思维提升:设计实验方案进行实验,验证推测。

环节三:建构体系。

师生共同绘制出完整的铁的化合物之间的转化关系二维图。

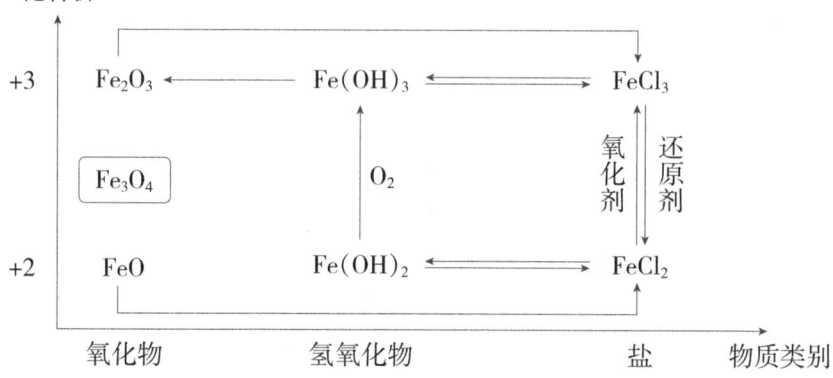

图3-27 "铁及其化合物"转化关系二维图

回顾整个教学流程,在《铁的重要化合物》一课的教学中是如何运用"4W"教学策略帮助学生实现"转化观"的建构呢?

What——是什么?——何物质转化成何物质?(铁的氧化物、盐、氢氧化物等)

Where、When——在哪里?——什么条件实现的转化?(常温条件)

Why——为什么?——为什么能实现该转化?(符合酸碱盐复分解反应规律)(符合氧化还原反应规律)

85

人教版选修性必修3《有机化学基础》一课中介绍了烃、卤代烃、醇、酚、醛、酸、酯等,它们之间含有丰富转化关系,可以说有机化合物和有机化学反应是学生建构起转化观的主要载体,有机物官能团之间转化是学生建构转化观的基本方式。在具体的教学中,教师要围绕官能团的转化,包括转化条件、转化方向、转化结果等进行教学设计。下面介绍选择性必修3中的《醇》的"4W"教学设计的教学流程。教学设计详见附录。

环节一:学生回忆学过哪些方法(原料、条件)可以制备乙醇?

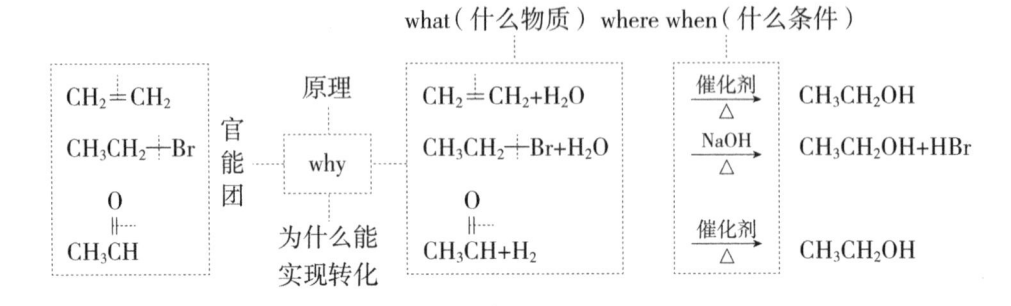

图3-28 "醇"中环节一的"4W"关系

环节二:利用逆向思维,思考乙醇具有哪些化学性质?(能发生哪些化学反应?)

从 Why 出发,断键处即新反应的成键处。

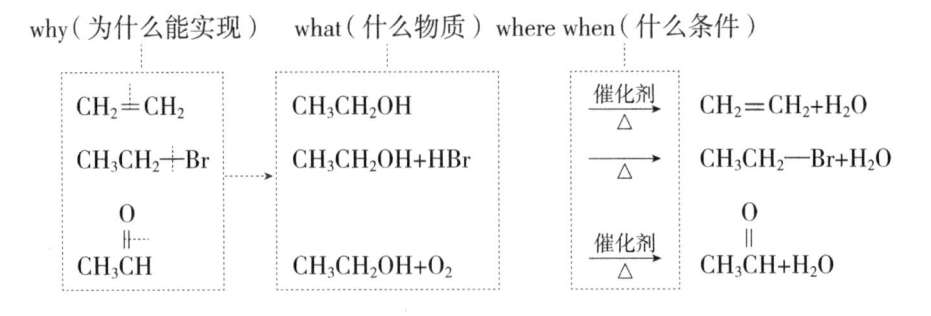

图3-29 "醇"中环节二的"4W"关系

环节三:从乙醇类推到醇的化学性质。

环节四:从"转化观"角度进行课堂小结。

结构决定性质,有机物之间的转化实际是官能团之间的转化。转化是有条件的,根据人类需要,有意控制反应条件进而控制反应方向,是有机化学对人类的贡献和价值所在。多数有机反应是可逆的,变化和平衡是同时存在、辩证统一的。

"转化观"建构为本的4W教学启示

此教学设计的基本观点是能有效帮助学生构建物质之间"转化"的基本思路,研究物质变化的一般思路和方法。促使学生了解到认识化学物质的两大基本任务:从"元素观"认识物质的分类,从"转化观"认识物质的性质。而在以往传统教学中,元素化合物知识的教学虽有序但零散,缺乏整体性,导致学生对物质性质的认识变得孤立、碎片化,这些无疑都对学生整体构建化学学科的总观性认识,对提升学科核心素养益处甚微。所以教学的关键点是,借助必修中元素化合物知识,有效地帮助学生建立起结构化的物质转化关系:通过氧化还原反应原理可以实现含有不同价态同种元素之间的转化;通过非氧化还原反应可以实现含有同价态同种元素不同类别物质之间的转化。这两种转化关系促使学生在头脑中构建起物质类别转化和元素价态转化的二维转化思维。借助选修中的有机化合物之间转化,使学生深刻理解官能团变化是一切物质转化的核心所在,建立起官能团性质为主线,反应条件为辅线的二元认识有机物性质的思维路径。有助于培养学生用转化的观念,如何转化的思维去看待有机物的变化,学会从变化观念与平衡思想维度分析、解决有机化学问题。而4W教学策略,最大的优点就是提供"转化观"建立的结构化路径:转化的思维、转化的原理(Why)、转化的条件(Where、When)都蕴含在各种物质(What)相互转化的大目标中。结构化的教学设计无疑促进了知识结构化,最终形成认识问题的结构化思路、思维,最终形成观念。

在教学之后的学生访谈中也证实了这一点,比如在《铁的重要化合物》一课之后,提供给受访学生Na_2FeO_4这一物质,分析所属类别及其性质,并思考消毒净水原理。学生能够从类别角度对号入座,即是一种盐。再从化合价角度分析 +6 铁元素的氢氧化性,进而推测消毒过程中被还原为 +3 价,在水中应该是生成 Fe(OH)$_3$,起到净水作用。

教师在结构化处理转化观建立的教学设计中,收获也是巨大的。首先,全面了解了与授课相关具体知识点之间的联系,以及各种物质之间的关系,提升了教师的专业素养。其次,在整合各种物质转化取舍素材中,教师也参与了优化思维的过程,基于提升学生素养这一理念进行备课,促进了教师学科素养的优化和升级。

三、建构"学科价值观"的教学设计模型与案例

(一)"科学价值观"建构的"2S"教学策略

高中化学中的元素化合物知识,不仅承载着学生学习具体元素化合物的性质的功能,还承载着通过学习具体元素化合物知识,不断建立并深化化学学科思维和观念的功能。如此说来,学生对所学元素化合物知识本身的掌握固然重要,但对于元素化合物知识的学习方法和看待角度更为重要。因为这一点不仅影响学生当下的化学学习,还会影响学生未来化学的学习能力。

元素化合物知识的教学中,传统教学中缺乏设计的教学有以下两种情况:一是"就事论事"即就知识讲知识,与化学原理(核心概念、核心观点)结合不够;二是一一罗列、简单堆砌,即某一具体元素化合物内容性质之间的联系不够。如在实际的教学中某一种元素的单质、氧化物、酸碱盐等之间缺乏联系,甚至无联系。

缺乏设计的"元素化合物"教学导致学生的学习存在以下情况:学生的学习过程是记忆的、零散的;学习结果表现为对知识的掌握是表面的,内容是杂乱的、堆砌的、无序的,后期要做大量的习题;学习过程有了分析,对元素化合物知识的学习结果得到些许的深化和梳理。而实际的问题、真实的情境是体系的、复杂的、变化的、联系的。教师缺乏设计的教学使学生利用元素化合物知识解决真实情境和实际问题时,往往是困难的、事倍功半的。

对于元素化合物知识的认识普遍存在两种角度。第一,本体角度。关注元素化合物知识本身,比如:结构、性质、用途,这三者之间是割裂的。第二,载体角度。关注元素化合物的结构、性质、用途延伸的意义,这种角度则更关注化学知识中的原理、观点和联系。如此说来,"元素化合物"教学设计要点和策略就是用"为什么"指导"是什么",用原理、观点、思维方法、核心概念指导元素化合物知识的教学。这里的"是什么"不再是具体的知识,而是性质、用途之间的联系。知道了"为什么"和"是什么"之后,下一步就是"怎么做"并寻找联系? 就是在原理、观点、思维方法、核心概念指导下设计一系列探究问题,运用问题驱动来建立联系的教学,性质之间存在联系,性质又决定用途,所以用途之间也可以建立联系,将用途加入教学已经是运用价值导向了,如果再将用途之间联系起来进行教学,那么就是在实现学科价值的课堂教学。

教师是课堂改革的主要实施者,教师如果在教学中就知识论知识,学生的收效是非常有限的,为避免以上两种情况,教师在元素化合物教学设计之初,就要从整个学科知识体系中看待具体元素化合物知识,体会"大化学"思想。如果教师能够从学科角度进行教学设计,学生的收获将是发展性,发展的空间也是弹性的;如果教师能站在学科的角度认识化学课程和化学教学,将有助于自己和学生学科观念和学科素养的逐步形成。那么再具体一些该怎么做呢? 有没有策略可以作为具体教学实施的指导呢?

理解力六个维度中的运用、移情、自我评价的含义如下。运用的含义是能将所学知识有效地运用于不同的环境之中。移情的含义是能从别人可能认为陌生或有悖情理的东西中体会价值之所在,具备敏锐的直观洞察力。自我评价的含义是个人身上的某些特质,如个人风格、偏见、构想及思维习惯等,他们对理解的实现可能起促进作用,也可能起阻碍作用。对此个人应该能明确地认识到在哪些方面自己还未能理解并知道原因之所在。

基于理解力六个维度中的"运用、移情、自我评价"含义,适用于"科学价值观"的建构教学。"科学价值观"的建构需要学生对知识融会贯通的基础上理解学科知识的价值,在运用知识的过程中将个人情感与评价渗入学科知识的学习。基于以上分析,第一,将具体的元素化合物知识放在化学学科整体知识体系中,找到具体化学知识在整体化学学科知识体系中凸显了哪种学科思维或学科观念,采用问题驱动策略来培养学生的化学学科思维和学科观念,引导学生学会"运用"。第二,将具体的元素化合物知识放在自然、生产、生活大背景下进行设计,找到某一具体化学知识在自然、生产、生活大背景中所体现的社会价值,采用价值导向来培养学生的化学情感。进一步培养学生的"移情""自我评价"和理解力。所以,在此提出"2S"教学策略,即:学科(Subject)和情境(Situation)。

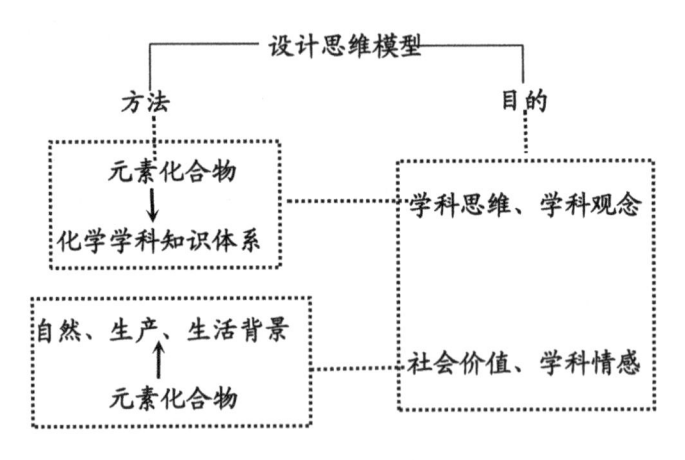

```
                    设计思维模型
        方法                         目的
   ┌─────────────┐            ┌─────────────────┐
   │  元素化合物  │            │                  │
   │     ↓       │            │ 学科思维、学科观念 │
   │化学学科知识体系│           │                  │
   └─────────────┘            └─────────────────┘
   ┌─────────────┐            ┌─────────────────┐
   │自然、生产、生活背景│         │                  │
   │     ↑       │            │ 社会价值、学科情感 │
   │  元素化合物  │            │                  │
   └─────────────┘            └─────────────────┘
```

图 3-28　建构"科学价值观"——2S 策略

(二)"科学价值观"建构的"2S"教学案例

入选高中化学中的元素化合物知识,不仅是学生从类别和价态视角认识和研究物质性质用途,形成化学思维、观点、素养的载体;大多数元素化合物在化工生产中扮演着重要的角色,对于促进生产发展、改善人类生活发挥了巨大的作用。元素化合物对整个化学学科领域和社会发展领域都具有非常重要的意义,将具体的元素化合物知识放到自然、生产、生活大背景中,使学生体会化学对社会发展,对生活、工业、国防、科技等领域的重要作用,从而帮助学生建立积极的化学情感。比如:钠和氯的元素化合物是在必修第一册第二章《海水中的重要元素》中体现的,是在利用海水资源这个大背景下引入和展开的。铁及其化合物是在必修第一册第三章《铁—金属材料》中体现的,旨在强化铁在金属材料领域的关键作用。硫、氮、硅三种元素及其化合物是在必修第二册第五章《化工生产中的重要非金属元素》中出现的,旨在揭示非金属元素在化学工业生产中的重要作用。

比如《硫酸》的教学设计。必修第二册第五章第一节第二课时《硫酸》一共有四个专题:"硫和二氧化硫""硫酸""硫酸根离子的检验""不同价态硫物质的转化"。教师教学用书(教学参考书)建议本节三课时。所以,可以将"硫和二氧化硫"作为第一课时,将"硫酸"为第二课时,将"硫酸根离子的检验和不同价态硫物质的转化"为第三课时。利用上述模型将本节的第二课时《硫酸》的教学设计介绍如下。

设计核心有两个方面。第一,初高中化学中"硫酸"的性质学习有浓、稀之分,稀硫酸和浓硫酸因浓度差异引起巨大的性质差异,在整个化学学科知识体系中"硫酸"是量变引起质变,组成决定性质的"微粒观"建构的典型范例。教师要紧紧围绕这一点进行教学设计,尤其要注重两者性质差异的对比进行设计。第二,无论稀硫酸还是浓硫酸在生产生活、工业农业中都具有重要的作用,硫酸的产量是一个国家化工水平的重要标志。教师应紧紧围绕"硫酸"在工业生产生活中的作用及社会价值进行教学设计。(见图3-29)

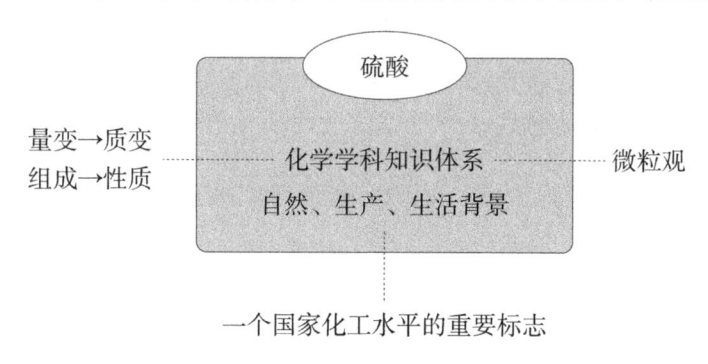

图3-29 《硫酸》设计思路图

◆ 核心素养视角下的高中化学教学实践

具体教学设计中要通过情境创设、理论推导、实验设计、实验现象分析、实验结果讨论来总结归纳硫酸性质与浓度有关,并且分析硫酸性质与浓度有关的微观本质原因。并通过上述过程使学生理解硫酸的产量成为一个国家化工水平重要标志的本质原因。具体的教学流程如图 3-30 所示。教学设计详见附录。

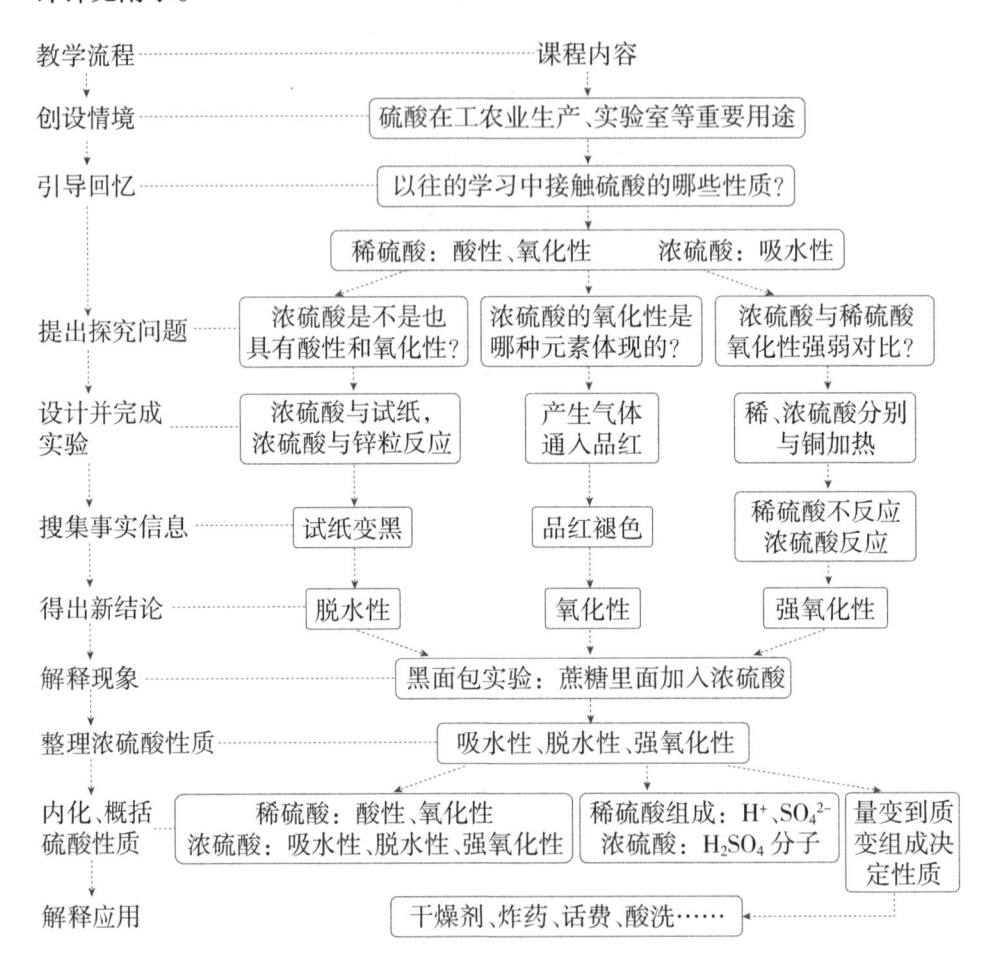

教学流程	课程内容
创设情境	硫酸在工农业生产、实验室等重要用途
引导回忆	以往的学习中接触硫酸的哪些性质?
	稀硫酸:酸性、氧化性　浓硫酸:吸水性
提出探究问题	浓硫酸是不是也具有酸性和氧化性? / 浓硫酸的氧化性是哪种元素体现的? / 浓硫酸与稀硫酸氧化性强弱对比?
设计并完成实验	浓硫酸与试纸,浓硫酸与锌粒反应 / 产生气体通入品红 / 稀、浓硫酸分别与铜加热
搜集事实信息	试纸变黑 / 品红褪色 / 稀硫酸不反应 浓硫酸反应
得出新结论	脱水性 / 氧化性 / 强氧化性
解释现象	黑面包实验:蔗糖里面加入浓硫酸
整理浓硫酸性质	吸水性、脱水性、强氧化性
内化、概括硫酸性质	稀硫酸:酸性、氧化性 / 浓硫酸:吸水性、脱水性、强氧化性 ‖ 稀硫酸组成:H^+、SO_4^{2-} / 浓硫酸:H_2SO_4 分子 ‖ 量变到质变组成决定性质
解释应用	干燥剂、炸药、话费、酸洗……

图 3-30 《硫酸》教学流程图

再比如《氮的氧化物》的教学设计。必修第二册第五章第二节第一课时《氮的氧化物》一共有五个专题,分别是氮气与氮的固定、一氧化氮和二氧化氮、氨和铵盐、硝酸、酸雨及防治。教师教学用书建议本节三课时。所以,可以将"氮气与氮的固定"和"一氧化氮和二氧化氮"作为第一课时,"氨和铵盐"为第二课时,"硝酸"和"酸雨及防治"为第三课时。利用模型将本节的第一课时《氮的氧化物》的教学设计介绍如图3-31所示。

设计核心有两方面:一是由于氮元素化合价的种类多,所以其在化学学科知识体系中是氧化还原理论指导具体化学知识学习的重要体现。由于氮的化合物之间可以借助氧化还原了理论实现转化,所以该案例又是化学基本观念中"转化观"建构的良好素材。二是围绕"氮的化合物"在自然、生产生活、工业农业中的重要性,结合"雷雨发庄稼"与"工业制硝酸",体现"氮的氧化物"在自然界和工业生产中的重要价值进行设计。

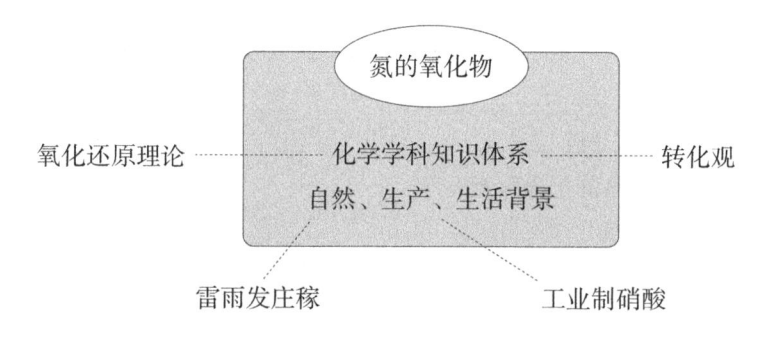

图3-31 《氮的氧化物》设计思路图

具体教学设计分为三个环节,通过头脑风暴、理论推测、阅读教材、理论分析、实验验证等环节实现一氧化氮和二氧化氮性质的构建,实现学生对氧化还原指导元素化合物这一知识可以更好地理解。通过共同讨论"魔鬼谷"、工业制硝酸、"酸雨"的形成与危害、工业制硝酸减少尾气处理方法等问题,使学生充分理解氮的氧化物在自然、人类生产生活中的重要作用,并以此来建构学生的科学价值观。教学设计详见附录。

环节一:理论推测如何通过化学方法获得一氧化氮?

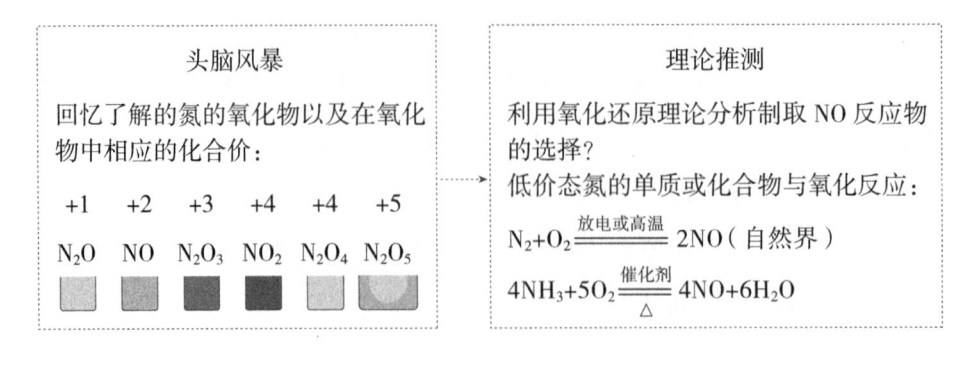

◆ 核心素养视角下的高中化学教学实践

头脑风暴	理论推测
回忆了解的氮的氧化物以及在氧化物中相应的化合价： 　+1　+2　+3　+4　+4　+5 　N$_2$O　NO　N$_2$O$_3$　NO$_2$　N$_2$O$_4$　N$_2$O$_5$	利用氧化还原理论分析制取 NO 反应物的选择？ 低价态氮的单质或化合物与氧化反应： N$_2$+O$_2$ $\xrightarrow{\text{放电或高温}}$ 2NO（自然界） 4NH$_3$+5O$_2$ $\xrightarrow[\triangle]{\text{催化剂}}$ 4NO+6H$_2$O

图 3-32　学生推测合成 NO 的途径

环节二：阅读教材了解一氧化氮与二氧化氮的物理性质差异，理论推测一氧化氮和二氧化氮性质差异，设计实验并实施实验对两者的性质差异进行验证。

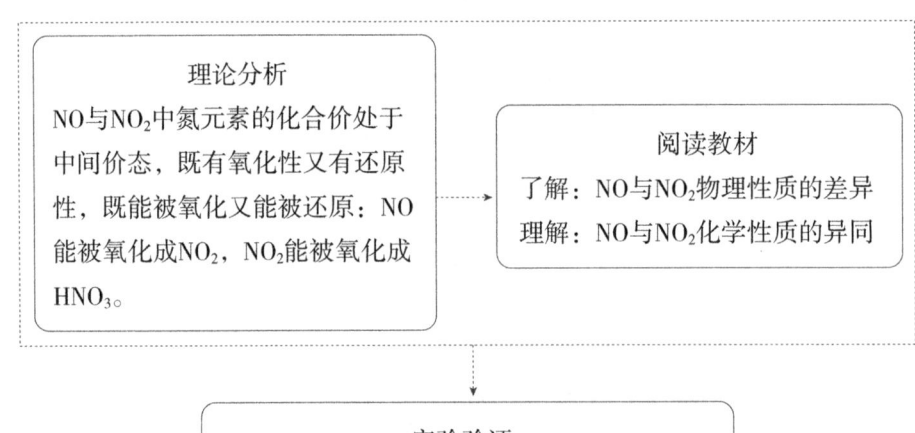

理论分析
NO 与 NO$_2$ 中氮元素的化合价处于中间价态，既有氧化性又有还原性，既能被氧化又能被还原：NO 能被氧化成 NO$_2$，NO$_2$ 能被氧化成 HNO$_3$。

阅读教材
了解：NO 与 NO$_2$ 物理性质的差异
理解：NO 与 NO$_2$ 化学性质的异同

实验验证
观察1：NO$_2$ 溶于水的实验现象
观察2：NO$_2$ 溶于水剩余气体遇见空气的现象
分析解释：上述两个实验现象产生的原因

图 3-33　学生理解 NO 与 NO$_2$ 的性质差异

环节三：通过自然现象、工业生产实际，了解一氧化氮和二氧化氮与自然、生产、生活的联系，深化对两者化学性质的认识，培养学生的化学情感，促使其建立科学的价值观。

```
┌─────────────────────────────────┐     ┌─────────────────────────────────┐
│  解释"魔鬼谷"                    │     │  工业制硝酸原理                  │
│  为什么电闪雷鸣,草木茂盛?         │     │  原料选择、NO 制备原理选择:       │
│  解释原因如下:                   │     │                                  │
│         放电或高温                │ --> │  4NH₃+5O₂ —催化剂→ 4NO+6H₂O      │
│  N₂+O₂ ========= 2NO(自然界)     │     │           △                      │
│  2NO+O₂ ==== 2NO₂                │     │  2NO+O₂ ==== 2NO₂                │
│  3NO₂+H₂O ==== 2HNO₃+NO          │     │  3NO₂+H₂O ==== 2HNO₃+NO          │
└─────────────────────────────────┘     └─────────────────────────────────┘
                 │
                 ▼
┌─────────────────────────────────┐     ┌─────────────────────────────────┐
│  "酸雨"的形成和危害              │     │  工业制硝酸减少尾气方法           │
│  工业生产中尾气(NO、NO₂)大量     │     │  NO 与空气,NO₂ 与空气的比例?     │
│  排放雨水中的硝酸含量过高,对     │     │  4NO+3O₂+2H₂O=4HNO₃              │
│  农作物等危害很大。              │     │  4NO₂+O₂+2H₂O=4HNO₃              │
└─────────────────────────────────┘     └─────────────────────────────────┘
```

图3-34 学生了理氮的氧化物污染治理方案

"科学价值观"建构的"2S"教学策略中的小结设计要从两个维度进行:化学观念和化学情感(如图3-35)。课堂教学的小结具有提纲挈领的作用,既要师生一道对课堂内容的学习过程进行必要的梳理和回顾;更重要的是要在学科观念、学科思想、学科思维的维度结合当节的教学内容进行整理,凸显出当节教学内容在学科观念、学科思想、学科思维形成过程中的重要作用;还要在当节教学内容对工业生产、社会发展中某一个领域的积极作用,凸显当节教学内容的社会价值,进而提升学生的化学情感。

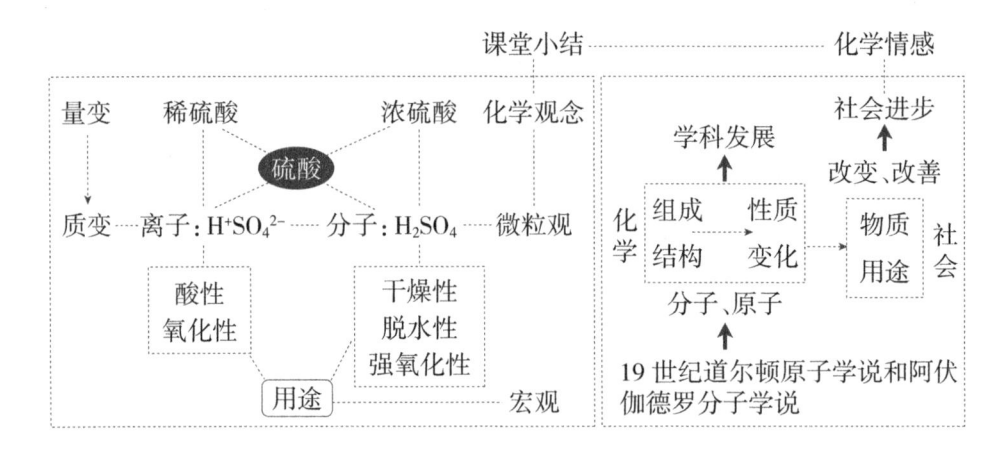

图 3-35 《硫酸》课堂小结

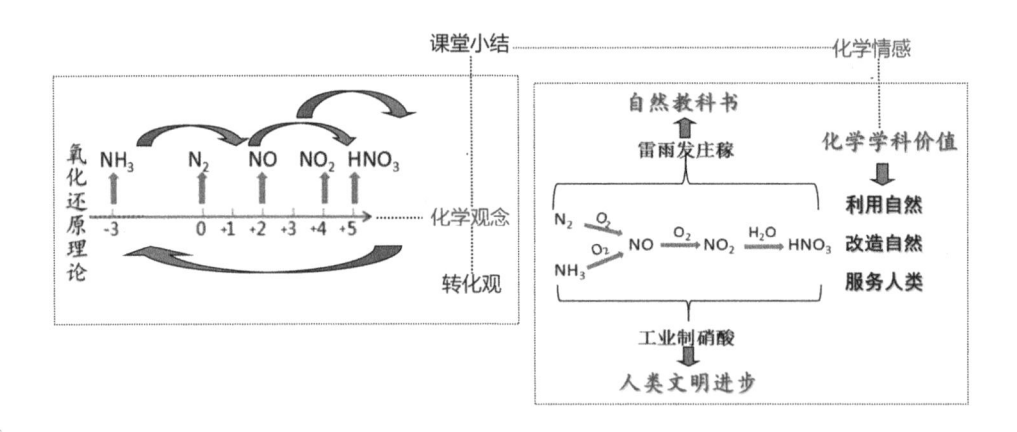

图 3-36 《氮的氧化物》课堂小结

"学科价值观"建构为本的"2S"教学启示

从整个学科知识体系中看待具体元素化合物知识体现"大化学"思想，有助于提升师生学科素养。在《硫酸》教学设计中，对稀硫酸和浓硫酸的性质处处运用了对比思想，旨在体现浓度变化引起的微观粒子组成上的变化，最终引起化学性质上的变化，充分体现微粒观的教学思想。这样的教学，不仅使学生深层次理解稀硫酸与浓硫酸性质不同的本质原因，更重要的是教师能站在学科的角度认识《硫酸》的教学。在《氮的氧化物》中，从分析氮元素的各种化合物入手,课堂过程中一直从氧化还原的角度分析氧化物的产生和用途,旨在体现氧化还原理论对元素化合物知识学习的核心指导位置。不仅使学生体会氧化还原理论对于认识物质、制备物质的重要作用,体会化学物质之间转化(氮循环)的观点,更重要的是教师能站在学科思维的角度看待《氮的氧化物》,除了其本身的性质和用途外,还是氧化还原角度、转化观点学习化学的重要载体之一。教师是课堂改革的主要实施者,如果教师能够从学科角度进行教学设计,学生的收获将是发展性的,发展的空间也是弹性的,利于逐步形成师生学科观念和学科素养。教师需要做的是改变视角,改变对元素化合物教学功能和价值的认识,无机元素化合物本身结构、性质、用途除了是化学学习内容的重要组成部分之外,还承载着化学思维、化学观点、化学学科本质等重要是功能价值,注重后者的教学更能提高学生的化学学科素养。

第四章　自主探究教学策略研究

化学学科核心素养是学生素养体系中不可缺少的组成部分，是核心素养在化学学科中的具体表现，体现了化学独特的育人功能和学科价值。因此，化学学科在完善学生整体核心素养方面具有不可替代的作用。尤其作为自然科学，化学知识本身具有的探究性和建构性使化学成为培育科学思维和科学方法的重要载体。如何发挥化学的学科特点，把核心素养的培育方法和学习过程紧密联系在一起？我们需要站在"核心素养"的高度去审视并重构课堂教学。即中学化学教学要以学科素养为导向，实现由"知识为本"向"素养为本"的转变。

由于学科知识只是形成学科素养的载体，学习行为才是形成学科素养的渠道，我们需要找到合适的教学模式，才能把学科素养落到实处。而这样的教学模式需具备以下三方面的特征才能更好地满足核心素养的发展要求。一是要符合化学学科知识的建构特征和规律；二是要契合高中学生的认知特点和水平；三是要突出科学研究的思维和方法。

自主探究式教学是指在教师的指导下，学生按照科学的思维方式和研究方法对"问题"（任务）进行研究来达成学习目标的教学组织方式。自主探究强调研究的过程就是学习的过程，研究的成果就是学习的结果。学生按照科学研究方法自主建构化学知识，实现"在研究中学习化学"的目的。可见，自主探究是能够满足核心素养发展要求的教学模式。

第一节　自主探究教学模式的基本架构

自主探究教学模式在我校经历了前后二十多年的研究与实践。从1999年"两省一市"新课改试点时开设的活动课开始,我们就提出了"探究式活动课"的设计思路。今天看来,虽然当时的想法和做法还不够成熟,但已经具备了探究学习的基本要素和特征。探究式活动课让我们切身感受到这种学习方式适合化学学科的学习,受到学生欢迎。因此,我们尝试把自主探究引入日常课堂教学中,提出"在研究中学习化学"的教学思想,使自主探究教学模式在教学实践中逐渐确立起来。随着新课程改革的不断深入,发展学科核心素养成为教与学的重要目标。为此,我们站在发展核心素养的角度对自主探究进行了理性分析和客观诊断。我们认为,自主探究能兼顾学生需求、学科需求、学习需求并协调它们之间的关系,有助于核心素养的发展。

自主探究是在探究式学习的基础上,结合高中化学的知识特点、高中学生的认知特点和课堂教学的实际需要提出来的。自主探究是指在教师的指导下,学生按照科学的思维方式和研究方法对相关问题进行研究以达成学习目标的一种课堂教学组织形式。目的是让学生按照科学研究的一般方法自主建构化学知识,实现在研究中学习化学的目的,体悟化学学科的内在规律和研究方法。

早期自主探究包括"提出问题——自主设计——科学论证——实验探究——分享交流——总结提升"六个环节。这是在探究学习的基础上,笔者结合多年的课堂实践取得的研究成果。自主探究的六个环节已经使探究活动与课堂实际紧密联系在一起了。为了借助自主探究搭建学习框架来满足核心素养的发展需求,我们把自主探究的基本构架进行了调整——减少步骤,丰富内容——以"四步八环节"的基本模式将探究学习进一步课堂化。这是因为,减少环节就减少了模式带来僵化的可能性,尊重了教学实际对学习要素灵活性的要求;各环节内容的相对丰富,使学生学习行为的指向性更加明确。

一、提出问题,猜想假设

由于知识获得与方法体验要借助对核心问题的研究来实现,因此,高质量的问题是决定学习成效的关键。自主探究是模拟科学研究进行的学习行为,不同于真正的科学研究,与研究性学习也存在一定距离。因此,用于自主探究的"问题"要体现以下特点:

一是突出学习内容:经过对问题的论证与探究,学生能获得相关知识技能和方法体验。

二是有探究必要:不能为了探究而探究,起点太低,学生没有了探究热情。

三是不能脱离学生实际:充分考虑学生已有能力和水平,起点太高,学生探究有困难。

四是"问题"的呈现方式要紧密结合课堂类型。

二、自主设计,科学论证

围绕探究主题,让学生在自己理解和认识的基础上设计探究方案。该环节通常以小组合作的形式进行。需要说明的是,这里的探究不仅包括实验探究,也包括思维理论探究。例如:新授课(元素化合物、有机化学)、分组实验课侧重实验探究,设计结果以实验方案形式呈现。复习课和理论性较强的新授课则侧重思维理论探究。

教师组织学生对设计方案进行评价,一般采用答辩的方式。由设计组阐述设计的依据和探究方案,接受老师和其他同学的质询并作出回应。目的是检验知识运用的科学性和方案的可行性。另外,论证本身也是思维碰撞、知识共享、交流学习的过程,可以让所有同学都对相关问题进行深入思考。

三、实验探究,得出结论

实验探究是把设计方案行动化的环节,通过实验对前期推测和设计做出判断和证明。虽然方案经过了论证,但有些实验是必不可少的。况且,为了尊重学生的认知,有时老师不会把学生设计有误但操作无险的方案轻易否掉。让学生在实验中自己去发现,他们对问题的认识会更深刻。所以,实验阶段是引发学生新思考和新发现的好机会。

四、分享交流,总结提升

这是将探究成果效益最大化的环节。实验探究结束后,各小组汇报本组的实验结果和研究结论,并接受师生质疑。学生在问答交流中获得对相应问题的全面认识和理解。本环节既分享成果,也分享问题,它既是前一阶段探究的终结,也可能成为进一步探究的起点。

总结提升的目的是突出研究成果、揭示知识规律、落实教学目标。因为这是自主探究的落脚点,所以无论哪种类型的课都需要这个环节,只是采取的方式有所不同。探究式分组实验课的总结提升以学生提交研究报告的形式完成,师生互动为主。复习课要通过对探究成果的分析整理突出知识之间的联系,侧重总结。新授课则不仅要利用该环节揭示知识规律,提炼研究方法,还要使学生完成自主建构的顺应过程。因为自主探究的前期阶段是建立在学生已有经验基础上的,经过一系列研究,新的认知已经产生。让新认知顺利融入前认知并调整完善是本环节的重要任务,也是提升学生自主探究能力的需要。

自主探究教学模式体现的是科学研究的基本构成要素。但是,在课堂教学中,受学习内容和学习主体的限制,科学研究方法的应用在突出探究性的同时还需要具备一定的"服务性",即为学习目标和学习行为服务。教师灵活运用模式中的各个环节应对不同的教学需求,以"有模式但不惟模式"为原则,将科学研究过程"课堂化",实现"在研究中学习化学"的目的。

第二节　自主探究教学设计的基本原则

基于学科核心素养的自主探究教学设计要突出学科本质、要实现"还学于生",强调教师对学生学习活动的设计与规划。

从表面上看,"还学于生"的具体做法属于教学策略范畴。由于教学策略受具体教学内容和教师个人教学风格的影响比较明显,因此,我们需要找到适合的教学设计原则,使教学设计能够摆脱教学内容的束缚,达到扩大自主探究适用性的目的。实践和研究表明,把尊重知识、尊重学生、突出学科价值作为自主探究教学设计的基本原则有助于"还学于生",提高学生的核心素养与发展水平。

一、尊重知识

尊重知识有两层含义。一是指教学设计要符合化学知识本身的建构规律。由于化学知识体系具有明显的探究性和建构性。因此,如果教师把还原知识本身的建构过程或揭示学科知识间内在联系的过程设计成学习活动,引导并协助学生通过自己的努力去获取知识,那么学生获得的不仅仅是有限的学科知识,还有对学科内在规律的触摸和把握。这样,我们既能给学生留下巨大的自主探究空间,又能让学生感受到化学的"内在美"。因此,如果知识本身的建构线索已经较为明显,那么教师应直接把它设计成学习过程。当然,受学段限制,高中教材里的很多知识呈现得不够系统,其建构线索也在一定程度上被弱化了。这种情况下,通过自主探究把模糊的建构线索重新展现出来的教学设计,就是一个绝好的"尊重知识"的自主探究教学设计。

二是指尊重化学知识特点。化学知识是发展核心素养的载体,其本身就是部分核心素养的直接体现。例如:选择性必修1《化学反应原理》中的"化学平衡"就是"平衡思想"的直接反映。学生学习该部分内容的过程就是形成平衡思想的过程。只要教师的教学设计尊重动态平衡的本质特征,有意识地把平衡思想和变化观念植入学习过程,就能协助学生建立起"动态平衡的认知模型",让学生利用平衡思想拓宽认知领域,实现对"溶液中的离子平衡"相关知识的深层次理解。

此外,既注重变化的宏观表述,又注重反应的微观解析是化学区别于其他自然科学的重要特征。因此,在学习化学的过程中强调"宏—微—符"三重表征,既是对化学特征的尊重,也是有效培育"宏观辨识与微观探析"的手段。

二、尊重学生

尊重学生是指教学设计要符合学生的认知规律。重点是尊重学生的已有经验和认知特点。只有这样,学生才有能力和信心完成自主探究,实现真正的"还学于生"。因此,我们的设计要从学生的角度去看待化学学科知识,这就是尊重学生。建构主义在教学中的应用强调的重点就是在学习中要充分尊重学生的认知规律。因此,符合认知规律是教学设计必须遵从的一条标准。甚至有时为了更好地满足学生的认知规律,教师需要在不违反科学的情况下对知识的本来形成过程进行适当地"调整"。

比如:必修1《元素周期表》:自主探究教学设计应该让学生自己编排周期表,但课堂上我们不可能采用门捷列夫的标准排周期表。一是原子量的变化规律不易观察;二是以原子量为标准并不科学。这时就需要我们对知识的形成进行"改造"。

第一步:学生以小组为单位,在卡片上写出1号至20号元素的原子结构示意图。(这部分为初中知识)

第二步:按照原子结构特点对20种元素进行分类。(必修1中分类知识的应用)

这两项活动都应是学生的已有经验。

第三步:交流分类结果,突出按"电子层数"和"最外层电子数"分类的结果。(学生的分类结果没有对错,但这两个分类结果是指向学习目标的,要特别凸显出来。)

第四步:利用交叉分类的思想,把这两种分类结果用表格的形式呈现出来。

这样,学生凭借自己的知识和能力排出了"周期表"。虽然这张周期表尚不完整,但学生对它的情感一定比直接面对现成的周期表要深得多,也更让他们洞悉周期表的编排"奥秘"。这时,学生只需拿它和正式的周期表做个对比,即完成了一次高质量、高层次的学习任务。这是为了尊重学生已有经验进行设计和调整后的知识建构过程。虽然它与化学史实不吻合,但也是科学合理、符合知识规律的。因为探究方案中学生的活动原则就是长式周期表真正的编排原则,只不过我们把它设计成了学习过程而已。

实际上,课堂上的探究学习大多是经过这样处理过的。也就是说,知识规律可以围绕知识内核从不同的角度提炼和挖掘,是相对灵活的,它可以配合认知规律做出相应调整。

三、突出化学学科价值

社会责任是学生通过化学学习必须形成的核心素养之一,也是学科社会价值的体现。化学与生产生活息息相关,小到衣食住行,大到国家建设与社会发展,到处都有化学的身影。尤其资源的综合利用和环境保护更离不开化学理论的完善和技术的发展。把化学知识与人类社会发展面临的问题联系起来,更好地落实社会责任教育。教师可以从社会热点问题中抽离出与化学相关的信息,结合学科教学目标设计成学生自主探究的研究课题。学生在探究学习过程中既掌握了相关化学知识,又得以深入思考社会问题,增强社会责任感。

第三节　自主探究在不同课型中的应用

自主探究作为一种学习方式,自主探究原则上对知识的内容和特点是没有选择性的,尤其是对自主探究内涵的理解在实践中得到丰富与拓展的情况下。因此,由不同知识特点和学习目标形成的不同课型从实质上并不会对自主探究的行为特征造成影响。从形式上看,不同课型的自主探究行为的组成是相同的,均包含"四步八环节"。只是,由于不同课型的行为指向不同,因此在实施自主探究的过程中环节侧重和组织策略会有一定差别。

一、自主探究式新授课

新授课实施自主探究相对容易些。因为新授课的主要行为是获取新的知识。我们把"传授新知"变成"探索新知"后,学生从心理期待层面更易得到认同。这也是人们在研究自主探究时重点关注新授课的原因。

新授课的自主探究与其他课型的区别主要集中在以下几个方面:

一是问题的提出。尤其是"核心问题",新授课需更加注重问题呈现的情境性和建构性,最好以"自然生成"的方式设置问题。因此,新授课核心问题的设计在策略上要求更高一些。

二是在组织新授课的自主探究时,教师指导作用的发挥较其他课型更明显。因为,教师在学习情境的创设、核心问题的设计、子问题的处理、探究层次的提高等方面具有不可替代的作用。

三是新授课的总结提升环节除对新学知识进行归纳总结之外,还要注重学习方法的提炼和突出新旧知识之间的内在联系,完善学生的认知结构。

二、自主探究式实验课

自主探究的学习方式已经把学生应该做的实验糅合到学习过程中。但

◆ 核心素养视角下的高中化学教学实践

从提高学生实验探究能力和增加学生独立实验机会的角度考虑,设置专门的实验课是必要的,尤其自主探究式实验课,它已经不是普通意义上的简单实验,而是借助对相关问题进行探究来实现实验课的目的,它能发挥实验课的最大教学功能。

例如:为了体现镁、铝和酸、碱反应的性质,笔者为学生布置的实验探究问题是:怎样除去 Mg 中混有的 Al。

学生通过对该问题的分析,利用镁、铝的相关性质设计出实验方案,经过论证后再进行实验探究,从而达到以科学研究的方式完成分组实验的目的。

实验课的特点决定了自主探究式实验课在"四步八环节"的表现形式上与新授课有所区别。

(1)实验课用于探究的问题是教师根据实验内容预设的,通常由几个平行的"核心问题"构成,采用"布置任务"的方式发布给学生。学生通常以两人为一个研究小组共同承担研究任务。

(2)自主设计环节由学生在课下完成,将设计结果以"实验设计呈单"的形式上报教师。

(3)科学论证环节主要是教师和各研究小组的双向交流。教师对学生设计方案的科学性和可操作性进行评审、批复并做好统计工作。同时教师要配合实验员做好实验的准备工作。

(4)实验探究就是学生进入实验室做实验的环节。研究小组按照设计方案完成实验。该环节并不是设计方案的简单证明,因为实验中会产生"子问题"。这些"子问题"可能是学生面对实验现实情况对设计方案产生的新思考,也可能是教师有意预留下的问题。此时教师的作用是收集"子问题"信息,给学生适当协助,让"子问题"及时得到实验支持,从而完成对"核心问题"的全面深入认识。

(5)学生结合前期设计和后期实验撰写实验报告,对"问题"的探究过程和结果进行说明。

(6)教师根据实验报告对学生探究情况进行汇总,选择创意新、价值高的设计和探究分享给其他组的同学。

三、自主探究式复习课

复习的目的无非有两个,一是巩固知识,二是提高能力。自主探究式复习把复习目标融入课题研究中,让学生在解决问题的过程中完成知识的巩固和系统梳理,同时提高学生领悟知识和运用知识的能力,高层次地实现复习的两个目的。

一是提出问题:教师根据复习要求设计探究课题。

二是学生以4至6人为一个小组,围绕探究问题,自主设计探究方案(该环节可以在课上进行,也可以在课下进行,视复习内容和时间而定)。

三是科学论证和分享交流两个环节在复习课中同时进行。这个环节是学生重现知识、运用知识的具体体现。

四是师生共同整理总结"论证和交流",得到的结果就是复习的成果。

五是自主探究式复习课可以省去实验探究环节,除非需要实验提供证据。

【教学案例】自主探究式复习"铁的化合物"

环节一:教师设置探究课题:如何鉴别三价铁盐和二价铁盐

环节二:各小组在课下研讨,设计探究方案。

环节三:各小组陈述探究方案并阐述设计依据。

环节四:小组间进行交流和辩论,最终归纳出12种可行性实验方案:

表4-1 12种可行性实验方案

	三价铁盐溶液	二价铁盐溶液
1. 观察溶液颜色	浅黄色	浅绿色
2. KSCN 溶液	血红色 $Fe^{3+} + 3SCN^- = Fe(SCN)_3$	无明显颜色变化
3. 苯酚溶液	紫色	无明显颜色变化

续表

	三价铁盐溶液	二价铁盐溶液
4. NaOH 溶液	沉淀:红褐色 $Fe^{3+} + 3OH^- = Fe(OH)_3 \downarrow$	沉淀:白→灰绿→红褐 $Fe^{2+} + 2OH^- = Fe(OH)_2 \downarrow$ $4Fe(OH)_2 + O_2 + 2H_2O = 4Fe(OH)_3$
5. 淀粉—KI 溶液	蓝色 $2Fe^{3+} + 2I^- = 2Fe^{2+} + I_2$	无颜色变化
6. 新制 Br_2 水	无明显颜色变化	橙黄色褪去 $2Fe^{2+} + Br_2 = 2Fe^{3+} + 2Br^-$
7. Cu 粉	溶解 $2Fe^{3+} + Cu = 2Fe^{2+} + Cu^{2+}$	不溶解
8. 加铁粉	溶解 $2Fe^{3+} + Fe = 3Fe^{2+}$	不溶解
9. 少量锌	溶解 $2Fe^{3+} + Zn = 2Fe^{2+} + Zn^{2+}$	不溶解(虽然置换出铁) $Fe^{2+} + Zn = Fe + Zn^{2+}$
10. 酸性高锰酸钾溶液	紫色不褪	紫色褪去 $5Fe^{2+} + MnO_4^- + 8H^+ = 5Fe^{3+} + Mn^{2+} + 4H_2O$
11. 少量稀硫化钠溶液	浅黄色浑浊 $2Fe^{3+} + S^{2-} = 2Fe^{2+} + S \downarrow$	产生黑色沉淀 $Fe^{2+} + S^{2-} = FeS \downarrow$
12. 通入硫化氢气体	浅黄色浑浊 $2Fe^{3+} + H_2S = 2Fe^{2+} + S \downarrow + 2H^+$	无明显现象

学生的研讨结果显示:铁的化合物的主要性质几乎都包含在他们设计的方案中了,而且涉及面非常广泛。由于这些知识是在运用中被提取出来,所以复习的效果和达到的复习层次不言而喻。

环节五:对那些利用氧化还原理论推测出来的、学生之前没有接触过的反应,我们可以适当地给学生实验验证的机会。

环节六:方案的论证与交流让学生对复习内容已经有了全面的认识。此时稍做总结与提炼即可形成复习成果。

1. Fe^{2+} 的性质:

$$Fe^{2+} \begin{cases} KMnO_4(H^+)、H_2O_2、Cl_2、HNO_3 \longrightarrow Fe^{3+}(还原性) \\ S^{2-} \longrightarrow FeS \\ OH^- \longrightarrow Fe(OH)_2 \end{cases} \text{沉淀反应}$$

2. Fe^{3+} 的性质:

$$Fe^{3+} \begin{cases} Fe、Cu \longrightarrow Fe^{2+} \\ S^{2-}、I^- \longrightarrow Fe^{2+} \end{cases} \text{氧化性} \\ OH^- \longrightarrow Fe(OH)_3 \quad 沉淀反应 \\ SCN^- \longrightarrow Fe(SCN)_3 \quad 络合反应 \end{cases}$$

结合铁单质的性质,一张"铁三角"的知识网络在学生的头脑中被清晰勾勒出来,从而获得高质量的复习成果。

四、自主探究式习题课

从形式和实施角度看,自主探究式习题课和复习课比较接近,因为它们的行为本质都是对知识的巩固与运用。但相对而言,习题课更多地关注知识运用的方法。因此,习题课对自主探究的阐释与复习课也有区别。

(1)提出问题。用于习题课探究的问题源自学生的学习过程。教师把练习、作业、测验中暴露出的问题进行归纳,整理形成探究问题。由于习题课的自主探究大多属于理论探究,所以问题的性质与其他课型不同,它可以不依托实验方案的设计,而直指某一类问题的解题思路和方法(实验习题课除外)。

(2)自主设计环节以学生研讨相关问题,共同拿出解决思路和方法的形式呈现。

(3)以小组间的展示交流和辩论完成论证、实现分享并达成共识。这一点与复习课相似。教师除组织讨论外,要以课堂成员的身份参与学生活动。

(4)通过提炼形成解题方法,将有针对性地反馈作为自主探究的总结提升。

第四节 自主探究教学中的"问题"设计

自主探究是学生从问题或任务出发,通过形式多样的探究活动获得知识和技能、发展能力、培养情感体验。可见,"问题"是开展自主探究的基础,"问题"设计得是否合理将直接影响自主探究的质量。设计"问题"是组织实施自主探究的重要内容。

自主探究中的问题按照作用和性质可以分为核心问题(任务)和子问题两类。核心问题(任务)是指整个探究过程围绕的统领性问题。自主探究学习就是通过解决核心问题达成教学目标。核心问题又可以由若干个子问题组成。学生通过对子问题的分析和探究来解决核心问题,从而实现知识的自主建构。因此,"问题"是探究学习运作的生命线,是学习目标达成的支撑点。"问题设计"就是依据学习目标确定核心问题,再将核心问题分解为子问题的过程。

$$\text{学习目标} \xleftrightarrow[\text{达成}]{\text{确定}} \text{核心问题} \xleftrightarrow[\text{解决}]{\text{分解}} \text{子问题}$$

图 4-1　自主探究学习与问题的关系

一、核心问题的特征

（一）突出知识与能力，体现学科"大概念"

由于自主探究式学习突出强调知识的获得方法，目的是要依托科学知识的学习，达成掌握科学过程与方法，形塑情感态度与价值观的教育目标。因此，核心问题一方面要实现学科知识与能力的获得，一方面要体现学科"大概念"。

所谓学科"大概念"是指本学科最核心的概念或原理以及基本方法，也是学科思想最主要的体现。如高中化学强调的学科思想主要有实验、分类、守恒、平衡、结构决定性质等。（见表 4-2）化学知识体系的建构基本上是在这几大思想的支配下，通过学科"大概念"整合相关知识实现的。那些蕴藏在核心问题背后的"大概念"作为组织者，可以将学生在探究过程中接触的相关知识和经验加以组织，使学生在探究解决问题的过程中能够发现相关知识之间的本质联系、领会科学研究基本方法的作用和价值，并理解科学现象的本质。

表 4-2　高中化学重要知识与"大概念"

学科思想	学科大概念	对应相关知识
实验	实验	贯穿高中化学的始终
分类思想	分类法	

续表

学科思想		学科大概念	对应相关知识
守恒思想	元素守恒		
	电子守恒	氧化还原反应	
	电荷守恒	离子反应	
	元素守恒		
	能量守恒	化学反应中的能量变化	反应热
			电化学（原电池、电解）
平衡思想		化学平衡（勒夏特列原理）	可逆反应的化学平衡
			弱电解质的电离平衡
			盐类的水解平衡
			难溶电解质的沉淀溶解平衡
结构决定性质思想		元素周期律	无机元素化合物
		官能团的性质	有机化合物
可持续发展理念		绿色化学	资源的开发与利用
			环境保护

（二）适应学生的学习能力和认知特点

自主探究不同于科学家的科学研究。因此，学习任务不能只关注知识而忽视学习者。

探究学习面对的是一个知识体系还不健全、学科思想和方法处于逐步形成阶段的学生群体，他们恰恰需要在探究学习的过程中对知识体系和思想方法进行不断完善。也就是说，作为"研究课题"的核心问题在引领学生迈向更高更广的学习领域时，还必须充分考虑高中生现有的学习能力和认知水平。比如，学生已有的知识能力储备是否能够应对核心问题的探究？解决问题时用到的探究思维和方法是否考虑到他们的认知特点等。这样做的目的是让学生有能力去探究，并在探究过程中产生积极的学习体验。如果脱离了学生的实际，再好的课题在自主探究中也没有了价值。

(三)能够引起学生注意、激发学习欲望

学习兴趣和欲望属于学习内驱力的范畴,但它不同于由升学压力、客观环境等外界因素形成的被动内驱力,而是学生对学习的主动需求。因此,它能使学生更加热切、快速地进入探究角色,对学习过程和学习效果产生积极影响。

由于自主探究是围绕核心问题展开的,如果核心问题能够引起学生的注意,那么核心问题就不仅仅是激发学生的学习欲望,还能在整个探究过程中起到维持学生探究热情的作用。因此,核心问题在突出学科知识学习的同时,还要让学生形成开展探究的心理期待。

二、核心问题的设计原则与策略

突出核心问题的特征是核心问题设计的基本要求。遵循以下三个原则。

(一)让问题来自学生的关注热点

学生关注的热点既能引起学生的注意,又能让学生感受到学习内容与自身的密切关系。因此,从学生关注的热点中抽离出核心问题能有效激发学生的探究动机。

(二)让问题来自学生的原有经验

化学学科知识体系和学生的认知特点均有明显的建构特征,强调原有经验在学习中的作用。如果核心问题的设计立足于学生的已有认知,学生就会感到学习适合自己并具备深入开展探究活动的基础经验。

(三)让问题在认知冲突中产生

既能引起注意又能引发思考的一个好方法是制造认知上的冲突。把学生的先拥知识与新知识之间的"矛盾"作为核心问题,能有效调动学生的学习积极性。这种问题的设计方式属于对学生原有经验的应用,只不过它的落脚点在"旧知"与"新知"的矛盾上。当然,这种"矛盾"不一定是本质上的不同。学生揭示"旧知"与"新知"真实关系的过程就是探究学习、自主建构的过程。

在确定核心问题时,我们可以把上述某一方面作为依据,也可以多角度立体呈现,那样核心问题的价值会体现得更加充分。

基于以上3项设计原则,归纳出以下5种常见问题设置策略。

1. 挖掘"社会热点"创设问题

人类面临的诸多问题都与化学息息相关。大到能源危机、环境污染,小到衣食住行,到处都有化学的影子。我们把探究问题与这些学生关心的事物联系起来作为探究的切入点,自然会引起学生极大的探究热情。

例如:为组织学生探究油脂的性质,笔者结合"地沟油"这一社会热点创设了"地沟油出路在哪里?"的情境问题,引出"若想给地沟油找到合适的出路,关键要解决什么问题?"当学生意识到"需要深入了解地沟油,掌握其性质"时,本节课的探究主题已经"自然而然"地由学生提了出来。学生在解决地沟油问题的任务驱动下,查阅油脂的结构、思考油脂的性质并设计实验进行探究。虽然知识本身是枯燥的,但学生对该话题的高关注度使他们产生了极大的学习热情。

2. 通过"化学实验"形成问题

化学离不开实验。实验是获得知识的武器,也是发现问题的源泉。实验现象是化学变化的客观反映。当实验真实地呈现在学生面前时,自然会引起学生对实验现象的关注,进而对现象产生的原因进行分析、猜想甚至质疑,这就是探究问题形成的过程。当然,教师要在充分了解学生、考虑教学目标的基础上有目的地选择实验,确保学生要围绕由实验引发的问题展开探究,实现从知识获取到素养提升的目的。

【教学案例片段】卤代烃的水解反应

卤代烃作为有机合成的重要中间体,其化学性质的重要性不言而喻。

以自主探究的方式学习烃的衍生物的性质,探究问题一般都是由官能团推测而来。但是,卤代烃是衍生物的开端,此时学生还不具备利用官能团推测性质的能力。所以,实际教学中,我们应通过实验创设探究问题,利用平衡思想介入探究。

【实验】向溴乙烷中滴加硝酸银溶液,水浴加热,产生淡黄色沉淀。

设计意图:在学生的认知中,溴乙烷中的溴是溴原子,不是溴离子,不能直接与硝酸银溶液反应产生沉淀。然而,教师呈现的实验竟然生成了 AgBr。利用实验制造认知冲突,引发学生对反应进行深入思考。

【问题】溴乙烷中的溴原子是如何成为溴离子进入溶液的?

【猜想】存在反应限度极小的可逆反应:

$CH_3CH_2Br + H_2O \rightleftharpoons CH_3CH_2OH + H^+ + Br^-$。由于 $Ag^+ + Br^- = AgBr\downarrow$,减小了 $c(Br^-)$,使可逆反应正向移动,增大了反应限度。

设计意图:利用学生对可逆反应的已有认识,从化学平衡移动的角度对现象进行分析,猜想溴乙烷可能存在水解反应平衡,形成卤代烃水解性质的探究课题。

【探究】实验方案:向溴乙烷中滴加 NaOH 溶液,水浴加热一段时间。取少量水层溶液用稀硝酸酸化,滴加硝酸银溶液检验水相中是否有溴离子(也可向溴乙烷中加入过量 NaOH 溶液,充分加热回流,通过液体分层现象消失证明可逆反应的存在)。

设计意图:理论猜想是以 Ag^+ 消耗 Br^- 促进水解平衡正向移动来解释反应现象的。实验探究方案是从 OH^- 消耗 H^+ 影响平衡的角度证明水解平衡的存在。

【结论】溴乙烷和 NaOH 溶液反应产生 Br^-。反应由水解和中和两步反应组成。

①$CH_3CH_2Br + H_2O \rightleftharpoons CH_3CH_2OH + H^+ + Br^-$

②$H^+ + OH^- = H_2O$

总反应为 $CH_3CH_2Br + NaOH \xrightarrow[\triangle]{H_2O} CH_3CH_2OH + NaBr$

由一个理论上不可能出现的实验现象引出了探究问题,使原本难以通过探究完成的学习任务顺利实现了自主探究。

通过实验形成探究问题是最常用的问题设置方法。

◆ 核心素养视角下的高中化学教学实践

3.利用"认知模型"提出问题

建模是人们认识物质世界的基本方法之一。通过认知模型,人们在处理问题时可以更有方向性和条理性。其实,认知模型不只是解决问题的方法,它同样也是引领人们发现问题的工具。在化学的学习中,金属的化学通性、有机物官能团决定性质、氧化还原价态与性质理论、化学平衡思想等都有现成的认知模型,可以引导我们面对新的学习内容提出更有价值的探究问题。

下图所示是"钠的化学性质"探究关系。该课例就是在"金属化学通性"指引下,提出了"钠的化学性质"探究课题。

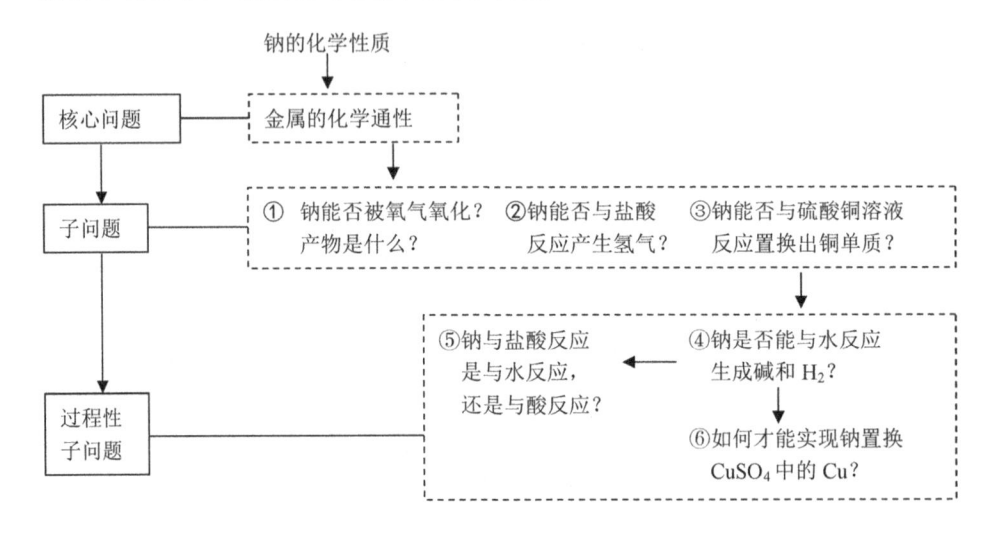

```
                    钠的化学性质
                         ↓
核心问题  ──→  金属的化学通性
                         ↓
子问题    ──→  ①钠能否被氧气氧化?  ②钠能否与盐酸    ③钠能否与硫酸铜溶液
               产物是什么?         反应产生氢气?     反应置换出铜单质?
                                                              ↓
过程性    ──→  ⑤钠与盐酸反应    ←  ④钠是否能与水反应
子问题         是与水反应,         生成碱和 $H_2$?
               还是与酸反应?       ⑥如何才能实现钠置换
                                   $CuSO_4$ 中的 Cu?
```

图 4-2 钠的化学性质

从这个案例不难看出,自主探究是由"核心问题"和探究过程中产生的若干"子问题"共同构成的连环探究。这样的学习过程与科学研究的实际情形极为接近。

同样的,我们可以"依葫芦画瓢",以"金属的化学通性"为认知模型,对镁、铝、铁、铜等提出类似的探究课题,打开认识金属化学性质的一条通路。

由于"模型认知"本身属于需要培育和发展的核心素养。所以,利用"认知模型"提出问题,不仅为自主探究开端,而且把模型认知与自主探究有机融合,成为发展核心素养的有效策略之一。

4. 借助"横向比对"产生问题

很多物质在组成和结构上存在一定的相似性。当我们需要认识某一陌生物质的性质时,可以借助元素周期律,寻找熟知的、与该物质在结构和组成上相近的物质,由此及彼地对新物质的性质进行推测,并以此作为研究起点进行探究。

【案例】采用自主探究认识 SiO_2 的性质时,学生需要推测它可能具有的性质作为探究课题。然而,学生对 SiO_2 一无所知,从哪里入手进行推测呢?

硅与碳同属ⅣA族, SiO_2 与 CO_2 在组成上相似。因此,学生可以将 CO_2 作为推测 SiO_2 性质的突破口。

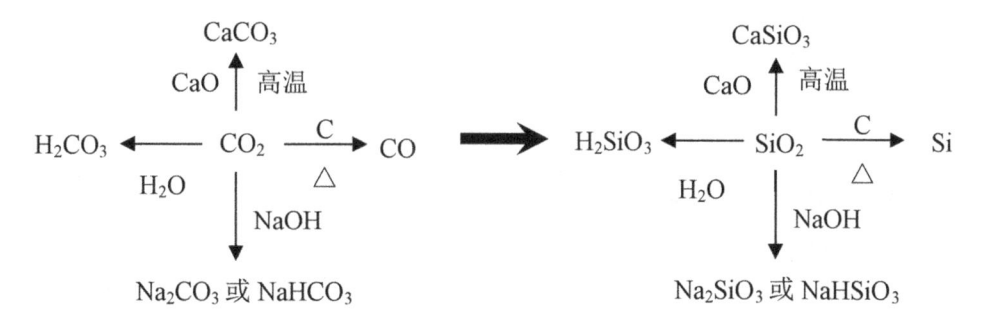

图4-3 二氧化碳的化学性质　　图4-4 二氧化硅可能具有的性质

由此获得关于 SiO_2 性质的4个探究课题:
① SiO_2 能否溶于水且与水反应生成硅酸?
② SiO_2 能否在高温下被碳单质还原?
③ SiO_2 能否与 $NaOH$ 溶液反应生成相应钠盐?
④ SiO_2 能否在高温下与碱性氧化物反应?

设计实验进行探究,对性质存在与否作出判断、修正性质差异并进一步寻找结构上的原因。这样就实现了通过自主探究认识 SiO_2 的目的。(说明:由于 SiO_2 性质比较稳定,反应要求条件高、速率慢,所以课堂上进行实验的难度大,我们把重点放在学生对知识的迁移和方案的设计上,教师可以提供

5. 采取"知识倒叙"提炼问题

这种设置问题的策略应用在"探究含有同种元素的多种物质的性质"时优势明显。元素化合物的学习内容除单质外，通常还包括氧化物、氧化物对应水化物、盐、氢化物等。常规教学中，我们大都对各类物质进行逐一学习，然后再按照性质间的关联将它们的转化关系勾勒出来，作为知识的整合成果和认识的提升依据。

如果我们反其道而行之，先将各物质进行分类（通常按照物质所属类别和中心元素的价态分类，目的是可以借助类别与性质的关系以及氧化还原理论对物质可能具有的性质进行推测和探究），再把各物质之间的转化关系是否存在作为探究课题，就可以站在知识网络联结点上进入自主探究，而不仅是确立探究课题那样简单了。

【案例】铁的化合物种类繁多，性质多样。若每种物质都要单独探究，不仅任务烦琐凌乱，而且需要设置的问题太多，难度较大。为此，我们采取倒叙的方式将问题设计一体化，解决了大容量自主探究的问题设置难题。

图4-5是含铁化合物（包括7种化合物。其中3种氧化物，2种氢氧化物和2种盐）的分类及可能的转化关系。

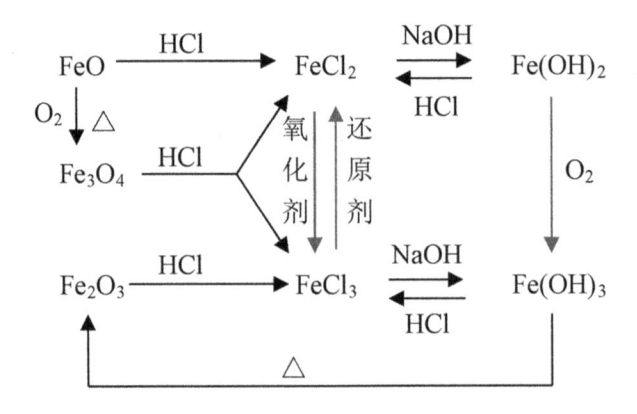

图4-5 含铁化合物的分类及可能的转化关系

根据转化关系,提取出三个涉及本节课教学目标的探究问题:

①如何实现二价亚铁盐与三价铁盐的相互转化?

②如何使氢氧化亚铁转化为氢氧化铁?

③如何制备铁的氢氧化物及实验时的注意事项是什么?

这3个探究问题表面上是相互独立的,但由于它们同属一个转化体系,因此又是紧密关联的。用氧化还原理论就能轻易发现它们变化本质的一致性。需要说明的是,设置自主探究问题时没有涉及铁的氧化物,原因是学生对于一般金属氧化物性质比较熟悉,这不是本节课的探究重点。学生只要利用初中所学明确氧化物和其他物质之间的联系就能达到学习目的。当然,我们可以根据学习需要把 FeO 转化为三价铁盐、Fe_3O_4 转化为亚铁盐或铁盐的关系凸显出来,引导学生进行深层次探究。虽然这样的探究远远高于课本要求,但是它对提高学生的探究能力,拓宽探究思维大有裨益。

上述案例表明:知识倒叙不仅能为自主探究找到门径,还能把知识的整合也一并融入探究过程,拓宽探究的知识面,提高探究的价值。同时,和其他问题设置方法相比,知识倒叙使问题设置的难度下降、问题选择的灵活性增强。有鉴于此,我们可以考虑把这种倒叙呈现的自主探究方式模型化以指导其他元素化合物性质的学习。例如:钠的化合物、铝的化合物等也都可以采取这一探究策略。

此外,"知识倒叙"还可以有另外一种表现形式。工业冶炼过程相对复杂,涉及某元素的化合物种类和性质比较全面。教师可以提供经过简化的工业冶炼流程,让学生从中提炼出相关物质可能具有的性质作为探究问题。

例如:铝的化合物。

工业冶炼铝的生产流程(已知:铝土矿的主要成分 Al_2O_3、Fe_2O_3、SiO_2)

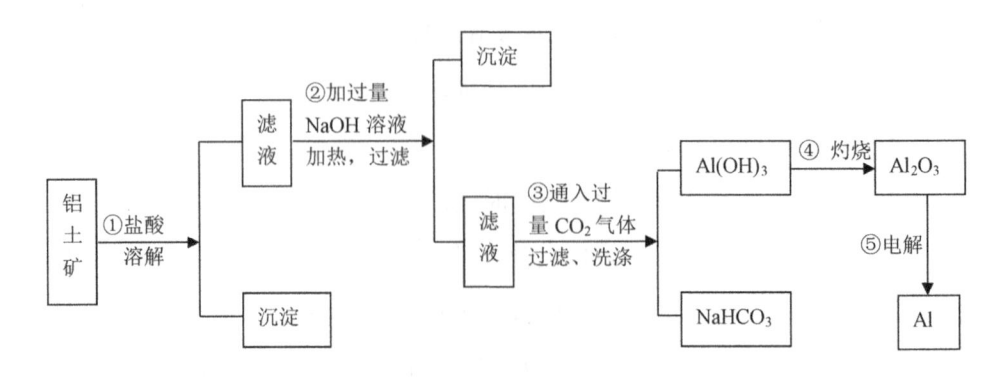

图 4-6 工业冶炼铝的生产流程

【教师设问】

(1) 生产流程中涉及哪些含铝化合物?

(2) 从转化关系中能够推测出它们具有怎样的性质?

这样一来,主要含铝化合物及性质就自然而然地成为探究对象。

除铝外,镁、硅等元素的化合物也可以采取同样的方法设置探究问题。

三、子问题的特征与设计原则

子问题是对核心问题的解构,是核心问题的具体化。子问题的解答是探究学习的主体。学生要通过对子问题的探究逐渐走近学习目标。因此,我们通过设置合理的子问题,让学生把探究进行到底,并最终解决核心问题。子问题的功能与特点决定子问题的设计需要满足以下原则。

(一) 指向明确

子问题的指向就是核心问题。因此,子问题要围绕核心问题所涉及的相关内容来突出学习目标。这样才能确保子问题的探究有助于核心问题的解决和学习目标的达成。另外,当学生利用探究子问题获得的知识与技能去解决核心问题并取得成功时,他们会体验到学有所用的成就感和满足感,从而将学习动机维持在较高水平。子问题指向的明确是获得这种学习体验的前提。

(二)内容具体

学生的具体探究行为主要针对子问题展开。如果子问题是模糊笼统的,那么探究将无从下手。只有子问题里的探究任务是具体的、可操作的,学生才能介入探究。而且,任务的聚焦也会使探究难度进一步降低,学生会有足够的信心和能力把探究深入下去。因此,子问题越具体,就越有利于探究的进行,更有利于保护学生持续参与探究的热情。

(三)层次合理

这里的层次指的是子问题之间的关系。它主要取决于核心问题的解决和学生认知特点的需要。核心问题不同,子问题的关系就可能不同,通常有平行和递进两种关系。

比如,在以"怎样用化学方法治理白色污染"为核心问题认识有机高分子化合物时,笔者设计了两个子问题。

问题1:合成有机高分子化合物的基本方法有哪些?

问题2:如何根据结构特点确定高分子的合成方法和单体?

这两个子问题之间属于递进关系,第1个问题是第2个问题的基础。学生只有在明确了合成高分子化合物的基本方法后,才有能力根据结构特点确定高分子的合成方法和单体,从而为白色污染的治理寻找可行的化学方法。如果我们没有考虑问题之间的逻辑顺序和学生的认知规律,学生的探究将无法顺利进行。可见,设计递进关系的子问题时需要在充分考虑知识特点和学生现有水平的基础上,循着学生的认知轨迹层层递进。这样,学生才能在子问题的引领下逐渐接近问题的本质。

(四)过程动态

子问题不单指那些结合核心问题而预设的问题,还包括在探究中生成的过程性问题。这些过程性问题真实反映了学生的所思所想,对保护学生探究热情、培养科学研究思维和揭示核心问题的本质具有不可替代的作用。因此,我们决不能轻视过程性问题,必要时还需要有意识地把某些子问题(甚至全部子问题)作为过程性问题留给学生去发现,让他们去体会问题发现者

◆ 核心素养视角下的高中化学教学实践

才有的自豪感。

需要说明的是,核心问题和子问题只是相对概念,它们实际反映的是知识节点;以节点作为核心问题或子问题,关键取决于教学目标及学习者;但无论从哪里开始,最终都要将学生引向对学科"大概念"的接近与理解。

总之,在自主探究的组织实施过程中,问题设计至关重要。它关系到"能否探究、怎么探究、探究走向及探究结果"等诸多方面。自主探究的效果,很大限度上取决于探究问题的质量。设置问题属于组织实施自主探究的顶层设计,考验着教师的教学智慧和教师对知识、对学生、对自主探究的驾驭能力,需要我们在教学中不断探索、不断创造,挖掘出更多问题设置策略,实现自主探究适用范围的最大化,真正为核心素养进课堂服务。

第五节　自主探究中教师指导作用的发挥

虽然自主探究特别强调学生的主体地位,但并不是弱化教师在学习过程中的作用。恰恰相反,教师的行为对自主探究的推进和学习成果的取得起着极为重要的作用。和传统课堂相比,自主探究的主动权更多地落在学生手里。在这种情况下,如何更好地发挥教师的指导作用其实是对教师提出了更高的要求。如果教师不能在自主探究过程中准确定位并恰当发挥指导作用,有可能对自主探究造成实质性的伤害。

教师的作用贵在塑造学习主体,在教师的组织和引导下,让学生掌握学习的主动权,激发学生的主体意识,为实现自我发展而主动地、积极地参与学习。

教师在学生自主探究中的作用具体体现在以下三个方面:

一、创设情境——为学生的自主探究确定方向

自主探究不等同于自由探究,虽然学生的头脑并非一片空白走进课堂,

但学生需要明确已有经验要为哪些新知识的获得提供帮助。也就是说,学生的自主探究需要在一定主题的引领下展开。而主题的呈现往往是在一定的情境中完成的,尤其是那些属于"自然生成式"的探究问题。大多数情况下,一个有价值的探究问题其实就是对教学情境的推进与表达。而这样的情境不可能完全依靠学生单独完成,它需要教师在充分了解学生的基础上进行精心地情境创设,引导学生走进新的探究领域。

例如:乙醇具有与钠反应的性质是学生原认知中没有的,在呈现这个知识点时老师们通常是让学生观察演示实验,通过实验现象分析反应情况得出乙醇的这个性质。虽然与直接讲授相比,这样的处理方式已经把获得知识的权利交给了学生。但仔细分析它终究还是属于直接给予。笔者在设计这个环节时根据学生已有知识储备为学生的探究创设了一个需要解决的问题情境,引导学生自己去思考探究。

(1)乙醇能与水任意比混溶,如何检验乙醇中是否含有水?

(2)学生思考回答。有的用无水硫酸铜,有的用金属钠。

(3)请同学们对这两个方案进行评价。

学生在讨论方案可行性时应意识到若用金属钠检验乙醇中水的存在,必须先证明无水乙醇不能和钠反应才行(探究课题已经确立了)。

(4)请同学们设计实验探究乙醇能否与钠反应。

(5)继续设计实验证明反应产生的气体是什么?

(6)根据你的实验结果,写出反应的化学方程式。

(7)到底该如何检验乙醇中是否有水?

这样的知识呈现方式与直接分析实验的方式相比显然更具建构性。它尊重了学生的已有经验。学生在利用已有知识解决问题的过程中认识到新问题的存在,而解决问题的过程就是学生获得新知识的过程。老师就这样利用一个问题情境不动声色地让学生自己发现问题。没有老师设计的问题就不可能有学生发现的问题。我们要为学生发现问题创造机会,始终扮演学生自主探究中的指路人和协助者,而不是包办代替者。

一个好的情境既可以激发学生的探究欲望又可以明确探究的主题,同时它还能成为贯穿整个探究过程的主线。所以,情境创设的好坏直接关系到学生自主探究的热情和效果。因此,创设情境是教师发挥指导作用中非常重要的一部分。

二、提供协助——为学生的自主探究引桥铺路

学生的经验有限,他们在自主探究的过程中势必会遇到各种各样的困难。当学生不能自己解决的问题影响自主建构的顺利进行时,需要老师来克服认识上的误区、实验上的困惑;厘清纷乱的思路、匡正研究的方向。

例如,学生在学习钠的性质时,根据金属活动性顺序设计了"钠与硫酸铜溶液反应"的实验,他们显然是想证明"钠能置换出铜"的猜想,这是学生对金属化学通性的已有认知。但当铜单质并没有出现时,学生只能根据实验现象做出钠先和水反应的大胆推测。而证明推测的过程让钠与水反应这个原本在学生已有经验之外的知识点走进了学生的视线。这本来是向自主探究迈出的第一步,可对学生而言却是旧的问题没有解决,而新的问题又出现了。金属能在常温下与水发生如此剧烈的反应是学生原有认知中完全没有的东西。金属的化学通性被推翻了吗?探究将何去何从?学生的学习遇到了困难。此时,如果没有老师的指导,学生的自主探究过程可能就此停止。因此,笔者针对学生的实验提出三个问题,为学生的思维搭建思考平台,为自主探究的继续深入明确方向。

(1)为什么钠没有从溶液中置换出铜?

(2)如果金属活动性没有问题,钠有没有能力和铜盐反应置换铜?

(3)如果要实现置换,实验需注意什么?

学生轻而易举地做出了正确的判断和实验设想。当学生按设计方案在无水条件下进行实验,铜单质的出现驱散了学生眼前的迷雾,还原了钠符合金属化学通性的本来面目。教师的及时支持使学生的自主探究得以顺利推进。

教师的指导成为学生自主探究能否继续的关键,它是考验一个教师驾驭课堂、运用知识的智慧与才能。笔者认为要想做好这一环节的指导,教师要做到四点:尊重学生的认知、尊重知识的规律、把稳研究的方向、体现探究的主题。

三、提升层次——为学生的自主探究完善升华

根据建构主义理论,学生在学习过程中要经过同化和顺应两个过程来完成意义建构。在以建构主义理论为指导的化学课堂上学生能充分体会原有知识经验的基础作用和新经验对它的丰富与调整。如何看待这些新的变化,能否从本质上理解这些变化是学生自主探究要解决的最后一个问题,也是学习要达到的最终目的。因为自主探究的目的就是发现学科知识本身存在的规律。我们引领学生去学习化学,不就是要让学生去发现物质的组成和变化存在的规律吗?让学生能正确认识到这一点并在今后的学习中有意为之需要教师的指导和帮助。

例如:在金属化学通性的引领下,学生对钠的性质有了一定认识。但"钠与水反应"又仿佛背离了金属的化学通性。如果我们让学生以活泼金属的特性来简单对待该性质,学生不仅不能完成顺应过程,实现完整的知识建构,而且还会对以"金属化学通性"作为学习金属性质的方法产生怀疑。也就是说,自主探究没能达到最高层次。然而,从学生的实际情况看,他们很难意识到要从本质上揭示二者之间关系的问题,也缺乏对相关知识综合应用的能力。这时,教师的引导显得尤为重要。教师的引导通常是以"问题串"的形式呈现。

(1)钠和水反应是氧化还原反应吗?

(2)用双线桥分析该反应。

(3)从分析结果看,钠和水反应的实质是什么?

(4)和钠与盐酸反应的实质一样吗?

(5)为什么钠能被H^+氧化?

当学生认识到这个"全新"的反应其实与 Zn 与稀硫酸反应的实质一样时,他们自然对金属的化学通性有了更全面深刻的认识。小小的点拨,让学生的自主探究攀上最后的高峰,达成了知识体系的完善与升华。更关键的是,通过这样的自主探究过程,学生掌握的不仅仅是钠的性质,而是学会了利用金属化学通性研究其他金属性质的方法。同时也使化学知识在学生面前展现了本身的迷人魅力。当学生做出铁在通常情况下不与水反应可能是因为实验条件未达到的推断时,说明学生无论对新知识的认识层次还是对旧经验的理解水平都更上了一个台阶。如此高水准学习结果显然得益于教师的指导。教师的作用就是要在协助学生获取知识的同时,引导学生掌握学习方法。只有这样学生才能学会学习。

总之,在学生自主探究过程中,教师要把自己不可替代的作用隐藏在学习行为的背后。选择学生思维的开放点,控制思维的开放度,指导学生去思考、去探究是教师指导学生自主探究的主要行为和内容。

第六节 自主探究教学与核心素养的关系

2017 版化学课程标准定位普通高中化学课程是提升学生核心素养的重要载体。为了通过课堂教学把核心素养与学科知识结合起来,新课程标准给出了具体的教学指导建议,即要重视开展"素养为本"的教学,倡导真实问题情境的创设,开展以化学实验为主的各种探究活动,激发学生学习化学的兴趣,促进学生学习方式的转变,培养学生的创新精神和实践能力。这可以视为自主探究发展核心素养的指导方针。课程标准对学生的学习行为也提出了具体要求,其中"能依据探究目的设计并优化实验方案,完成实验操作,能对观察记录的实验信息进行加工并获得结论;能和同学交流实验探究的成果,提出进一步探究或改进的设想;能尊重事实和证据,……养成独立思考、敢于质疑和勇于创新的精神"就是对自主探究学习方式的特征和要求的解读,可以作为开展自主探究的执行标准。因此,立足自主探究发展核心素养是可行之路,是新课程改革理念倡导和支持的。

我们的目的是发展学生的学科核心素养,自主探究是从学习方式的角度确定的核心素养发展途径。自主探究作为以学生为本的学习方式离不开建构主义学习观、布鲁纳发现教学理论和罗杰斯人本主义学习理论的支撑。

一是建构主义学习观。建构主义认为知识的获取是由"同化"和"顺应"两个过程组成的,即新知识以原有经验为基础,融入其中(同化),而新知识会使原有经验发生一定改变,使它得到丰富、调整或改造(顺应)。新知识的获得是在完成"同化"和"顺应"的过程中实现的。建构主义学习观强调学习不是知识由外到内的转移和传递,而是学生在原有知识经验基础上主动建构知识的过程。

新一轮课改力图在"教会学生知识"向"教会学生学习"的转变中实现核心素养为本的教学。因此,学习过程成为发展核心素养的必由之路。在核心素养形成的过程中,学生是积极的自我建构者。然而,学生的主动建构需要借助合适的学习方式。自主探究要求学生运用已有知识分析问题,并对分析结果进行探究,最终形成对问题的新认识,正是同化和顺应两个过程的直接体现。所以,建构主义学习观为确立核心素养的发展途径提供了有力的理论支撑。

二是布鲁纳发现教学理论。布鲁纳的发现理论认为:学习是主动认知的过程。在此过程中,学习者并不是一个被动的接受者、知识传导的反应者,而是主动将涉入信息进行加工改造,形成新的认知结构的过程。学习不是被动的产生,而是积极主动的发现。基于发现学习理论的教学模式要突出教师的引导作用和学生的主体地位。在此过程中,教师设计问题、创设情境,通过提供材料引导学生自主分析、思考,得出结论和原理,进行探究式学习,让学生成为学习的主人。

对比自主探究学习的行为特征不难发现,布鲁纳发现教学理论在自主探究学习过程中能得到充分体现。同时,该理论也为自主探究学习提供了明确的设计方向,其重视学习过程、强调主动发现的核心思想与核心素养的发展需求一致。

三是罗杰斯人本主义学习理论。立足自主探究发展学生的学科核心素养必须以尊重学生的认知主体地位和认知规律为前提,并在学习过程中采用合适的学习方式来实现。罗杰斯人本主义学习观与此要求不谋而合。

罗杰斯人本主义学习观有以下主要观点:

(1)强调教学应以学习者为中心,教师是学生学习的促进者。教师要为学生的学习提供帮助和资源,还应为学生创造良好的学习氛围,使学生在教学情境中自信、愉快、创造性地学习。

这是人本主义学习理论尊重学生主体地位和认知规律的体现。

(2)教师要发现那些对学生来说是现实的,同时又与所教课程相关的问题,让学生围绕真实情境展开学习。

这体现了人本主义学习理论对学生和知识的尊重,以及将二者在学习过程中结合起来的教学途径,为自主探究提供了明确的实践建议。

(3)学习过程是学生获得学习方法、促进其健全人格形成的过程。罗杰斯极力提倡学习方法是从做中学。"探究训练"可以使学生在获取知识的同时,获得探究的方法,发展学生自主性、创造性和探究精神。

这是人本主义学习理论对探究学习和素养发展相结合的直接论述。

综上所述,借助化学学科知识载体,在以学生为中心、强调学习过程的教学理论支撑下,利用自主探究有效提升学生化学学科核心素养、实现素养为本的课堂教学是可行的。

一、自主探究与化学核心素养的关系

课堂是落实学科核心素养的主阵地。学生在课堂上的学习行为决定了核心素养的发展效果。虽然新课程强调学生在学习中的主体地位,但不可否认的是,教师的教学组织形式决定了学生的学习方式,而学习方式又直接影响学习行为的走向和性质。

影响核心素养发展的三大因素和各要素之间关系如下图所示。

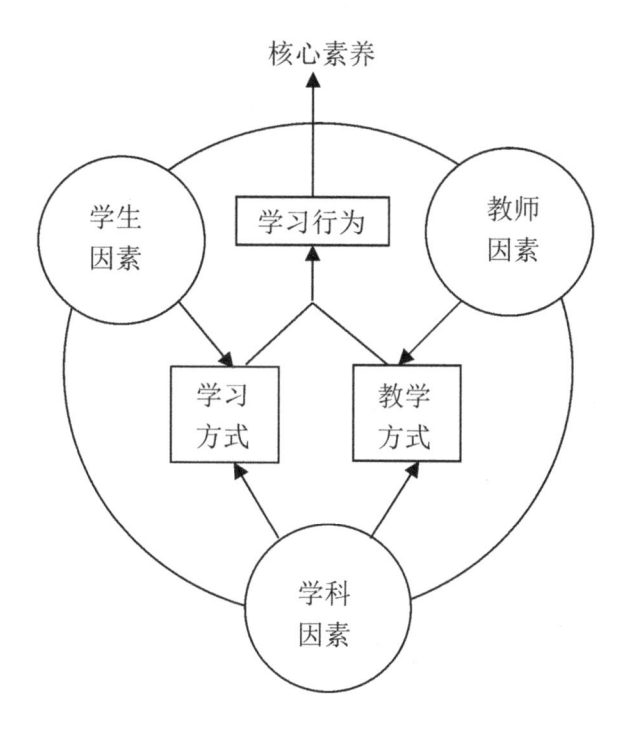

图 4-7 核心素养发展的三大影响因素和各要素之间的关系

从上述关系的梳理中发现,作为学习者和化学知识之间的连接者、协调者,教师采用什么样的方式组织学生学习化学是化学核心素养能否落到实处的关键。我们需要一种能够将学生因素和学科因素结合起来,使学习行为指向核心素养的教学组织形式,使它成为课堂教学的主行为。

学科核心素养发展导向的教学评价建议,教学要从知识解析为本转向促进学生认识发展为本。化学教学可以通过创设真实问题情境,开展多样化实验探究及实践活动,促使知识向能力和素养转化。这与"自主探究"教学方式的要求一致。

提高自主探究在培育核心素养方面的针对性,需要将自主探究与学科核心素养之间的关系梳理清楚,同时还要把自主探究和学科知识联系起来。这是因为自主探究采取的具体策略不仅与核心素养的培养目标和内容有关,也与学科知识的特点相关。而学科知识的特点和呈现方式也是联系自主探究和核心素养的重要纽带。

简言之,自主探究与核心素养间的关系有两个表现形式。一是由自主探究行为特征所表现出的与核心素养的直接关系;二是以学科知识为载体将自主探究和核心素养联系起来的间接关系。

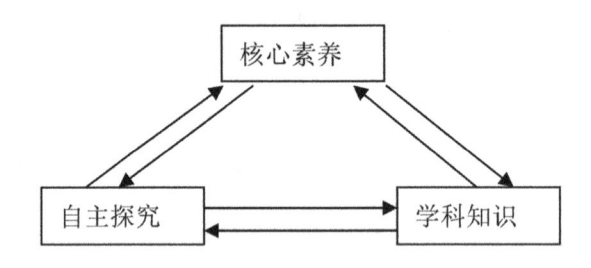

```
         核心素养
         ↗    ↖
        ↙      ↘
    自主探究 ⇄ 学科知识
```

（一）自主探究与核心素养的直接关系

1. 概述

高中化学核心素养包括"宏观辨识与微观探析""变化观念与平衡思想""证据推理与模型认知""实验探究与创新意识""科学精神与社会责任"五个维度的核心素养是学科特征的集中体现,全面展现了学生通过化学课程学习所要达成的关键能力和必备品格。

围绕"素养为本"的教学,新课程标准给出了具体的教学指导建议,即化学教学需要通过创设真实问题情境,开展多样化实验探究及实践活动,促使知识向能力和素养转化。这与"自主探究"教学方式的要求一致。

自主探究是在探究式学习的基础上,结合高中化学的知识特征、高中学生的认知特点和课堂教学的实际需要提出来的。将自主探究引入课堂的目的是让学生按照科学研究的一般方法自主建构化学知识,体悟化学学科的内在规律和研究方法。自主探究包括"提出问题、猜想假设——自主设计、科学论证——实验探究、得出结论——分享交流、总结提升"四步八环节。自主探究是课堂化的科学研究过程,其行为本身就是核心素养的直接体现。这一点可以从自主探究各环节与核心素养各维度的对应关系上得到明释。

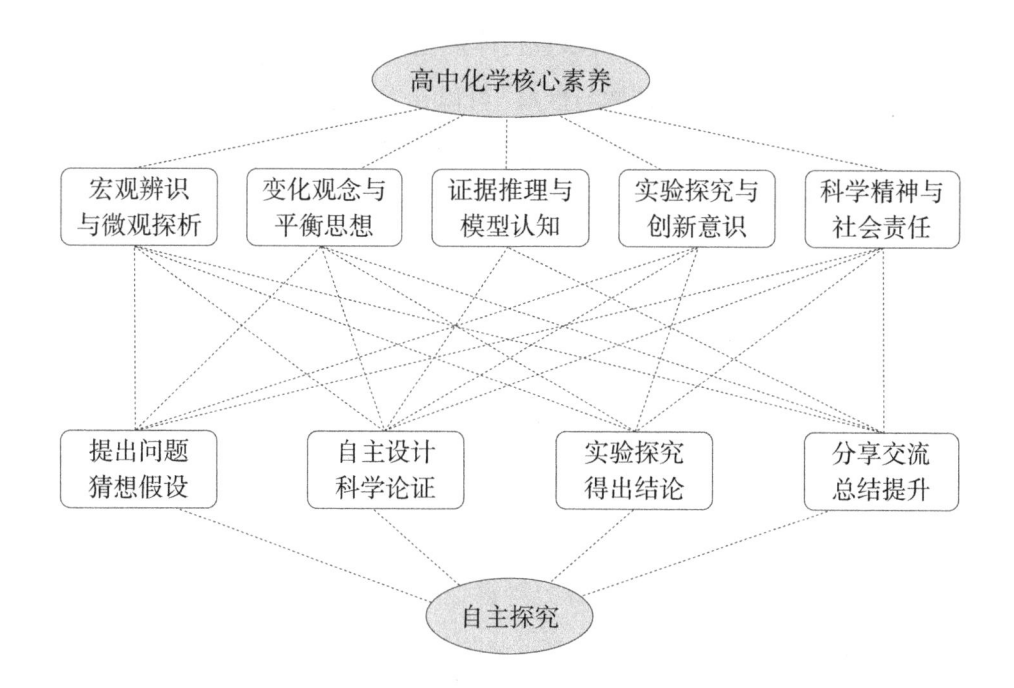

图 4-8　自主探究与核心素养的对应关系

需要说明的是,图中显示的对应关系是相对的、宏观的。作为一种学习方式,我们不能把自主探究按照核心素养的五个维度进行切割,也不能强硬地让核心素养符合自主探究的操作环节。核心素养的五个维度并无绝对界限,自主探究也是各学习要素相互穿插的结果。如果学生只能僵化地理解和应用就会捆住自己的手脚。不过,从大致的关系梳理中我们不难发现,化学学科"独有"的核心素养在自主探究的每个环节中都有体现,而自然学科具有的"实验探究""科学精神""创新意识"又是自主探究的突出特征。这无疑增强了我们借助自主探究发展核心素养的信心,同时也指明了核心素养与学习环节相结合的基本方向。

2. 化学核心素养在"四步八环节"中的体现

(1)提出问题、猜想假设

问题的来源和提出方式灵活多样。问题可以体现化学的社会价值和学科思想。化学与生产生活紧密相关,将化学知识和社会现实问题结合起来作为自主探究的课题进行研究,可以直接体现化学的学科价值,增强学生的社会责任感。例如:"油脂的结构与性质"可以在"为地沟油寻找出路"的驱动下展开探究;"高分子的合成方法与单体确定"可以围绕"白色污染的产生与治理"进行学习。

课堂上的探究问题更多源自化学知识建构本身。当学生利用已有知识和经验去审视新情况时就会产生问题。它们有的源自对实验现象的观察与思考;有的是在旧问题的解决过程中产生的新问题。这些问题的形成和解决是学科思想和科学探究的集中体现。例如:向溶有酚酞的 Na_2CO_3 溶液中滴加 $BaCl_2$ 溶液。围绕白色沉淀的生成和红色褪去,学生提出"碳酸根离子可能存在水解平衡"的理论猜想,并以此作为课题展开探究。探究过程将充分体现平衡思想、微观探析和科学探究等核心素养。

(2)自主设计、科学论证

学生针对"问题"运用已备化学知识和技能设计探究方案。该环节主要突出学科知识和思想方法的应用。学生通过自主设计提高知识运用和科学研究能力,锻炼化学思维。由学生自主设计的探究方案是学生认知水平和学科能力的真实反映,可以暴露学生在知识和素养方面存在的问题。因此,学生的设计方案无论对错优劣均有意义和价值。例如:学生设计"钠与硫酸铜溶液反应置换铜单质"的实验方案,反映了学生对金属间置换规律的原有认知。虽然实验并不能得到预期结果,但它能引导学生进一步探究钠和水反应的性质,在学生建构知识的过程中具有重要价值。

科学论证是师生对"自主设计"环节得出的个性化方案进行交互评价的环节。在思维碰撞中检验知识运用的科学性、方案的可行性,使方案设计者的化学思维得以完善,质疑者也能在证据推理和创新意识方面得到加强。科学论证是深度学习和思考的过程,它能有效提高探究层次和学习品质,培养严谨求实的科学精神。例如:"如何检验乙醇中是否有水。"学生设计"向乙醇中加入金属钠"的方案。如果没有科学论证,该生经过实验一定会得出"乙醇中有水"的错误结论。当其他学生提出"在没有明确乙醇是否与钠反应的前提下,该方案缺乏说服力"的质疑时,方案设计者自会意识到原方案的不足,质疑者作为新课题"乙醇是否与钠反应"的提出者也将探究活动进一步推向深入。经过论证,无论设计者还是质疑者都将在科学研究品质方面得到提升。

(3)实验探究、得出结论

经过前期一定程度的理论和思维探究,自主探究进入实验研判阶段。无论猜想与设计正确与否,都需要实验提供依据,这是科学研究的必经之路。实验环节不单单是对猜想的简单证明,它还是学生发现和提出新问题的平台。例如:探究 Na_2O_2 和水的反应时,学生设计了向反应后的溶液中滴加酚酞的实验方案,预测酚酞变红,证明有 NaOH 生成。但是,学生在实验时却发现滴入酚酞先变红后褪色。变红现象容易理解,但褪色却是学生未曾料到的。围绕酚酞褪色的原因,学生可以对 Na_2O_2 和水反应的实质展开更深入的探究。

另外,实验也是学生观察记录现象、加工整理信息并获得探究结论的环节。这些都是化学核心素养的重要组成部分,只有通过学生亲自动手实验才能得到切实锻炼。

(4)分享交流、总结提升

分享交流有两个目的。一是通过分享使实验成果认知最大化,促进学习相关者共同提高;二是通过交流给学生进一步探究或改进实验创造机会;

如果说"科学论证"是旧有认知基础上的思想交流,那么实验探究后的"交流"则是结合实验事实的二次思维碰撞。学生可以在尊重事实和证据的前提下深入思考,挖掘出更深层次的问题,有效培养学生独立思考、敢于质疑和批判的创新精神。这些正是核心素养对科学探究提出的明确要求。例如:在探究乙醛的催化氧化反应时,A 同学借鉴乙醇的催化氧化设计并完成了实验。

A 同学汇报实验成果:将加热至红热的铜丝插入乙醛溶液,重复几次。向反应后的溶液中滴加紫色石蕊试液,溶液变红,说明乙醛在铜丝催化下被空气中的氧气氧化成乙酸。

B 同学质疑实验结果:乙醛会不会在常温下被氧气氧化?如果乙醛中存

在乙酸，A 同学的实验就没有说服力。

查阅文献，乙醛溶液中确实存在约 3% 的乙酸。A 同学的方案需要改进，即"催化氧化实验前，需要先中和除去乙酸"。

通过同学之间相互深层次的分享交流，学生获得的不仅仅是一个实验方案的改进，还有研究能力的提高。

总结提升是对学习过程回顾整理的环节，包括知识和方法两条主线的归纳和提炼。通过知识归纳和批判反思协助学生建构新的认知结构，提升学生的科学素养。其中，知识主线突出研究成果、揭示知识规律、强化学科思想；方法主线重在反思研究过程，提高自主探究能力。

例如：在探究"金属被 H^+ 离子氧化的性质"后，教师把学生熟知的两个反应（①$Zn + H_2SO_4$；②$Al + HCl$）和本节课探究得出的三个反应（①$Na + H_2O$；②$Al + NaOH(aq)$；③$Fe + H_2O$）罗列在一起，让学生明确虽然反应物不同，但它们遵循的是相同的变化规律，即"金属活动性顺序表中，排在 H 元素前面的金属能被 H^+ 离子氧化"。结合实验事实，让学生反思探究过程，体会实验条件对化学反应的影响，提高实验设计水平和操作能力。

总之，在课堂教学中，灵活运用自主探究的"四步八环节"应对不同的教学需求，将科学研究过程"课堂化"，使化学核心素养的发展与学习过程紧密联系在一起。

(二)自主探究与核心素养的间接关系

学科知识是核心素养的重要载体，同时也是自主探究的实施对象。因此，学科知识是将核心素养与自主探究联系起来的桥梁。当我们锁定化学知识与核心素养的关系，并在突出知识特点的基础上展开自主探究时，自主探究与核心素养间建立在知识联系上的间接关系就被浑然一体地固定下来了。

因此，梳理化学知识与核心素养的关系成为借助自主探究培育核心素养避绕不开的工作。

核心素养是宏观概括性的，而化学知识是具体且"琐碎"的，二者的融合需要借助合适的"媒介"。这个媒介就是"化学基本观念"。因为化学核心素养的本质是化学观念的体现,而化学知识与化学观念的关系更为直接。所以,先明确化学观念与核心素养的关系,再将具体的化学知识系于基本观念之下就能把核心素养与化学知识的关系勾勒清晰。

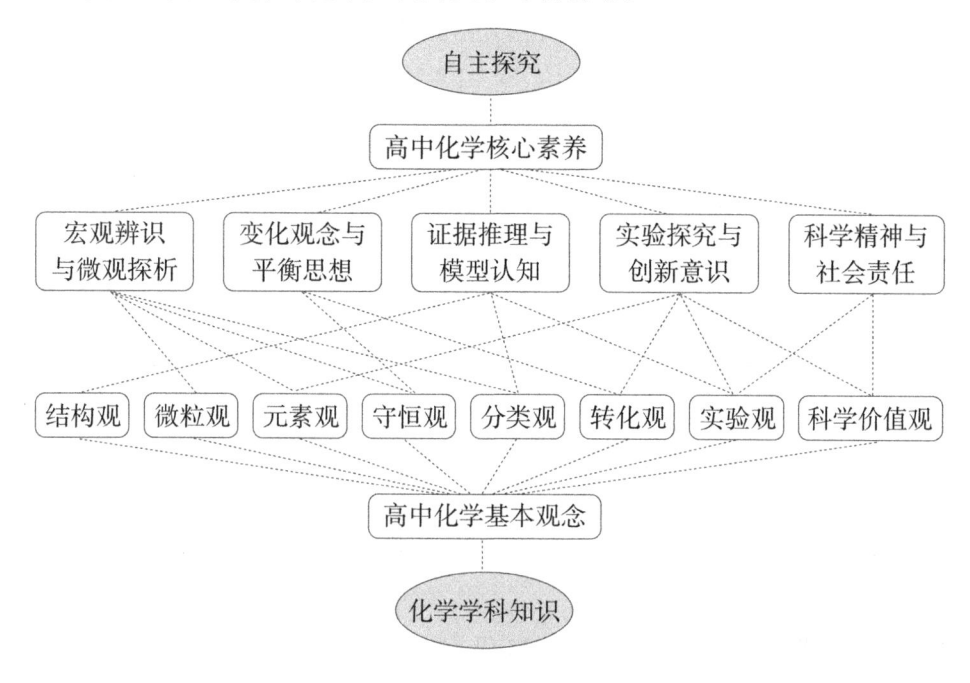

图4-9 核心素养、自主探究与学科知识三者关系

图中所示八种化学基本观念并不是孤立的,它们相互融合,共同构成整体性的"大化学观"。因此,各观念与核心素养间的关系也并非严格一一对应。只是为了提高核心素养培育的针对性,我们需要把其中最显著的关系突显出来而已。

实际教学中,利用学科思维导图,将化学观念与具体知识点相链接,明确与核心素养相对应的知识点。教师针对相关知识点设计自主探究学习活动,协助学生完成知识的学习和素养的培育。这样,以素养为本的自主探究教学设计才能够做到有的放矢,从根本上为核心素养的发展服务。

下图示例是"守恒观"与模块、章、节、知识点相链接的思维导图。通过思维导图,我们不仅能看到知识的学科属性,也看到了它们在发展变化观念、

◆ 核心素养视角下的高中化学教学实践

微观探析等核心素养方面具有的知识优势。

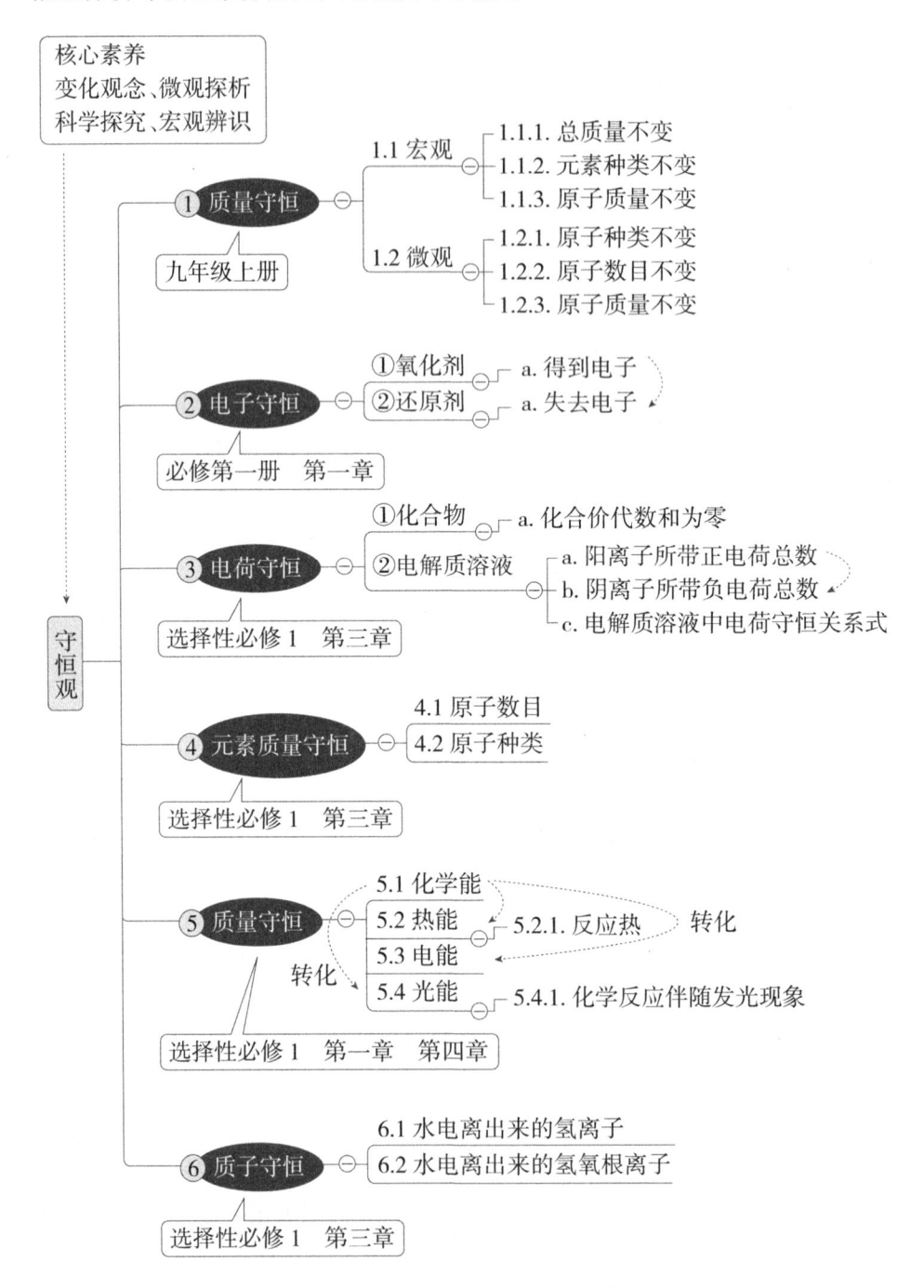

核心素养
变化观念、微观探析
科学探究、宏观辨识

守恒观

① 质量守恒 ─ 1.1 宏观 ─ 1.1.1. 总质量不变
　　　　　　　　　　　　1.1.2. 元素种类不变
　　　　　　　　　　　　1.1.3. 原子质量不变
　　　　　　1.2 微观 ─ 1.2.1. 原子种类不变
　　　　　　　　　　　　1.2.2. 原子数目不变
　　　　　　　　　　　　1.2.3. 原子质量不变

九年级上册

② 电子守恒 ─ ① 氧化剂 ─ a. 得到电子
　　　　　　　② 还原剂 ─ a. 失去电子

必修第一册　第一章

③ 电荷守恒 ─ ① 化合物 ─ a. 化合价代数和为零
　　　　　　　② 电解质溶液 ─ a. 阳离子所带正电荷总数
　　　　　　　　　　　　　　　b. 阴离子所带负电荷总数
　　　　　　　　　　　　　　　c. 电解质溶液中电荷守恒关系式

选择性必修1　第三章

④ 元素质量守恒 ─ 4.1 原子数目
　　　　　　　　　4.2 原子种类

选择性必修1　第三章

⑤ 质量守恒 ─ 5.1 化学能
　　　　　　　5.2 热能 ─ 5.2.1. 反应热　转化
　　　　　　　5.3 电能
　　　　　　　5.4 光能 ─ 5.4.1. 化学反应伴随发光现象
转化

选择性必修1　第一章　第四章

⑥ 质子守恒 ─ 6.1 水电离出来的氢离子
　　　　　　　6.2 水电离出来的氢氧根离子

选择性必修1　第三章

图 4-10　守恒观与核心素养、化学知识之间关系的思维导图

上述对核心素养、自主探究和学科知识之间关系的分析与梳理,为隐性的素养培育任务融入显性的学习内容与行为奠定了基础、指明了方向,也使基于核心素养培育的自主探究具备了可操作性。

(三)典型案例

基于核心素养培育的自主探究教学设计基本思路是首先以化学知识为教学设计起点,明确与知识相关的主要化学观念,并借此确定具体的核心素养指向。然后以素养为导向,结合知识特点设计自主探究的实施方案。

以"难溶电解质的沉淀溶解平衡"为例做简要的设计说明。

首先,我们借助以化学观念为中心的思维导图来确定化学知识与核心素养之间的对应关系。

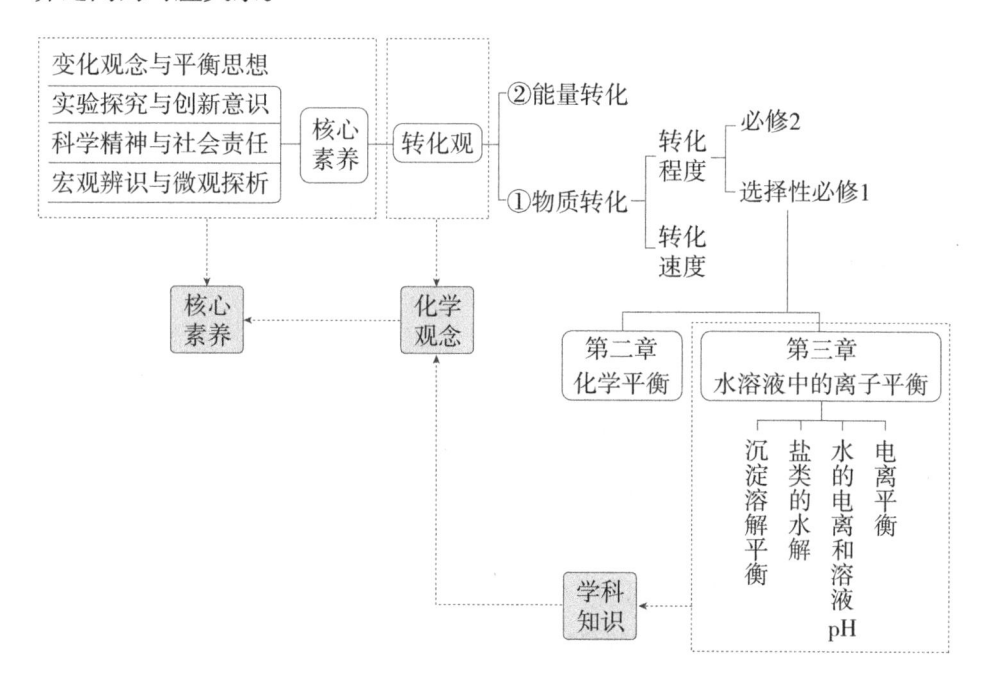

图4-11 "沉淀溶解平衡"与化学观念、核心素养的对应关系

其次,将本节课的主要内容划分为3个学习模块(沉淀溶解平衡的存在、认识和应用)并根据不同模块的学习特点和要求分别制订自主探究学习方案。

◆ 核心素养视角下的高中化学教学实践

各设计要素之间的关系如下图所示。

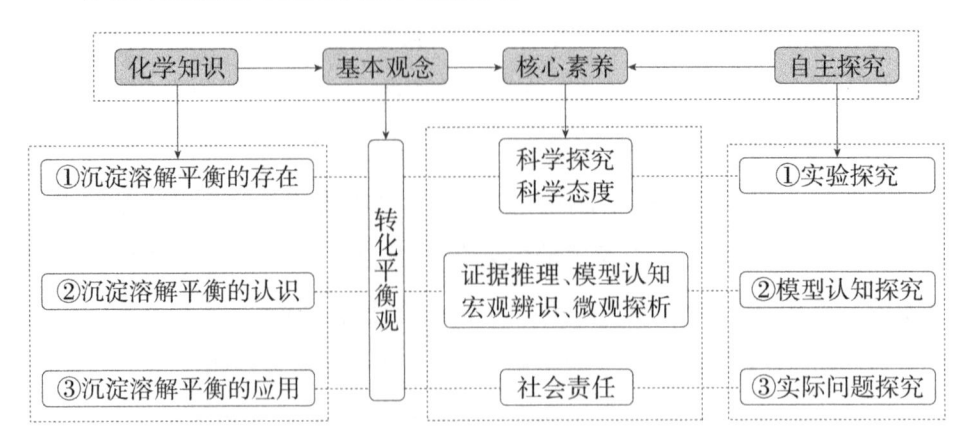

图4-12 "沉淀溶解平衡"教学设计各要素之间的关系

教学设计环节简述：

表4-3

教学环节		存在平衡	认识平衡	应用平衡
自主探究	提出问题 猜想假设	利用实验制造认知冲突，引出探究课题： 1. 向水中加入少量 $Mg(OH)_2$ 固体，观察溶解情况；滴加2滴酚酞，观察液颜色变化。 2. 猜想：$Mg(OH)_2$ 在水中可能存在溶解和沉淀两个相反过程。	1. 提供动态平衡认知模型。 2. 以动态平衡的5个认知维度为依据，形成认识沉淀溶解平衡的探究课题。 3. 类比预测结论。	提供两个工业生产中的实际问题： 1. 废水中重金属离子的处理； 2. 锅炉水垢的去除；

138

续表

教学环节		存在平衡	认识平衡	应用平衡
自主探究	自主设计科学论证	1. 学生以小组为单位,利用溶液中的离子反应,设计实验,形成探究方案; 2. 组间交流、组内完善。	学生通过类比化学平衡、电离平衡和水解平衡的认识角度和分析方法,自主完成对沉淀溶解平衡的学习。	利用沉淀溶解平衡移动的相关知识设计处理方案并在小组间进行科学性和操作可行性的论证。
	实验探究得出结论	学生以小组为单位,按照论证后的实验方案进行实验。 观察分析实验现象,得出探究结论。	选择需要实验进行探究的维度(如:沉淀溶解平衡的移动),设计实验并实施,得出相关结论。	学生以小组为单位,按照论证后的实验方案进行实验。观察现象,落实处理方案。
	分享交流总结提升	组间交流不同的探究方案和实验情况,多角度阐发探究课题。 结论:难溶电解质在水中存在沉淀溶解平衡。	将探究和分析结果进行组间交流;归纳整理形成知识清单。	1. 交流探究情况; 2. 比照实际处理方案,分析工业生产与实验室小试的区别。
设计意图		该环节通过实验探究展现了科学实验研究的完整过程,是对"科学态度"、"科学探究"等化学核心素养的完美展现。	该环节利用认知模型形成探究课题,在科学研究的过程中强化平衡思想,落实核心素养。	用实际问题作为探究课题让学生利用所学分析解决,体会科学研究方法、感受化学的学科价值,增强社会责任。

通过案例我们直观感受到利用自主探究搭建学习框架可以将学科知识、学习过程与核心素养完美地融合在一起,培育核心素养的目标达成了。

二、自主探究发展化学核心素养的优势

利用自主探究培育核心素养是从学习方式的角度探讨核心素养落地的方法和途径。从化学学科特征、核心素养的表达和高中生认知特点三个角度衡量,自主探究在素养培育方面具备以下优势。

(一)可以突破知识的局限,拓宽素养培育的途径

在中学化学的知识系统中,类似"化学平衡"那样具有明显"素养特征"的知识所占比例不大,单单依靠知识本身来培育核心素养是远远不够的。这也是我们试图从学习方式等其他角度拓宽素养培育途径的原因之一。化学知识体系的建构本身充满探究性。因此,无论具体的知识内容和学习要求是什么,只要采用自主探究就自然贴近了化学学科的本位思想和方法。自主探究对化学知识学习的兼容性使素养培育能摆脱知识的束缚,实现核心素养培育常态化。

(二)可以凸显学科的本质,提高素养培育的层次

作为学科本质和学科精神的概括性表述,核心素养往往隐藏在知识表层以下。自主探究的最大特点是可以让知识的形成过程与内在规律伴随学习进程的推进自动显现。作为隐性的"学习任务",核心素养最适合这种不动声色的培育方式。自主探究这种"源自本质、自然天成"的培育属性,使核心素养得到更深层的表达。另外,自主探究通过对知识特征的挖掘和科学研究方法的运用,将知识和方法结合起来,使核心素养的培育更加立体化,素养发展的层次更高。

(三)可以调动学生的主动性,增强素养培育的效果

自主探究属于研究型学习方式。虽然知识是既定的,但学习过程却充满未知和挑战,符合高中生的认知特性,能极大满足他们的探究欲望,是学生喜爱的学习方式。正因如此,自主探究能充分调动学生的内驱力。思维活跃且

具备一定探究能力的高中生乐于参与其中感受科学研究的独特魅力。核心素养在积极主动的自主探究中悄然落地,培育效果更好。

三、发展学科核心素养应该注意的问题

强调核心素养的教学是挖掘学科本质、摆脱简单应试、恢复学习本来面目的教学,是新课程改革向纵深发展的标志之一。教学实践表明:实现核心素养与课堂教学的深度融合,需要从更新教学理念入手,确定科学的教学原则、选择合适的教学方法、制定有效的教学策略才能取得良好的培育效果。这是一项"系统而灵活的工程",实施时必须注意以下两个问题:

(一)切忌教条化

无论对核心素养的把握,还是教学方法的应用都不能教条化。核心素养是一个有机整体,不能人为割裂。在面对培育任务时,教条化的核心素养将使我们陷于被动。另外,虽然化学学科体系建构规律是一定的,但知识特点并不完全相同。因此,教学策略的选择也要不拘一格。只要是尊重知识、尊重学生,能准确表达核心素养要求的设计都是正确的。

(二)切忌标签化

核心素养培育属于隐形教育,适合潜移默化的教育方式。过度显性化和标签化会使核心素养与学科教学走向疏离,也容易使课堂僵化,引起学习者的反感。我们采用自主探究教学模式,尽力把化学知识、学科规律、学生认知和学科价值融为一体,就是要"不动声色"地将核心素养的培育任务化于无形,以素养培育与学科教学"貌不离神亦合"的标准把高中化学学科核心素养落到实处。

第五章　创新能力培养教学策略研究

钱学森曾说："为什么我们的学校总是培养不出杰出人才？"这里的"人才"指的就是科技创新型人才。"钱学森之问"是关于中国教育事业发展的一道艰深命题，需要整个教育界乃至社会各界共同破解。教师要训练学生的创新思维，培养学生的创新能力。现阶段培养学生创新能力已成为新课程背景下教育改革的要求。我国不断深入的教育体制改革正在积极应对和破解创新人才培养问题，中共中央国务院《关于深化教育改革和全面推进素质教育的决定》中明确指出："素质教育以培养学生的创新精神和实践能力为重点""激发学生独立思考和创新的意识""培养学生的科学精神和创新思维习惯。"党的十八大特别指出要培养学生的创新能力，在《中国学生发展核心素养》中实践创新属于核心素养。田慧生提道："在推进教育现代化、建设教育强国的进程中，教育智库要紧密结合时代要求和国家教改精神，遵循教育规律和人才成长规律，引领和指导建立符合区域、学校实际的课程体系，开展教育教学模式改革，创新教育教学模式和方法，努力构建有利于创新人才成长的育人环境。"

创新是指以现有的思维模式提出有别于常规或常人思路的见解为导向，利用现有的知识和物质，在特定的环境中，本着理想化需要或为满足社会需求，而改进或创造新的事物（包括产品、方法、元素、路径、环境），并获得一定有益效果的行为。创新能力是技术和各种实践活动领域中不断提供具有经济价值、社会价值、生态价值的新思想、新理论、新方法和新发明的能力。创造力是核心素养的集中体现。

在国家明确提出新一轮课程改革总体目标的前提下,"核心素养"已成为学科课程标准的关键词。2017版化学课程标准定位普通高中化学课程是提升学生核心素养的重要载体。为了通过课堂教学把核心素养与学科知识结合起来,新课程标准给出了具体的教学指导建议,即要重视开展"素养为本"的教学,倡导真实问题情境的创设,开展以化学实验为主的各种探究活动,激发学生学习化学的兴趣,促进学生学习方式的转变,培养学生的创新精神和实践能力。

对于学生的创新能力培养,笔者进行了一份针对本校高一高二年级学生的名为《关于中学生创新能力培养的调查》的问卷,此问卷发送300份,收回289份,有效问卷286份。问卷问题主要围绕创新能力培养的重要性、培养途径以及现实状况设计。

统计结果显示:

(1)学生对于创新能力的重要性认识较为充分。

(2)培养学生创新能力的途径和方法较为单一。

(3)学生对现有教育体制培养创新能力的有效性存在异议。

针对性方略:

(1)更新理念,注重以创新能力为重点的素质教育。

(2)启发思维,提高学生学习的主动性和参与度,在课堂上有意识地给学生创设独立思考、发现问题的环节。

(3)营造氛围,创设培养学生创新能力的教育环境,开设培养创新思维的课外活动课。

第一节 创新能力培养路径分析

《课程标准》对学生科学探究的学习行为提出了具体要求,其中"能依据探究目的设计并优化实验方案,完成实验操作,能对观察记录的实验信息进行加工并获得结论；能和同学交流实验探究的成果，提出进一步探究或改进的设想；能尊重事实和证据……；养成独立思考、敢于质疑和勇于创新的精神。"这些要求为培养创新能力的教学设计提供了思路和方向。新课程背景下，学科素养发展导向的教学评价建议，提倡化学教学从知识解析为本转向促进学生认识发展为本。通过创设真实问题情景，开展多样化的实验探究及实践活动，促使知识向能力和素养转化。

教育创新是培养学生创新能力的前提，在新课程理念的指引下，我们积极尝试与探索，在不断实践中获取实效性经验，将培养学科核心素养与高中化学日常教学实践紧密结合起来，把培养创新能力的方法、途径和策略具体化。

科学的研究方法是实现创新能力培养的有效手段，任何新的发现、新的科学成果都必须用科学的方法去研究，并在实践中去检验和论证。化学是一门建立在科学探究基础上的学科，其知识体系形成的过程本身就具有较强的建构性。化学学科核心素养突出的就是科学探究的思维、过程与方法。

一、优化课堂教学模式，探寻创新能力培养的有效途径

教师要使学生掌握科学的探究方法，其基本程序是：提出问题——作出假设——制订计划——实施计划——得出结论，这与本学科组提出的自主探究教学模式相吻合。本研究在学生体验科学研究的过程中，着眼于学生在化学素养方面的发展，紧紧抓住学生的认知特点和学科知识的形成规律，借助自主探究教学模式达成培养学生化学核心素养的目的。

学科素养发展导向的教学评价建议，提倡化学教学从知识解析转为促进学生认知发展。通过创设真实问题情景，开展多样化实验探究及实践活动，促使知识向能力和素养转化。

自主探究教学模式是实现这一转化的有效途径。自主探究教学模式是指在教师的指导下，学生按照科学的思维方式和研究方法对相关问题进行探究来达成学习目标的课堂教学组织方式，强调探究的过程就是学习的过程，

探究的成果就是学习的结果。目的是让学生按照科学的方法自主建构化学知识，实现在探究中学习化学的目的，使学生在掌握化学知识的同时，能够发现化学学科的内在规律和研究方法。理解学科的本质，培养严谨的科学态度和敢于创新的精神。

自主探究教学模式围绕学科素养的培养和科学探究思维、方法的养成进行教学设计，分为"提出问题——猜想假设——设计方案——实验探究——分析论证——总结提升"六个基本环节。自主探究教学模式通过创设问题情境，让学生在问题驱动下通过多种多样的探究活动主动搜集信息、分析信息获得结果，表达交流、提炼成果。

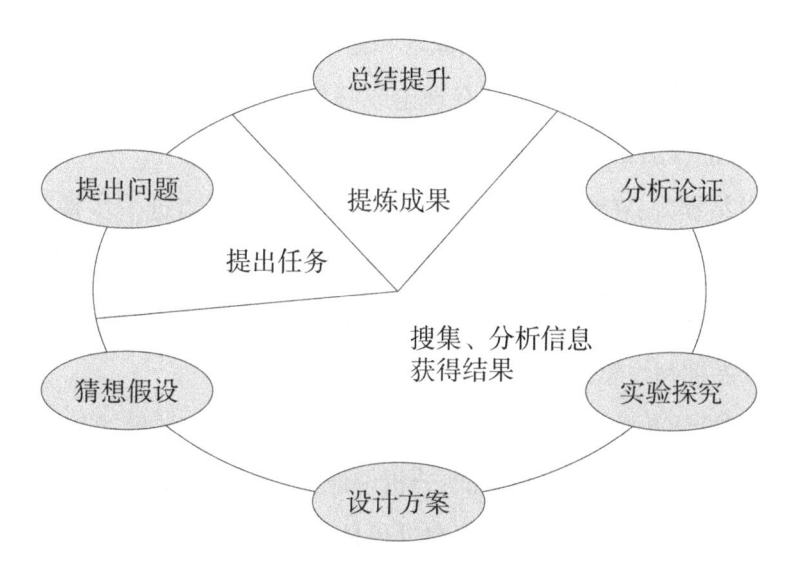

图 5-1 自主探究教学模式图例

（1）提出问题：教师根据教学目的和内容，精心考量，设置难度适宜、逻辑合理的问题。问题一般从日常生活、自然现象、实验观察中来，发现和提出有探究价值的化学问题是开启探究之门的钥匙。

（2）猜想假设：学生根据现有经验和已有知识尝试对问题的成因提出猜想，对探究的方向和可能出现的实验结果进行推测与假设。这是探究活动中学生思维最活跃的阶段，是培养学生证据推理能力、发展学生创造性思维的重要环节。

(3)设计方案:组织学生为具有合理性的一种或多种假设制定科学、严谨的实验验证方案,是学生在进行科学探究活动时必须经历的过程。学生依据探究目的确定所需要的证据,并优化设计寻找证据的途径。强化证据推理能力,培养实验探究与创新意识。

(4)实验探究:具体实施所制定的实验计划和实验方案,完成实验操作,对前期推测和设计做出判断和证明,是培养学生实验能力、观察能力的重要环节。学生在实验中自己去发现去验证,使他们认识问题更加深刻,便于养成严谨求实的科学态度。

(5)分析论证:是对实验数据或现象进行综合分析,论证猜想与假设是否成立、实验结果是否能验证已有理论或解释学习中的疑问等,对观察记录的实验信息进行加工并获得结论的过程。

(6)总结提升:在交流实验探究成果的基础上,提出进一步探究或改进实验的设想,是对探究成果进行提炼并获得结论的过程,也是对探究过程进行反思创新的过程。它不仅可能引出新的发现,还有利于培养学生终身学习的意识,发展批判性思维。

教师在设计教学时尽可能让学生完整地经历探究的过程,即经历提出问题、猜想假设、设计方案、实验验证、分析论证、总结提升等环节。

需要特别指出的是,系统的探究过程是由若干个探究周期组成的循环往复的过程,包括了针对问题的探究周期、针对方案的探究周期、针对结果的探究周期。期间学生将经历理解任务,提出假设和猜想,设计方案检验猜想,然后获得探究结果的交互更替的探究过程。自主探究模式是在教师的指导下,学生独立完成的学习过程,从提出问题开始就要推陈出新,而设计方案也要与众不同,所以,整个探究过程下来学生的创新思维和创新能力都得到显著提高。

二、科学建构学科知识体系,启发深度创新思维

在化学教学中对学生进行创新能力的培养,首先要让学生进入化学的思维体系,运用化学思维去认识分析问题;了解掌握化学的基本分析方法和思路,从整体的角度来把握化学知识和化学思维方法,以生产生活实际及现代科技发展成果作为素材,加强理论联系实际能力的应用,抓住实际情境的核心要素,将其转化为化学问题,并构建化学学习模型。在解决问题的过程中,往往是将多种能力综合起来相互产生作用,因为在解决问题时,首先抓住问题的关键信息进行模型构建,然后分析模型所对应的规律,通过科学的思维进行推理找到各种已知条件之间的关系,最终使问题得到解决。

化学中的"模型认知"可理解为"利用模型进行思维的一种方法",即基于一定的感性认识,以理想化的思维方式对看不见的化学原型客体进行近似简化地摹写,以揭示其本质和规律的一种科学抽象方法。采用模型认知,研究者可以"看到"他们试图研究的实体或过程,据此进行实验设计和探索活动,有力支持他们的思维推理和知识建构。化学学科的基本规律和理论的建立,往往都是以能揭示事物本质特征的某种简化模型为基础的,化学的发展过程从某种程度上可以说是一个不断建立模型、运用模型和修正模型的过程。将科学教育标准的要求有效地应用到实际的课堂教学中,模型认知能力培养在中学化学教学中具有广泛而深远的意义。

(一)有利于学生掌握科学的思维方法

科学课程不仅要让学生掌握已有的科学知识,更重要的是帮助学生更好地了解科学知识形成的过程,提升科学素养,而建构模型在此过程中发挥着重要作用。建构模型是动态、复杂、循环往复的过程,对模型的良好认知是顺利建构模型的前提。学生在明确建模目的的前提下进行模型建构活动,对培养学生的科学探究能力,掌握科学的思维方法大有裨益。

(二)有利于提高学生解决化学问题的能力

科学研究(或学习)的过程就是对自然世界建模的过程,在建模的过程

中,学生通过多种方式主动获取研究对象的本质特征、构成要素及其相互关系,进行概括、抽象。建立模型、运用和修正模型的过程皆有利于提升学生的科学探究能力和创新精神。模型认知是学生掌握化学基本理论和原理以及提升分析解决实际问题能力的重要手段。

(三)有利于优化高中化学课堂教学模式

模型的建构和使用是形成科学思维的重要途径,教师可以根据教学实际,对应模型的类别和功能,有效指导学生学习科学知识和进行相关内容的模型建构,从而形成从模型导入,关注学科核心素养培养,以模型建构为主的认知课堂,进而优化高中化学课堂教学模式。

三、拓宽创新人才培养的渠道

培养拔尖创新人才需要因材施教、优才优育,需要个性化教学、差异化培养,需要根据学生的兴趣、特长和基础,激发学生的创造力和发展潜能。我国现阶段正在进行的高考制度改革——两依据一参考,就是对创新型人才培养的有力举措。学生可以根据自身的兴趣、特长选择高考科目,同时在综合素质评价中对学生的优势发展给予充分肯定,学生的才能得以展现,国家对各类人才的需求也得以满足。同时,学校的课程安排也应该符合学生的发展需要,校本课程的开发、特色项目的设立都应有助于学生发展。

第二节 创新能力培养的策略

发展学生的化学学科核心素养应落实在日常的教育教学中,与科学探究式教学紧密结构起来,寻找最优的方式策略。

一、明确核心素养与学科知识的对应关系，使自主探究活动聚焦核心素养

发展核心素养离不开具体的知识载体。为提高核心素养的针对性和时效性，我们需要深入研究现行高中化学知识的结构和组成，并以化学核心素养为支点，将学科知识按核心素养进行大致归类。需要说明的是，核心素养是综合性概念，其不同内容之间并无明显界限。分类的目的只是为了便于研究并突出知识的侧重方向。

基于学习理解、应用实践和迁移创新的学科能力，既是学生发展核心素养和学科核心素养的共同要求，也是贯穿不同学科领域核心素养的关键能力要求。化学学科核心素养以化学核心知识为载体，通过化学核心活动经验获得。

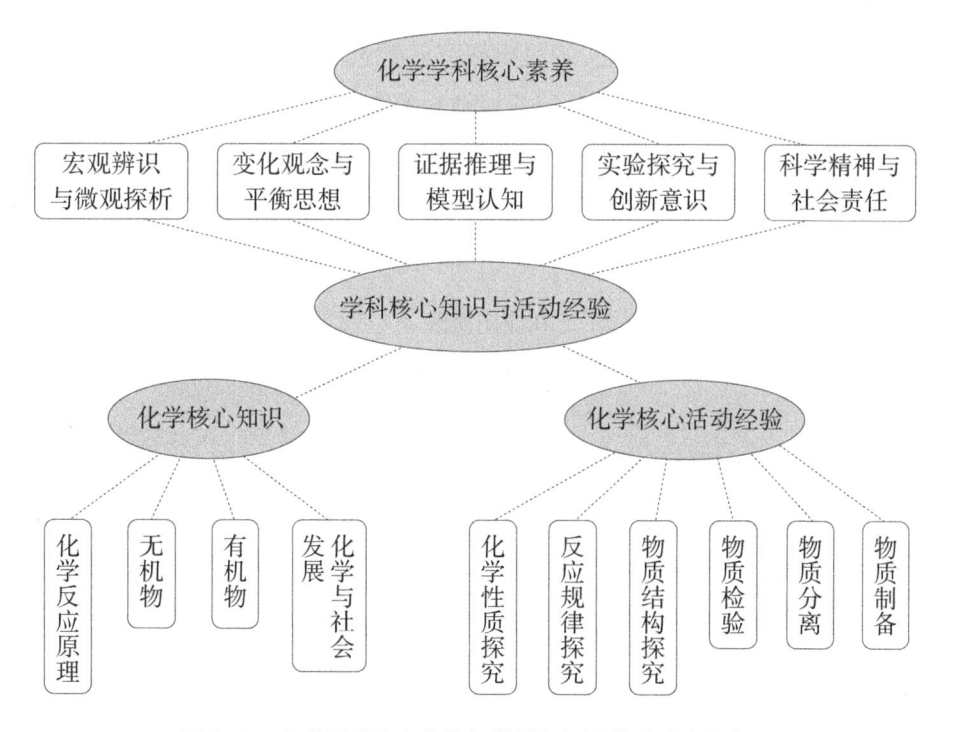

图 5-2 化学学科核心素养与学科知识及学科活动的关系

学科核心知识和活动经验是学科能力发展的基础，学科能力活动即学习理解、应用实践、迁移创新，是知识转化为能力素养的重要途径。学科素养是

◆ 核心素养视角下的高中化学教学实践

学生经过学科学习逐渐形成的、面对陌生不确定问题情境表现出来的关键能力和必备品格,对应于知识经验的迁移创新能力表现水平。学科知识经过学习和理解,应用和实践,迁移与创新等关键能力活动,才能完成从具体知识到认识方式,从外部定向到独立操作,再到自觉内化的转化过程。

二、围绕发展学科核心素养,完善科学探究的教学模式,培养学生创新能力

本学科组在教学实践中摸索出的科学探究教学模式在之前的课题研究中已经取得了一定成果。在不同课型的组织形式和实施策略等方面做了有益的尝试,并积累了一些成功经验。这些实践研究中涉及对学生能力和素质的培养,本研究的一个重要内容是在前期研究的基础上,以发展学科核心素养为中心,进一步完善"自主"式科学探究教学模式,使学生创新能力培养有"法"可依,又不拘于定法,使得创新教育与教育创新实现有机结合。

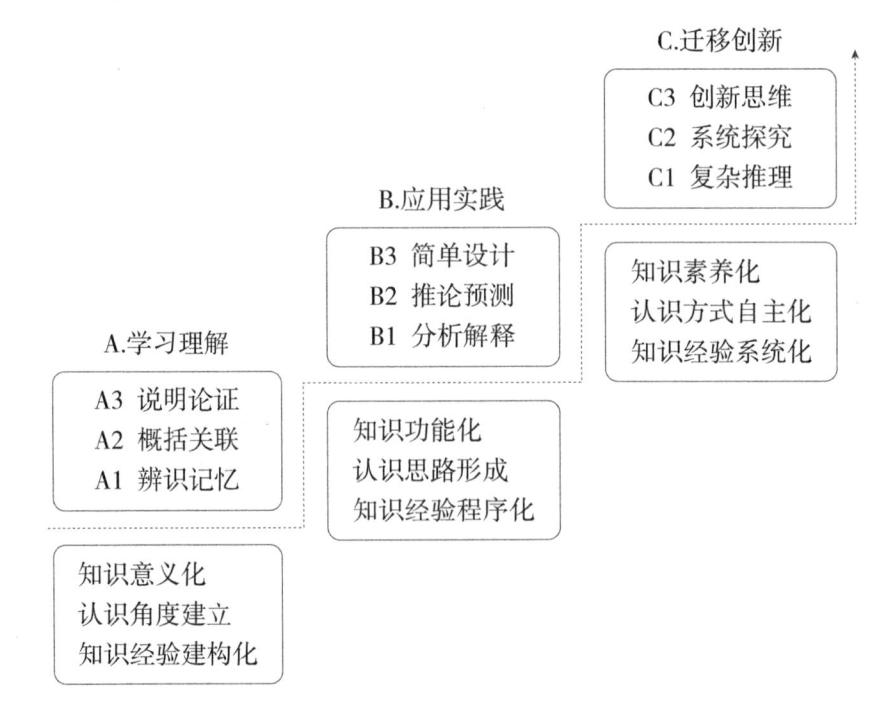

C.迁移创新
- C3 创新思维
- C2 系统探究
- C1 复杂推理

B.应用实践
- B3 简单设计
- B2 推论预测
- B1 分析解释

A.学习理解
- A3 说明论证
- A2 概括关联
- A1 辨识记忆

知识素养化
认识方式自主化
知识经验系统化

知识功能化
认识思路形成
知识经验程序化

知识意义化
认识角度建立
知识经验建构化

图 5-3　从知识到能力到素养发展的进阶和教学转化的模型

从熟悉原型到简单变式再到复杂陌生,学生从已有知识和活动经验出发,结合问题情境,分析推测、设计验证,做出更复杂的推理,形成系统的探究模式,形成创新思维,这就是从知识到能力再到素养的转化过程。

化学学科能力活动表现包括学习理解、应用实践、迁移创新等三大类九小类的内容,是化学学科能力的进阶表现。随着年龄的增长,学生的化学核心知识和活动经验逐渐增长,尤其在化学性质探究、反应规律探究、化学结构探究与核心活动中,学生在创新能力培养方面有了依托,学生可以在这些活动中开动脑筋、放飞自我、不断激发出创新的火花。学生在化学认识方式上不断发展,其化学学科能力总体上呈现出发展趋势。

三、借助模型认知,发展学生创新思维

《复杂》一书中提到,科学家们研究自然,实际上是在对自然建模,并对其所建立的模型进行研究。所谓的客观事实,本质上都是我们的主观认知。认知是因,创新是果。创新是我们的目的,认知升级是方式。在低水平的认知模型里,增加再多的信息量,也是低水平的重复。所谓认知升级,不是增加信息量,而是提升认识模型的层级。

模型是对原型的一种抽象、概括的表示,能显现出原型的关键和本质的特征。模型是进行科学探究的实用工具,也是科学探究的重要成果。模型在科学研究和科学教育研究领域均发挥着重要作用。在中小学的科学教育中,模型不仅是学生要掌握的科学的重要组成部分,同时也是帮助学生理解科学的重要手段。一些教育相对发达国家会在教育政策层面对模型给予重视,在科学教育标准层面将模型纳入学业要求中。美国将模型作为科学、数学、技术领域中重要的通用概念之一,把模型作为必须要掌握的统一的科学概念和过程,认为模型可以帮助研究者了解事物的运作方式。我国《普通高中化学课程标准(2017年版2020年修订)》中提出"模型认知"是化学学科核心素养之一。要求"可以通过分析、推理等方法认识研究对象的本质特征、构成要素及其相互关系,建立认知模型,并能运用模型解释化学现象,揭示现象的本

质和规律"。

化学中的"模型认知"是一种借助模型解决问题的思维方法,利用模型认识事物,通过建构模型(简称建模)解决问题。模型认知具有描述性、抽象性、预测性、发展性,采用模型认知,研究者将他们所试图研究的实体或过程具象化,有力支持他们的思维推理和知识建构,据此进行实验和探索。化学中很多基本规律和理论的建立,往往是以揭示事物本质特征的某种简化模型为基础的(如图 5-4)。

图 5-4　原型、模型与理论之间的关系

化学研究的过程从某种程度上可以看成下述模型认知的过程(如图 5-5)。

图 5-5　模型认知的过程

化学模型认知能力要素构成包括对模型本身的认识、对模型的理解、对模型的运用和迁移。中学生的"模型认知"能力是指能够运用模型描述化学研究对象、解释化学现象和规律、预测可能的结果,并能够建构模型展示自己对化学事实的理解和解释的能力。

《普通高中化学课程标准(2017 年版 2020 年修订)》中关于"模型认知"素养的水平划分:

水平1：能识别化学中常见的物质模型和化学反应的理论模型，能将化学事实和理论模型之间进行关联和合理匹配。

水平2：能理解、描述和表示化学中常见的认知模型，指出模型表示的具体含义，并运用理论模型解释或推测物质的组成、结构、性质与变化。

水平3：能认识物质及其变化的理论模型和研究对象之间的异同，能对模型和原型的关系进行评价以改进模型；能说明模型使用的条件和适用范围。

水平4：能对复杂的化学问题情景中的关键要素进行分析以建构相应的模型，能选择不同模型综合解释或解决复杂的化学问题，能指出所建模型的局限性，探寻模型优化需要的证据。

模型是科学的重要组成部分，建构模型、运用模型是理解科学、推动科学发展必不可少的方法与手段。化学学习中的模型认知活动能帮助学生全面深刻地理解研究对象，学会建构模型、检验模型，并以此应对复杂的化学问题情景。以模型建构为主体的化学课堂有助于学生形成学科思维和方法，提升学生的创新能力和解决问题的能力，不断优化化学课堂教学模式。修订后的普通高中化学课程标准将"模型认知"作为化学核心素养的重要组成部分，从教育政策到教学实践，需要教学执行者进行有效的教学设计。

第三节　创新能力培养模型与案例

一、借助自主探究教学模式，强化科学研究的思路方法，形成学科能力活动表现

教师应教给学生借助已有知识去获得知识，这是最高境界的教学技巧所在。以《金属的电化学腐蚀与防护》的教学设计为例，该知识内容属于氧化还原和电化学知识在金属腐蚀中的具体应用，课程的设置意图是让学生利用

◆ 核心素养视角下的高中化学教学实践

掌握的概念原理来指导生产、生活和社会实践。

认知主线：

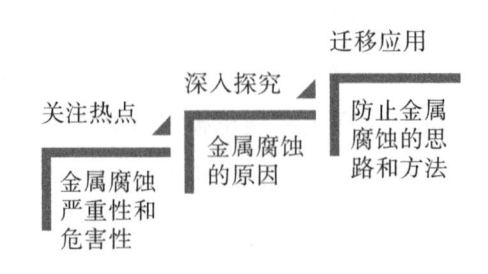

图 5-6 知识的认知主线

本节教学设计从社会热点出发，深入探究金属腐蚀原理，并利用腐蚀原理从根源上切断腐蚀发生的途径，找到金属防护的有效方法。

基于学生已有的知识经验和具备的分析探究能力，本节采取自主探究的教学模式，让学生在教师指导和现代技术支持下，按照科学研究的一般思路和方法，开展实验探究。探究学习的过程中，学生从问题假设出发确定研究目的，依据目的设计实验方案，借助传统实验和现代技术获取实验证据，基于证据进行推理，实现认知梯度提升。

感性认识 → 定性认识 → 理性分析 → 综合应用

- 初中：认识铁钉锈蚀的条件
- 必修2：初步了解原电池的构造及工作原理
- 选修4：深入理解原电池、电解池的构造及工作原理
- 利用电化学知识和氧化还原理论解释和解决生产生活中的实际问题

图 5-7 学生认知梯度

以电化学腐蚀原理突破为例:具体阐述在自主探究过程中,如何实践学科核心素养的培养。

1. 引入新课:关注社会热点:金属腐蚀的严重性和危害性。

【图片展示】金属材料的广泛应用与金属腐蚀的危害。

【数据统计】金属腐蚀造成的损失。

强化学生直观感知,揭示金属腐蚀的危害性和严重性,激发学生从根本上解决金属腐蚀与防护问题,增强社会责任感。

2. 提出问题:寻找防止钢铁腐蚀的有效方法

因为钢铁腐蚀危害严重,所以寻找防止钢铁腐蚀的有效方法显得尤为重要,但前提是要明确腐蚀发生的原理,从而提出探究课题。明确研究方向,确定研究目的。

3. 猜想假设:金属腐蚀的原理

以钢铁腐蚀为例,结合钢铁生锈的实际环境,分析钢铁氧化的条件,提出原电池反应的电极反应式。

负极:$Fe - 2e^- = Fe^{2+}$

正极:$O_2 + 4e^- + 2H_2O = 4OH^-$ 或 $2H^+ + 2e^- = H_2\uparrow$

在实验室模拟铁钉生锈的条件,做了两个对比实验,让学生观察不同环境下铁钉锈蚀情况。分析食盐水加速腐蚀的原因。学生基于已有的电化学知识,推测原电池原理,通过电流计指针偏转,证明学生推测的合理性。继而引导学生猜想两极反应,书写电极反应式。

学生利用氧化还原知识和原电池反应原理,尝试借助理论模型解释实际问题,是知识的运用也是能力的培养。获得理论应用于实际的成就感,有利于培养证据推理与模型认知的能力。

4. 设计方案:验证电极反应

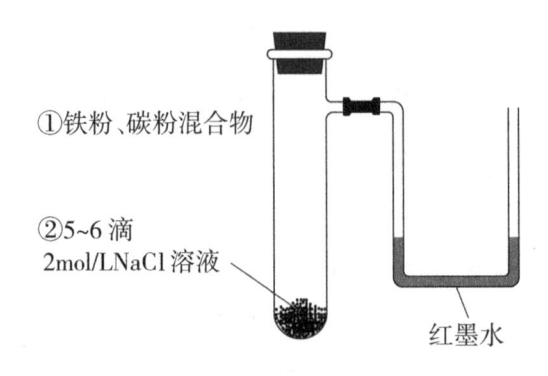

①铁粉、碳粉混合物

②5~6滴 2mol/L NaCl 溶液

红墨水

图 5-8　正极反应检验装置

学生提出正极反应的检验方案:溶液碱性增大,观察是否有气泡冒出。学生讨论修正方案:氢离子的消耗也会使溶液碱性增强!无法鉴别。观察正极,未见气泡,那能不能确认没有发生氢离子得电子的反应,而是氧气得电子呢?可能是产生气体少,肉眼无法观察到。

【教师引导】怎样让操作简便,现象明显?经过反复讨论,不断地修正实验方案,改进实验装置,形成最终的实验设计。

依据探究目的设计并优化实验方案,发现影响问题的主要因素,形成控制变量的意识,培养严谨求实的科学态度。基于证据进行分析推理,证实或证伪假设;能解释证据与结论之间的关系,尊重事实和证据,敢于质疑。有助于培养学生证据推理与模型认知、实验探究与创新意识等学科素养。

5. 实验探究

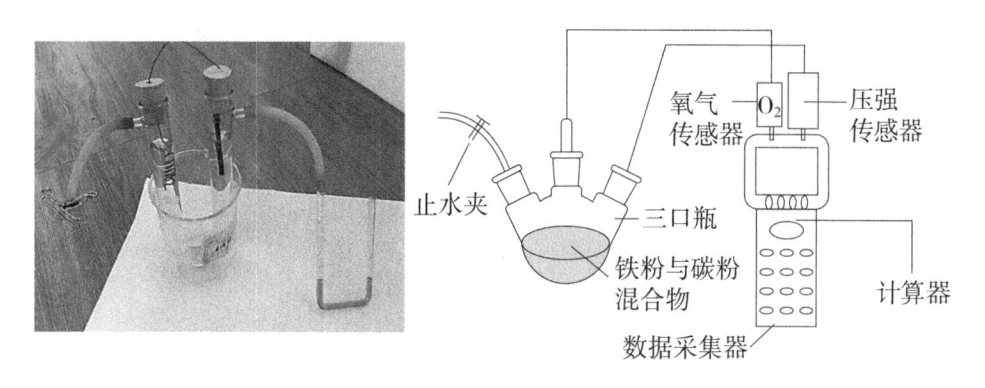

图 5-9　实验探究装置图

正极反应物？如图组装仪器

实验结果：U 形管与试管相连的一端液面升高

证明：该实验过程中消耗气体，而非产生气体，因此正极反应物为氧气。

【追问】为何氢离子没有发生反应？浓度太小？如果增大氢离子浓度呢？

【补充实验】利用改进后的实验装置进行实验验证，只在碳电极周围滴入硫酸，观察实验现象，发现碳电极表面有明显的气泡产生，且 U 型管中液面左低右高，从而确认酸性较强时发生析氢腐蚀。

【提出问题】通过装置内部压强的改变导致 U 型管中液面变化说明氧气参加了反应，属于间接推测，氧气到底参加反应了没有？此时需要关于氧气的直接证据，本节教学借助手持技术监测钢铁腐蚀过程中氧气浓度随时间的变化。

按照优化后的实验方案进行实验探究，观察记录实验现象。实验操作，并对观察记录的实验信息进行加工。有助于培养实验探究能力和严谨求实的科学精神。从宏观深入微观，定性上升到定量，学生观察氧气浓度随反应进行而减小，量化直观的实验结果转变学生的迷思概念，钢铁腐蚀原理彻底揭晓。学生感受现代技术对科学研究的重要性，开阔了科学视野，学习兴趣越加浓厚。

6. 构建模型：形成重点概念，同时成功突破本节教学的难点

（负极）$Fe-2e^-=Fe^{2+}$　　　　$Fe-2e^-=Fe^{2+}$
（正极）$2H^++2e^-=H_2\uparrow$　　$O_2+4e^-+2H_2O=4OH^-$

　　　　（析氢腐蚀）　　　　　　（吸氧腐蚀）

电化学腐蚀

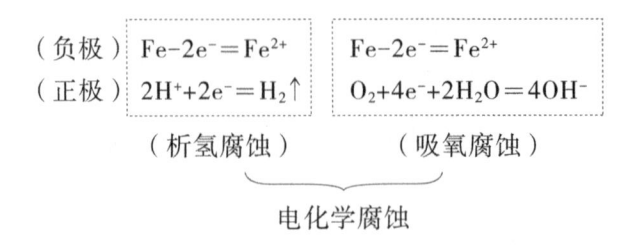

图 5-10　金属电化学腐蚀模型

学生成功建构金属电化学腐蚀的模型，确认电化学腐蚀的原理。

7. 迁移应用：归纳金属防护的思路和方法

学生探明了金属腐蚀的原因，就可以从根本上切断腐蚀发生的条件，从而对金属进行防护。学生讨论归纳金属防护的思路和方法，其实质都是对金属腐蚀原理的再应用。基于腐蚀原理寻找防护措施，从根源上找到解决问题的途径，形成借助理论模型解决实际问题的思维方法。

学生置身探究任务之中，层层推进，关注腐蚀——探究腐蚀——防止腐蚀，从金属腐蚀的严重性和危害性这一社会热点出发，主动探究金属腐蚀的原因。通过探究获得吸氧和析氢两种电化学腐蚀的原理，并利用腐蚀原理从根本上找到防止金属腐蚀的有效方法，达到学以致用，完成对重难点的深层次理解，在科学探究的过程中完成对研究方法的理解掌握。

二、创设真实的探究情景，为创新能力培养提供肥沃土壤

（1）创设真实情境，提出学生未知的"新问题"

（2）真实情境中蕴含知识和方法

（3）引导学生加工信息，提炼新的知识和方法

（4）将新的知识方法纳入原有的知识结构中

（5）引导学生将新知识和方法运用于解决真实的新问题

案例1:以《钠的重要化合物》为例,本节内容是对金属钠的性质的延伸和拓展,要带领学生完成三种钠的化合物,即过氧化钠、碳酸钠、碳酸氢钠的性质学习。本节教材通过大量实验事实来归纳知识,是典型的以事实学习为特征的课型。然而钠的化合物性质丰富,内容较多,实验探究也多。教师如果处理不好,整节课则变成一个个化学性质的简单罗列,怎样设计才能使整节课逻辑性更强,帮助学生建构知识体系,便于学生理解吸收,是教师设计这节课的核心。构建主义倡导,教学中要考虑知识的形成规律,更要关注学生的认知规律,通过情景对话合作探究,让学生在同化顺应中完成知识学习。

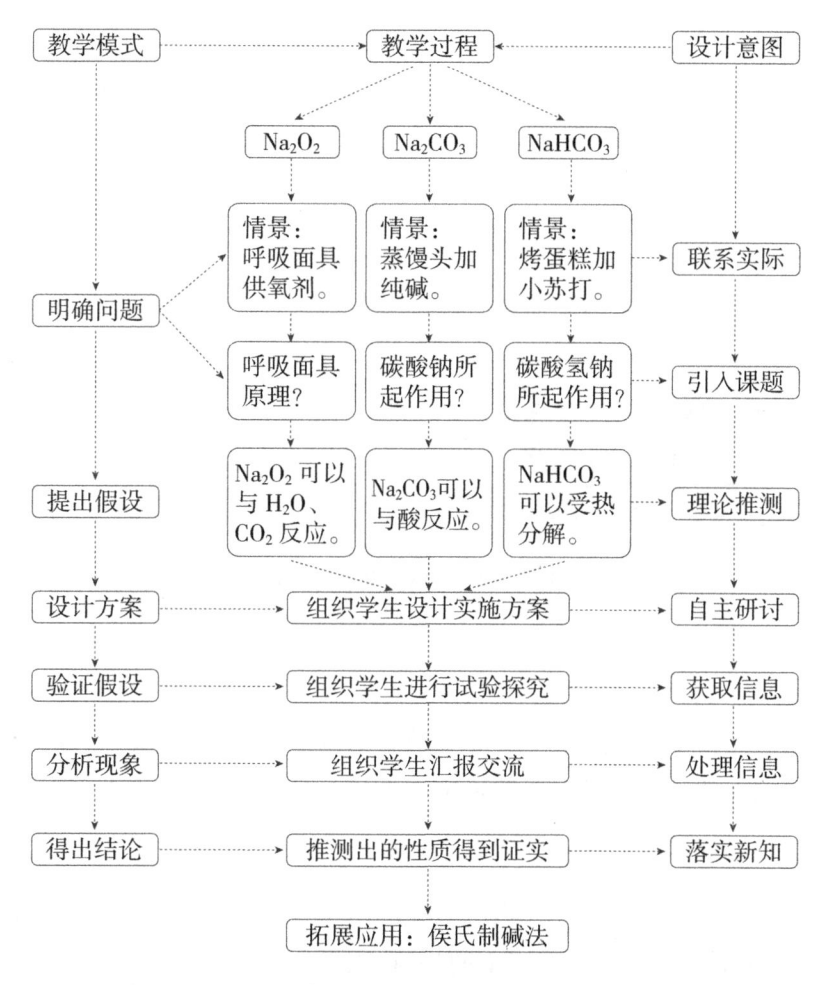

图 5-11 《钠的重要化合物》教学设计流程

◆ 核心素养视角下的高中化学教学实践

实践活动要求学生利用掌握的知识方法来解决生产生活中遇到的实际问题,为学生提供较为开放的学习环境,也对学生提出了更高的能力要求,当然最终对学生关键能力的培养起着至关重要的作用。

案例2:以《电解池原理应用》为例,通过电解原理在实际生产生活中的应用使学生对电解知识形成完整的认识。利用为硬币镀铜、自制消毒液发生器、电解绘画环节,学生设计电解池,利用电解原理分析、解决一些实际问题,在体验科学探究的过程中实现对电解知识的巩固、拓展和提升,也使学生对电解知识认识的更完整深入。在联系生活、生产实际的过程中,激发学生参与科学探究的热情,形成可持续发展的思想。

学生通过实践活动,在原有电解池模型基础上,结合理论分析,不断深入认识电解池原理,并在理论分析的基础上,实现知识的灵活运用,最终实现知识和能力上的跨越。

案例3:学习铵盐的性质时,结合铵态氮肥的实际使用说明,掌握铵盐的性质。达到学以致用,活学活用的目的。

图5-12 铵态氮肥使用说明

学习化学要利用探究化学原理获得的知识方法来指导生产生活与社会实践,将理论知识运用于解决实际问题之中,使学生充分感受学科的社会价值,同时对实践能力与创新能力提供了更加开放的空间,学生有发挥其潜能的余地,使不同层次的学生得到充分发展。

案例4:以化学选修4《化学电源》为例,教学中注重电化学知识与科技发展的紧密联系。通过教科书中的材料,积极补充相关素材,帮助学生了解电池工业发展的现状和前景,同时密切关注能源、环保方面的时事新闻,关注科技发展动态。了解技术在实际中的应用,电池工业的大发展,感受理论研究成果转化为技术产品,实现其社会价值,需要面临许多复杂的技术问题和社会问题。

以化学电源发展史为切入点,关注理论应用于实际的过程,感受技术进步对人类发展的重要作用,培养学生勇于实践,敢于创新的科学精神。

化学电源的发展史:

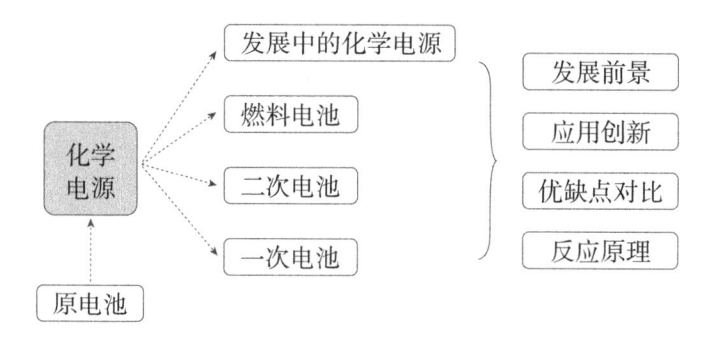

图5-13 发展中的化学电源

由化学电源的发展历程,引导学生关注化学电源未来发展的方向,需要满足电容量大,工作寿命长,充电时间短,体积小,质量轻,性价比高等特点,启迪学生的思维,培养其创新意识。

三、把握知识本体,建立核心联系,启发深度创新思维

(一)利用模型认知促进学生创新思维发展

布鲁纳曾指出:"知识如果没有完满的结构把它连接在一起,那是一种多半会被遗忘的知识。"核心素养导向的教学评价建议:教学要促使知识向能力和素养转化。

案例1:以电解池思维模型的建构为例

1. 建构模型

通过分析、推理等方法认识研究对象的本质特征、构成要素及其相互关系,建立认知模型。以电解氯化铜溶液为例,建立简单电解池的认知模型,认

识电解池的工作原理,确认装置构成、电极反应、离子导体、电子导体、能量转化形式这些电化学体系的基本要素。

2. 应用模型

创设真实问题情境下的模型应用,对模型和原型的关系进行评价以改进模型。

应用一:电镀

为铁钥匙镀铜,设计装置图,选择电极材料、电解质溶液,书写电极反应,明确反应原理。组织学生开展分析解释、推论预测、设计评价等学习活动,改进设计,优化选择。

应用二:电解法处理含铬废水

工业上采用以铁为电极电解处理含铬废水,实现了正六价铬到氢氧化铬的转化。

思考:电解法如何实现废水处理?

(1)结合装置图(如图5-14)分析两极反应式?
(2)亚铁离子与重铬酸根的反应在哪个电极附近发生?
(3)随着反应进行,溶液中氢离子浓度如何变化?
(4)氢氧化铬是怎样形成的。
(5)理解铁电极的作用。

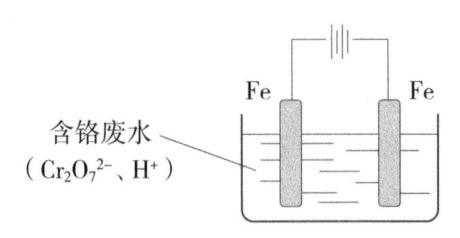

图5-14 电解法处理含铬废水模型

3. 优化模型

从电解饱和食盐水模型(如图5-15)到氯碱工业实际生产模型(如图

5-16）的优化。学生能够指出所建模型的局限性，探寻模型优化需要的证据。

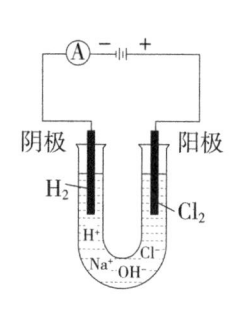

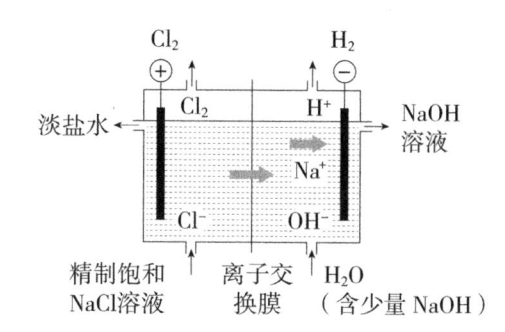

图 5-15　电解饱和食盐水模型

图 5-16　离子交换膜法电解饱和食盐水模型

根据两极产物、产物纯度与产物间的相互作用，选择合适的离子交换膜。构建离子交换膜法电解饱和食盐水的优化模型，获取模型修正的证据，完善模型，形成对电化学过程的系统分析思路。

学生从实验和装置这些具体且直观的层次，上升到抽象、概括的模型层次，以此深入认识电解池，帮助学生建构电解池思维模型，并利用该思维模型对更多的电解原理应用进行分析，形成发展性的思维方式。

在此基础上，设计创新实验——家庭自制消毒液（如图 5-17 和图 5-18）。

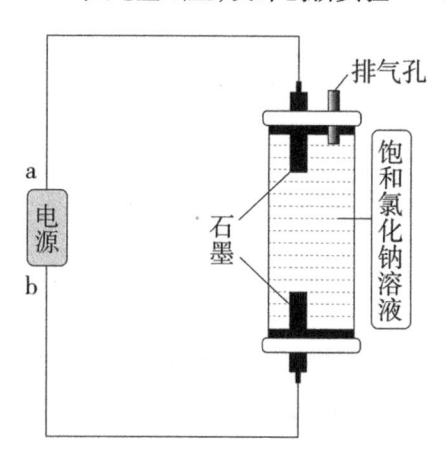

图 5-17　自制消毒液装置模型

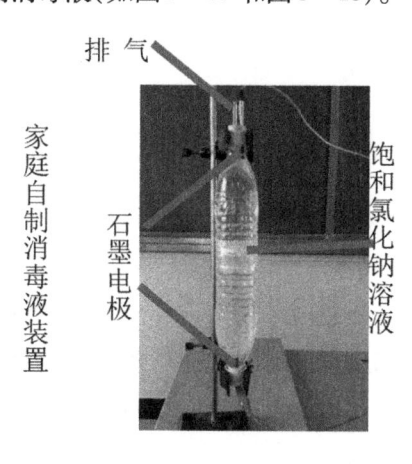

图 5-18　自制消毒液装置实物图

163

◆ 核心素养视角下的高中化学教学实践

学生通过实践活动,在原有电解池模型基础上,结合理论分析,不断深入认识电解池原理,并在理论分析的基础上,实现知识的灵活运用,最终实现知识和能力上的跨越。

案例2:以《铁的重要化合物》认知模型为例

让学生从物质类别和化合价两个角度认识并研究铁的化合物的性质及其相互转化,同时利用性质和转化关系解决实际问题,促进学生形成系统性思维。

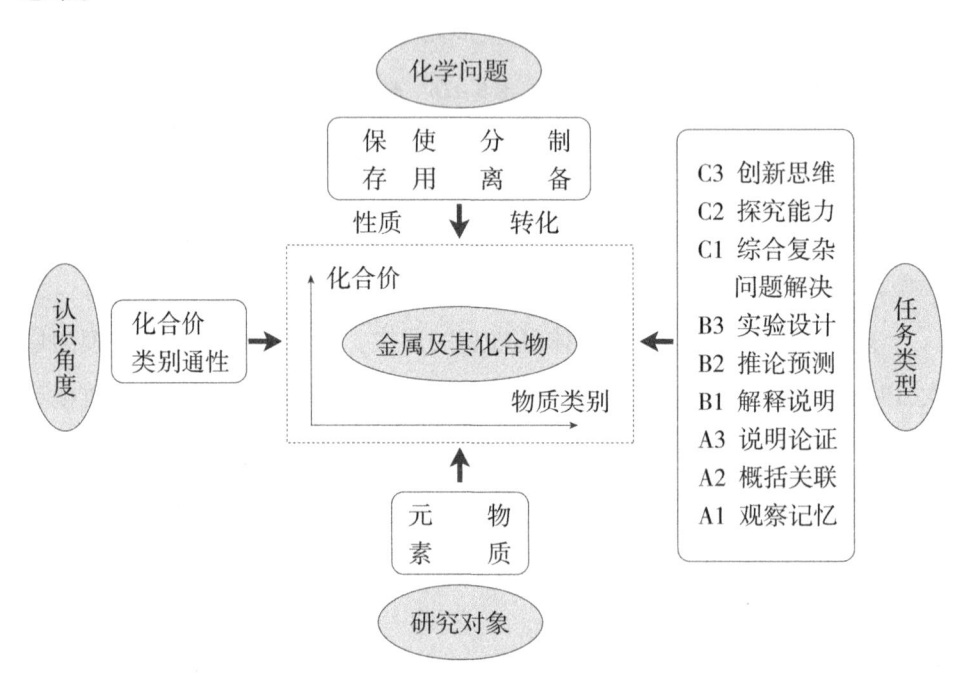

图5-19 金属及其化合物认识模型

利用认识模型,依据物质类别和元素价态列举典型代表物,从物质类别和元素价态变化的视角说明物质的转化路径,形成研究元素化合物的思维模型和一般方法,认识模型和思维方法的迁移应用,培养解决综合复杂问题的能力。

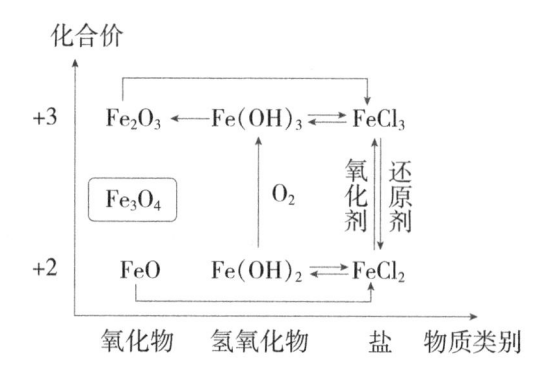

图5-20 铁的化合物的价—类二维图

面对元素化合物这样综合性的内容,学生从价态和物质类别角度进行分析,在较为严密的思维逻辑下提出假设猜想,并设计方案进行实验,这样的实验过程更具探究性。通过建立思维模型,学生在面对元素化合物的学习时能够明确要解决的化学问题、研究物质的认识角度,更好地统筹全局,预测物质的性质,设计实验,实现物质间的转化,这样有利于学生提高分析问题、解决问题的能力,同时使学生的思考更具创新性。

(二)借助核心概念拓展认知角度

当学生面对综合复杂问题时,一般是借助已有的问题解决经验,然而在迁移的过程中,通常会缺失某些重要的分析角度,得到片面的结果。学生在迁移创新方面的困难与应用实践能力不足紧密相关。这就需要教师在教学中关注学生系统分析某一具体问题时形成的角度和思路,掌握核心概念,同时设计类似复杂问题的迁移应用联系,启发学生的深度思考。

案例1:以浓度对醋酸电离平衡的影响为例,利用核心概念K值判断反应进行的方向,解决学生的迷思概念。

醋酸稀溶液中存在电离平衡:$CH_3COOH \rightleftharpoons CH_3COO^- + H^+$ K

稀释醋酸溶液,上述平衡中各粒子浓度均减小,平衡如何移动?利用正逆反应速率进行过程性判断,学生易陷入迷思疑团。

迁移K-Q关系应用于水溶液中离子平衡,基于温度不变,K值不变,原溶液(状态1)存在：

$$K = \frac{C(CH_3COO^-)_1 \cdot C(H^+)_1}{C(CH_3COOH)_1}$$

稀释瞬间(状态2)：

$$Q = \frac{C(CH_3COO^-)_2 \cdot C(H^+)_2}{C(CH_3COOH)_2} = \frac{C(CH_3COO^-)_1/2 \cdot C(H^+)_1/2}{C(CH_3COOH)_1/2} = K/2$$

由此推断电离平衡正向移动，从而破解迷思概念。

案例2：以《盐类水解》为例，定性分析探究碳酸钠溶液显碱性的原因，归纳盐类水解的本质。0.1mol/L Na₂CO₃溶液的pH约为10，该盐溶液为何显碱性？溶液中的氢离子、氢氧根均由谁提供？水分子。水电离产生的氢离子、氢氧根浓度应该相等，为何此时$c(OH^-) > c(H^+)$？提出假设：碳酸根与水发生了反应：

$$CO_3^{2-} + H_2O \rightleftharpoons HCO_3^- + OH^-$$

如何证明推测？利用平衡移动原理，改变外界条件，通过实验现象验证推测。在滴有酚酞的碳酸钠溶液中加入氯化钡固体，观察溶液红色变浅或消失。确认水解平衡的存在。

从定性分析到定量研究，辩证地认识碳酸钠溶液水解程度与水的电离程度强弱比较，形成盐类水解的认知模型。

0.1mol/L Na₂CO₃溶液的pH约为10，通过分析确认Na₂CO₃的水解程度和对水的电离程度的影响。溶液中氢氧根浓度约为1×10^{-4}mol/L，既然溶液中的氢离子、氢氧根均由水提供，那么由于盐类水解使得水电离出的氢氧根达到1×10^{-4}mol/L，远远超过纯水电离产生的氢氧根浓度1×10^{-7}mol/L，所以水的电离程度千倍增加，水的电离平衡明显被正向促进。反观盐的水解程度，由溶液中氢氧根和氢离子浓度差可以得出发生水解的碳酸根为$(1\times10^{-4} - 1\times10^{-10})$mol/L，与碳酸钠的浓度0.1mol/L相比，水解比例大约为千分之一，确认碳酸钠的水解程度很小。构建盐类水解的认知模型：盐水解程度很小，但对于水的电离有明显的促进作用。

案例3:以碳酸氢钠溶液中存在的平衡体系为例,通过外界条件改变引起平衡移动,使主次矛盾发生转化,引导学生建立系统思维。

首先明确碳酸氢钠溶液显碱性的原因:

(1)碳酸氢根与水电离的氢离子结合(因),$HCO_3^- + H_2O \rightleftharpoons H_2CO_3 + OH^-$,使水的电离平衡正移,氢氧根离子浓度增加,溶液显碱性(果,强)。

(2)碳酸氢根能够电离出氢离子与碳酸根(因),$HCO_3^- \rightleftharpoons CO_3^{2-} + H^+$,使溶液显酸性(果,弱)。

最终显碱性的原因:碳酸氢根的水解程度大于电离程度。初步认识多平衡体系中的主次、强弱联系。深入探究:向碳酸氢钠溶液中加入氯化钙溶液,依据实验现象,做出合理解释。学生动手实验,观察实验现象,既有沉淀又有气体。

基于多平衡影响认识溶液,由于钙离子结合碳酸根生成碳酸钙沉淀,使碳酸氢根的电离程度增大,主次矛盾发生转化,此时碳酸氢根的电离程度大于水解程度,溶液显酸性。

利用多平衡体系,分析平衡之间可能的相互作用,借助实验现象判断平衡间的主次,形成正确有序的分析复杂问题的思路和方法。

核心概念原理的学习能够帮助学生建立相应的认识角度,但未必能使学生的认识方式类型发展到主动、系统的水平。所以在教学过程中,除了要关注认识角度的建立和认识思路的形成外,教师还要通过特定教学活动提升学生的认识方式类型,最终希望学生形成自主地利用多角度系统分析问题的认识方式。

(三)借助化学实验培养学生创新能力

充分利用化学学科"以实验为基础"的基本特征,挖掘和开发化学实验在探究性学习中的功能,对于改变学生的学习方法,形成终身学习的能力具有重要的意义。实验探究是探究性学习的一种形式,与问题探究紧密相关,基于问题的存在,以解决问题为最终目的。

案例1:发挥演示实验的优势,带领学生观察实验现象,采集实验数据,

◆ 核心素养视角下的高中化学教学实践

分析得出实验结论,并对结论进行深入的研讨,提出进一步的设计。在条件允许的前提下,将必做实验设计为学生分组实验,培养学生动手实践,设计方案,搜集信息,验证推理的能力。

案例2:趣味性实验,寓教于乐,使实验探究与创新意识得到大力培养。

实例一:以生活中常见的五角硬币为载体,设计为硬币穿上铜衣,实践电镀原理的应用。

实例二:图5-21为电解池原理的应用,电解绘画。

图5-21 电解绘画

案例3:在教学中应积极引入现代化的技术手段,打破传统实验手段的局限,为学生的科学探究打开新的视野,提高学生的实验研究水平,让学生勇于尝试运用多种手段进行实验探究,同时感受现代化技术手段对科学研究的重要作用。在中学化学教学中引入数字化手持技术实验就是一项重要的尝试。

实例一:重视教材中的数字化实验,图5-22为必修第一册第二章第二节《氯及其化合物》中验证次氯酸光照分解产物的数字化实验数据。

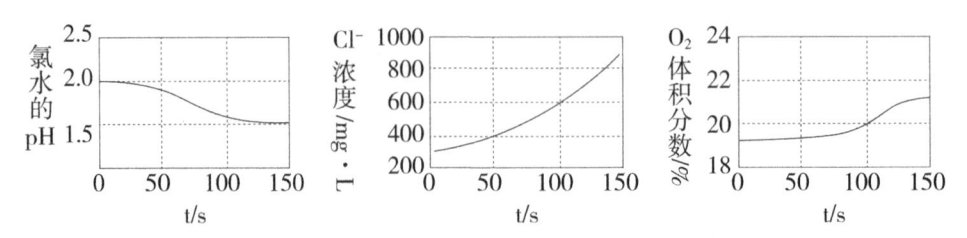

图5-22 光照过程中氯水pH、氯水中氯离子的浓度、氧气的体积分数的变化

实例二:测定不同催化剂对过氧化氢分解的催化效果(装置图 5-23、曲线图 5-24)

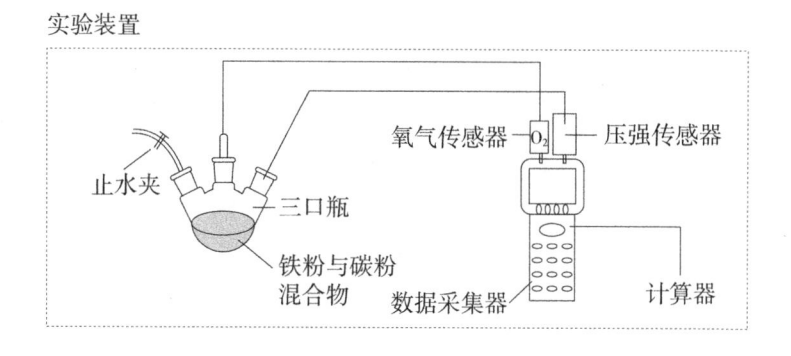

图 5-23 实验装置图

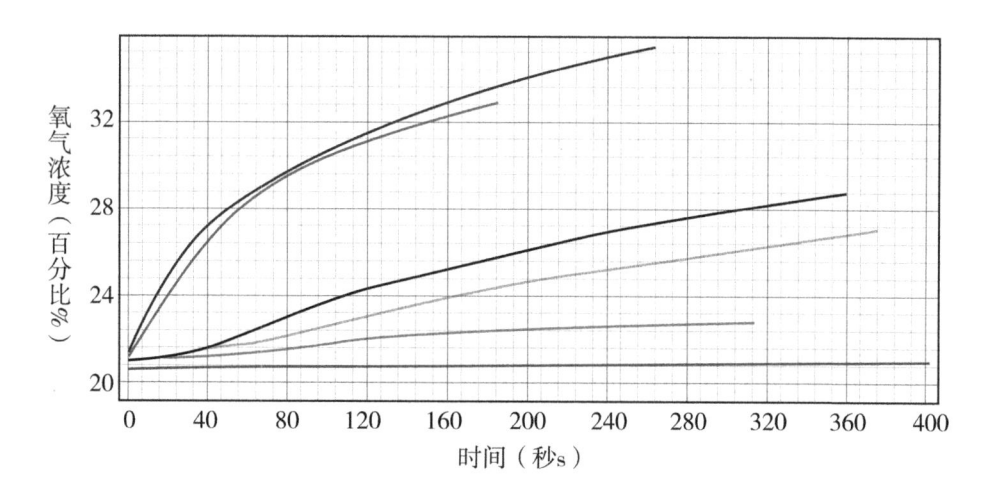

图 5-24 使用不同催化剂,氧气浓度随时间变化曲线

通过测定使用不同催化剂,三颈瓶中氧气浓度随时间变化曲线,快速直观地比较出反应速率的快慢,从而得出不同催化剂的催化效果强弱。解决了传统实验中实验效果不明显,缺乏数据参数的问题,实验结果可信度差的问题。

实例三:测定氢氧化亚铁被氧气氧化(装置图 5-25、曲线图 5-26)

图 5-25 实验装置图

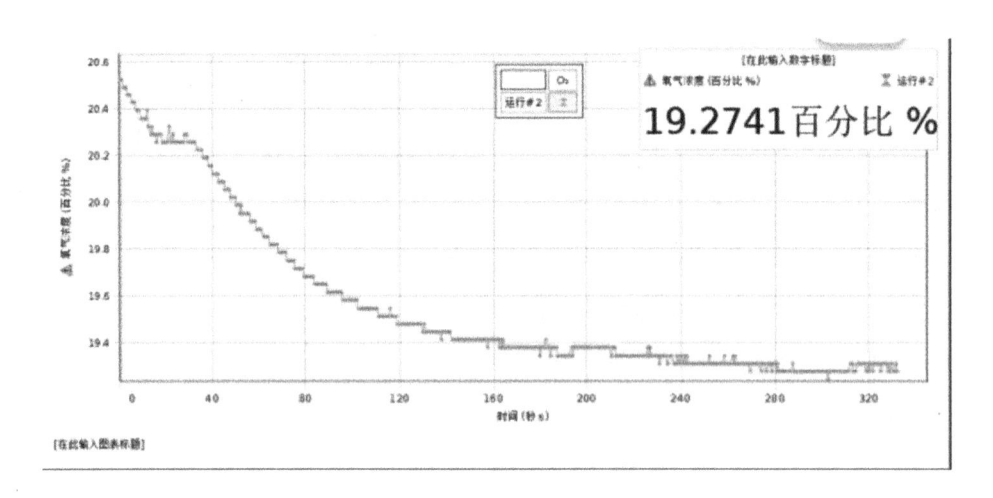

图 5-26 烧瓶中氧气浓度随时间变化曲线

通过测定密闭体系中氧气浓度随时间变化曲线,检验氧气被消耗,从而监测了氢氧化亚铁被氧气氧化而变质的微观过程,宏观辨识与微观探析相结合,使得学生对知识的理解更加深入。

数字化手持技术实验较比传统实验,具有以下明显优势:

(1)方便、快捷,几乎可以随时随地进行实验,短时间内获得实验结果,使得实验方案得到及时实施,猜想假设得到及时验证,满足了学生的探究需要,也激发了学生更高的实验探究热情。

(2)实验现象明显、结果准确,对于微观反应过程和微弱的反应现象,数据化手持技术实验可以敏感地捕捉反应历程并将其呈现为实时变化的数据图像,增强了其可信度。

(3)定性感知上升为定量分析,提高了实验研究的水平和学生的认知水平。学生感受现代化技术手段对科学研究的重要作用,并乐于尝试运用多种手段进行实验探究,开阔学生视野的同时为培养现代化的高精尖人才奠定基础。

随着科技的进步,更多的先进技术将不断诞生,探索利用现代科技服务于教学,将为教学研究打开更过阔的天地,创造更优良的教学育人环境。

教育创新是培养创新人才的前提,在新课程理念的指引下,我们积极尝试与探索,在不断实践中获取实效性经验,不断拓宽创新能力培养的路径,优化教学策略。

(1)从化学学科核心素养的概念出发构建基于学生创新能力培养的教学模型,深入探寻科学知识的教育价值。

(2)立足科学探究发展学生化学核心素养的实践研究,培养学生的实践能力和良好的思维品质。

(3)更新教学手段,运用先进的理念引导学生,利用现代技术创新科技。

(4)完善创新能力的评价设计,建立指标体系,开发测试工具及数据结果分析系统。

我们在已经取得的经验成果基础上不断探索,在实践中不断反思,努力寻找学科教学与核心素养、创新能力培养的最佳契合点。

第六章 深度学习教学策略研究

第一节 深度学习及其重要性

(一)深度学习

深度学习是对学习状态的描述,从学习程度、思维方式和认知层次等多方面进行高投入的学习。强调学习者对知识本质的理解程度、有效迁移以及批判性反思。结构良好的课程内容;良好的学习动机;默契的小组合作;丰富的经验交流;自我知识的反思和迁移都是形成深度学习的关键要素。化学深度学习则要求学生对于高中化学学科知识通过记忆、思考、迁移、深度加工和反思构建牢固的知识框架,形成清晰的解决问题的思路和掌握化学实验探究的方法技能。对于深度学习的属性,研究者有不同的看法和见解。从学习方式来说,比格斯(Biggs)认为深度学习是一种主动构建并高水平地加工认知的学习方式,在交互学习的关键下,学习者在学习环境和同伴的辅助下,自主对知识进行学习,形成自己的知识观念。从学习过程来说,陈明选从课堂的课前自学、课堂互动、课后反思和课外迁移四个方面研究课堂中学生深度学习的情况。康淑敏认为,深度学习是一种以高阶思维为主,学生参与度和学习度较高的学习过程,强调学生对知识的深度理解和应用。从学习结果来说,约翰·D.布兰恩福特等认为深度学习是一种通过不同情境下解决问题,形成深度记忆的学习结果。澳大利亚昆士兰大学斯基特·活伯顿(Kevin Warburton)认为深度学习是一种意义学习,在学习教材的基础上,将新知识与旧知识相结合,达到对学习内容的深度理解目的。

深度学习是一个持续连贯的学习过程;也是一个动态发展的过程。深度学习是一种学习者在教师与同伴的协同帮助下,依据已有的知识经验和社会环境,在学生的积极配合、教师的有效引导、丰富的学习形式等策略上内化、加工、建构知识,有利于发展学习者的批判性思维,促进深度学习的实现。

詹森(Eric Jensen)在《深度学习的7种有力策略》一书中,从定义、例子、同义词、正反两方面的角度对比了简单学习与深度学习。

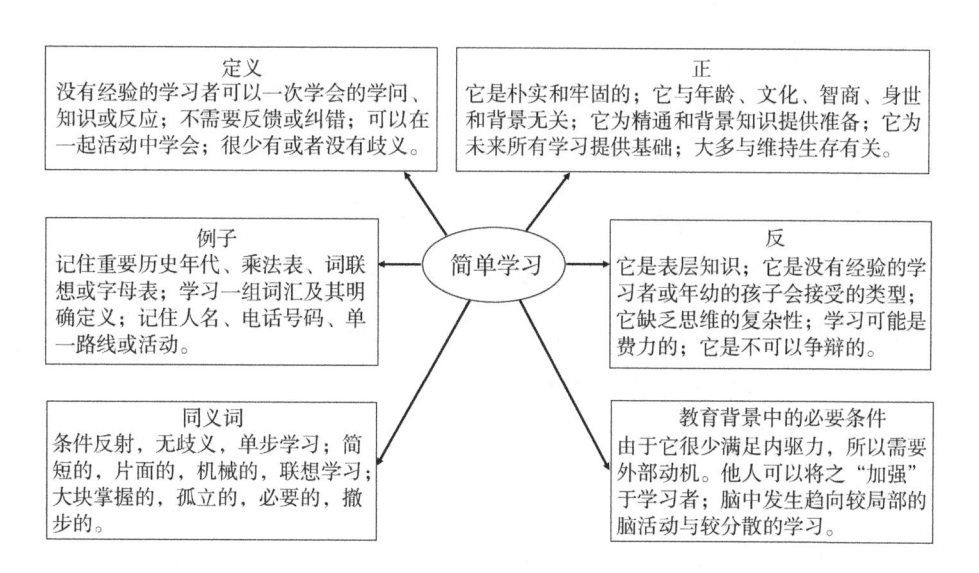

定义
没有经验的学习者可以一次学会的学问、知识或反应;不需要反馈或纠错;可以在一起活动中学会;很少有或者没有歧义。

正
它是朴实和牢固的;它与年龄、文化、智商、身世和背景无关;它为精通和背景知识提供准备;它为未来所有学习提供基础;大多与维持生存有关。

例子
记住重要历史年代、乘法表、词联想或字母表;学习一组词汇及其明确定义;记住人名、电话号码、单一路线或活动。

简单学习

反
它是表层知识;它是没有经验的学习者或年幼的孩子会接受的类型;它缺乏思维的复杂性;学习可能是费力的;它是不可以争辩的。

同义词
条件反射,无歧义,单步学习;简短的、片面的、机械的、联想学习;大块掌握的、孤立的、必要的、撤步的。

教育背景中的必要条件
由于它很少满足内驱力,所以需要外部动机。他人可以将之"加强"于学习者;脑中发生趋向较局部的脑活动与较分散的学习。

图6-1 简单学习

定义
新内容或技能的获得必须经过一步以上的学习和多水平的分析或加工,以便学生可以以改变思想、控制力或行为的方式来应用这些内容或技能。

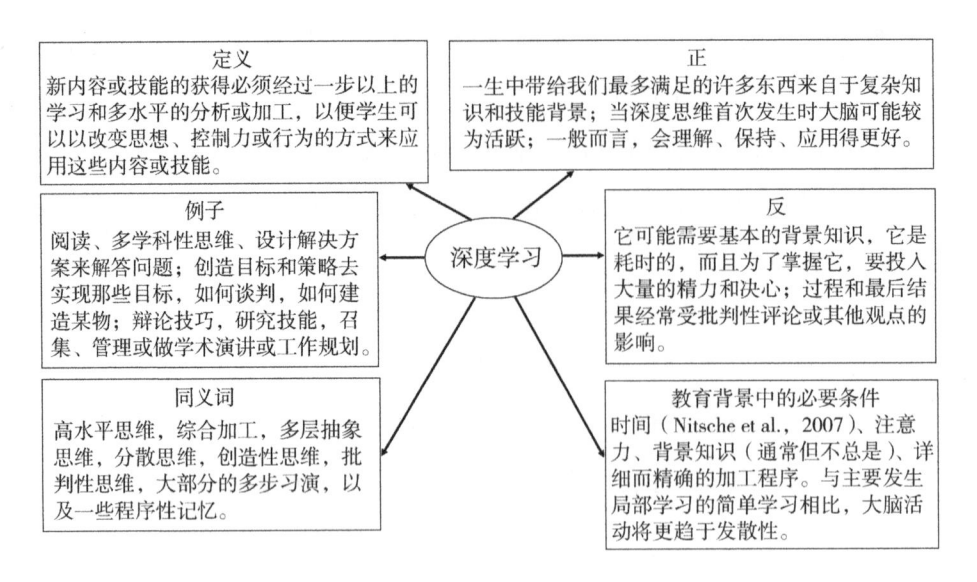

例子
阅读、多学科性思维、设计解决方案来解答问题;创造目标和策略去实现那些目标,如何谈判,如何建造某物;辩论技巧,研究技能,召集、管理或做学术演讲或工作规划。

同义词
高水平思维,综合加工,多层抽象思维,分散思维,创造性思维,批判性思维,大部分的多步习演,以及一些程序性记忆。

深度学习

正
一生中带给我们最多满足的许多东西来自于复杂知识和技能背景;当深度思维首次发生时大脑可能较为活跃;一般而言,会理解、保持、应用得更好。

反
它可能需要基本的背景知识,它是耗时的,而且为了掌握它,要投入大量的精力和决心;过程和最后结果经常受批判性评议或其他观点的影响。

教育背景中的必要条件
时间(Nitsche et al., 2007)、注意力、背景知识(通常但不总是)、详细而精确的加工程序。与主要发生局部学习的简单学习相比,大脑活动将更趋于发散性。

图6-2 深度学习

(二)深度学习国内外研究

国外对深度学习研究比较成熟,有关深度学习的研究是从高等教育领域对学生学习过程与结果的关注开始。深度学习由世界著名教育学家弗伦斯·马顿和罗杰·萨尔乔于1976年提出,其对应词为肤浅学习(Surface Learning)。埃里克·詹森等人在《深度学习的七种有力策略》一书中对深度学习定义为"新内容或技能的获得必须经过一步以上的学习和多水平的分析或加工,以便学生可以改变思想、控制力或行为的方式来应用这些内容或技能"。之后有很多学者基于此概念从不同角度对深度学习进行研究。

特谢拉-迪亚斯 J(Teixeira-Dias J)研究了大学化学学科方面的深度学习,包括策略设计和学习活动,探索了提高课堂师生互动的质量以促进学生主动学习的方法,对学生生成问题的大型课堂教学进行探索。伯恩(Byrne)研究了教学方法、结果类型和学习方法之间的关系。这一基本研究问题是关于教学方法和学习方法如何与事实、回忆和理解学习相结合。戴安娜·多尔曼斯(Diana H. J. M. Dolmans)提出以问题为导向的(PBL)深度学习方法,学生通过讨论与专业相关的问题,加强知识的应用和整合,从本质上感兴趣,并试图理解正在研究的内容。

在促进深度学习的评价研究方面,目前研究普遍认为形成性评价、表现性评价及真实性评价等更能促进学习深度的发生。

我国虽对深度学习的研究起步较晚,但对深度学习的理解更为全面、更富实践性。2005 年黎加厚等人初次阐述深度学习的定义。近些年,教育工作者将深度学习引入教学,有了教育学上的意义。

国内从不同视角对深度学习进行研究,涉及对其概念特征的阐述、策略模式的探索,评价的研究和深度学习的综述等内容。杨玉琴等人结合具体的案例回答了为什么要进行深度学习、深度学习的特征及如何实现深度学习并且建议从目标定位、内容选择、策略运用、技术支持以及学习评价等方面进行深度学习的系统教学设计。吴孙富阐述了教师的深度教学与学生的深度学习的辩证关系,进一步指出深度教学的核心问题是让学生深入思考,深入思考和深入探究的"乐趣"决定了培养学生学习兴趣的有效性,而且还提出在深度教学和学习过程中应防止超标。同时,杨子舟提出新一轮课改虽卓有成效,但在课程理念、学习方式、教学方法和效果评估等方面存在浅层学习的倾向,并提出深度学习的教学策略:坚持回归生活的教育理念,明确思维发展的教学目标,整合新旧知识的相互联系,建构有机融合的课程结构,建立任务导向的真实情境,注重及时反馈的持续评价。胡久华认为深度学习是在教师引领下,学生专注于挑战性的学习主题,充分参与、体验成功、开发有意义的学习过程。并提出判断教学案例是否符合深度学习,可以从教学内容、教学活动、教学效果出发,同时给出"深度学习"化学教学设计的组成内容,分别是学习主题的明确、主题学习目标确定与规划、学习活动和持续性评估的设计。陆庭銮从化学实验学习的角度对反思能力进行阐述,提出学生反思意识、过程反思、实践反思和延伸反思等能力的发展可以通过问题教学来实现,从而促进学生自主学习、深度学习。

第二节 深度学习教学策略

一、深度学习的重要性

智能机器的出现给我们的生活带来了许多便利，也替代了部分传统职业，在这样一个试图把机器变成人的社会，教学不能把人变成机器。那教学应该是怎样的？它的意义和价值又是什么？教学的意义和价值应该是培养人，知识学习本身只是培养人的手段，教学的最终目的是实现学生的全面发展。因此，帮助学生通过知识学习形成核心素养，在知识学习中成长和发展，这是教学的重要任务。

随着"双减"政策的深入实施，如何避免应试化、短视化教育，更好地进行课堂教学，发挥知识学习的功能价值，培养学生的创新能力，实现学生的全面发展是值得思考的重要问题。

高中化学是一门注重情境与实验的学科，对化学的学习离不开化学实验，化学探究的主要目的是研究物质的组成、结构以及变化，总结其中的相关规律。"深度学习"离不开问题的探究。问题探究式的教学方法，也是高中化学学习过程中一种有效的教学方式，对培养学生的问题意识和探究能力具有至关重要的作用。开展深度学习的研究与实践正是把握教学本质的一种积极努力，符合时代发展对人才培养的要求，帮助学生发展核心素养。

新课程改革对高中化学课堂教学提出了更高的要求，更加重视立德树人的教育功能，开展素养为本的深度学习教学，并不只是为了促进学生高级认知和高阶思维，而是发挥课堂教学的教育功能，即立德树人，发展核心素养，培养全面发展的人。在深度学习的过程中，学生抓住高中化学学科的根本，掌握核心知识，形成知识体系；抓住高中化学学习的根本，让学生从知识获得到参与实践，形成积极的内在学习动机，成为基础扎实的具批判性、创造性、合作精神的学习者,终身受益。

实现深度学习,进行深度学习的研究可以实现师生共同受益,教学相长。教师在素养为本的高中化学深度学习实践研究中,明确深度学习教学的方式方法。让学生将高中化学学科知识通过记忆、思考、迁移、深度加工和反思构建牢固的知识框架,形成清晰的解决问题的思路,掌握化学实验探究的方法技能,从而促使其核心素养的养成。

二、深度学习教学策略

(一)确定真实问题情境,设计高质量的驱动问题

创设真实的问题情境让学生可以对知识产生的背景、过程、规律等有系统的认识,可以激发学生的学习兴趣,让学生置身于情境中去解决问题、理解知识、提升能力。高中化学深度学习过程中创设真实有效的问题情境是十分必要的,其目的就是要让学生能够将课堂中学到的知识运用到生活实际问题中。

从教材中选取具学科价值的问题情境,创设真实的教学情境,设计高质量的驱动问题和深度学习的目标,引导学生开展深度学习,进行深度教学评价和深度反思。培养学生形成批判性思维,提高实验探究、问题解决、协作能力,从而培养学生的宏观辨识与微观探析、变化观念与平衡思想、证据推理与模型认知、科学探究与创新意识、科学态度与社会责任五种化学学科核心素养。

(二)选择合适的教学方式,完成高效的课堂教学(图6-3)

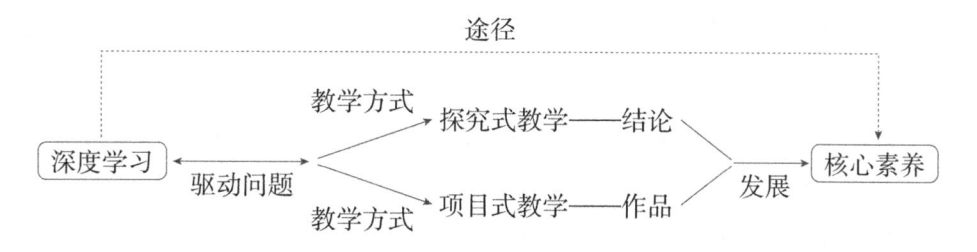

图6-3 素养为本的高中化学深度学习实践

◆ 核心素养视角下的高中化学教学实践

1. 项目式教学

项目教学法就是在教师的指导下,将一个相对独立的项目交由学生自己处理,信息的收集、方案的设计、项目实施及最终评价,都由学生自己负责,学生通过该项目的进行,了解并把握整个过程及每一个环节中的基本要求。"项目教学法"最显著的特点是"以项目为主线、教师为引导、学生为主体",具体表现在:目标指向的多重性;培训周期短,见效快;可控性好;注重理论与实践相结合。项目教学法是师生共同完成项目,共同取得进步的教学方法。

2. 探究式教学

探究式教学是指学生在学习概念和原理时,教师只是给他们一些事例和问题,让学生自己通过阅读、观察、实验、思考、讨论、听讲等途径去主动探究,自行发现并掌握相应的原理和结论的一种方法。它的指导思想是在教师的指导下,以学生为主体,让学生自觉、主动地探索,掌握认识和解决问题的方法和步骤,研究客观事物的属性,发现事物发展的起因和事物内部的联系,从中找出规律,形成知识概念,建立自己的认知模型和学习方法架构。

利用项目式教学和探究式教学进行深度学习实践,帮助学生从"记忆(识别和回忆)、理解(解释、举例、分类、推理、比较、说明、总结)逐渐向应用(执行和运用)、分析(区别、组织、归因)、评价(检查和评论)、创造(计划和生产)"靠近,完成知识由浅层向深层加工、重构的过程,充分掌握化学理论性的知识,理解事实性的知识,学习技能性的化学实验等方法,拓展化学学科知识,培养高阶思维。

(三)深度学习教学策略模型与案例

为了更好地培养学生的学习能力,促进学生的深度学习,教师要在教学过程中,以课本知识为载体,将学生置身于真实的情境中,围绕某一核心问题,通过搭建一系列有梯度的问题脚手架,让他们在分解问题、解决问题的过程中培养化学思维,再选择合适的教学方式,完成高效的课堂教学。

案例1:《不同价态含硫物质的转化》

《不同价态含硫物质的转化》是必修第二册第五章化工生产中的重要非

金属元素中的内容,本节课学生对 SO_2、H_2SO_4 等含硫物质的性质具有一定认识,了解常见的氧化剂和还原剂,但不能从具体物质性质迁移到同价态物质性质,所以,重难点就放在对同价态含硫物质性质的认识上。正四价硫向零价硫的转化,学生非常熟练,转化前的物质为二氧化硫,选择还原剂硫化氢,转化后物质为硫,产生黄色浑浊。紧接着给学生提供信息(硫化氢溶液和二氧化硫溶液混合也能产生黄色浑浊),为后续问题提供必要的台阶。问题设计如下:

1. 相同价态具有相似的氧化性或还原性,转化前物质选择亚硫酸钠,还原剂选择硫化钠,会不会产生黄色浑浊?

2. 该反应没有产生浑浊,对比上面这个反应,什么原因导致反应没有发生?

3. 加酸,是不是像大家预测的这样呢?

4. 加酸能发生反应,我们学过的硫化钠与亚硫酸溶液混合也能产生黄色浑浊,亚硫酸提供了酸性介质,而且它的酸性足以支撑沉淀的出现。那硫化氢与亚硫酸钠溶液混合会产生黄色浑浊吗?

根据以上问题让学生从具体物质性质迁移到同价态物质性质,实现不同价态硫元素间的转化并建立思维模型。

硫的转化,不仅是含有硫元素的物质性质学习所遵循的一条路径,也是研究含有硫元素的物质知识结构的一种驱动,还是解决生产、生活中有关实际问题的一种思路。采用探究式教学,注重从价态角度进一步分析含硫物质性质,建立"实现不同价态硫元素转化的思维模型",从而掌握从物质类别和元素价态角度研究无机物性质的具体思路和方法,帮助学生找到解决一类问题的方法。在教学中发展学生变化观念、证据推理与模型认知、实验探究与创新意识、科学精神与社会责任等化学核心素养。课堂教学可以通过"预测转化——设计实验方案——实施实验——总结反思"的教学过程来开展学生实验活动,提高学生学习兴趣和动手能力,在教学过程中的思维碰撞也尤为重要。

◆ 核心素养视角下的高中化学教学实践

案例2:《海水中的重要元素——钠和氯》

必修第一册《海水中的重要元素——钠和氯》一课不仅是中学化学的基础,也是学生在今后工作和生活中经常要接触、了解和应用的基本知识。这部分内容在新教材中还起到了非常重要的连接作用,不仅为前面所学物质分类提供材料,还为后面的理论知识打下基础。所以我们在学习完本章内容后,选取生活中的钠和氯为素材,进行复习和深入研究。学生对于碱面、小苏打、食盐的性质、检验、储存都非常熟悉,唯一比较陌生的是84消毒液。所以将碱面、小苏打、食盐的性质作为复习内容,而次氯酸钠的性质作为重点内容研究。

84消毒液是高中化学教学中的经典素材,氯元素价态的丰富性使其成为氧化还原反应学习的良好载体;84消毒液又是生活中常见的用途广泛的消毒剂,还是家庭常备的消毒剂,但因使用不当而引发的伤害事件屡见不鲜。多数人没有仔细阅读使用说明的习惯以及合理使用化学品的意识,没有关注化学品的主要成分以推断产品性质的习惯,他们缺乏利用化学知识解决生活问题的科学态度与社会责任。以84消毒液为例,从生活中的真实情境入手,设计一系列有梯度的问题,促进学生内化、加工、建构知识。问题设计如下:

(1)84消毒液为什么不能与洁厕灵混合使用?

(2)84+洁厕灵=毒气?

(3)毒气是哪来的?

(4)实验验证需要注意什么?

(5)为什么会产生氯气?

(6)84消毒液的成分中含有氧化性微粒ClO^-和还原性微粒Cl^-,二者为何没有反应产生大量氯气?

(7)工业上漂白液的漂白原理是加稀盐酸,与84消毒液加洁厕灵的原料的溶质相同产物却不同,为什么?

要想解决这些困扰学生的问题,就要让学生抓住化学反应的发生会受环境影响这个关键问题。即氧化还原反应受环境酸碱性的影响,通过控制酸碱性就可以控制反应向着需要的产物方向进行,这样可以避免出现危险。

通过这样的设计,学生可以更加清楚次氯酸钠的性质。次氯酸根中正一价氯化合价可升可降,既有氧化性又有还原性,但更多表现出氧化性。这些性质我们需要关注的是氯元素的化合价即价态,而次氯酸钠属于盐类,相当于强碱氢氧化钠与弱酸次氯酸的反应产物,因此次氯酸根可与较强的酸反应生成次氯酸,我们需要关注的是它的类别。物质类别和元素价态是学习元素化合物性质的重要认知视角。基于物质类别和元素价态,可以预测物质的性质,性质决定用途。引导学生构建"价—类"这两个视角,分析元素化合物的性质,外显了物质分类和氧化还原核心概念对无机物性质和应用的思维能力,彰显出核心知识的价值。

板书设计如图6-4。

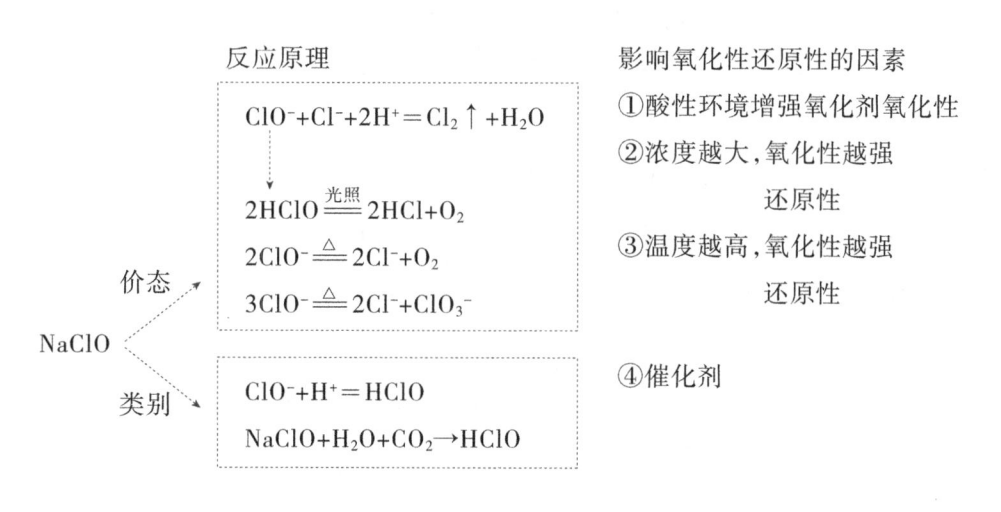

反应原理

$$ClO^- + Cl^- + 2H^+ = Cl_2\uparrow + H_2O$$

$$2HClO \xrightarrow{光照} 2HCl + O_2$$

$$2ClO^- \xrightarrow{\triangle} 2Cl^- + O_2$$

$$3ClO^- \xrightarrow{\triangle} 2Cl^- + ClO_3^-$$

NaClO

价态

类别

$$ClO^- + H^+ = HClO$$

$$NaClO + H_2O + CO_2 \rightarrow HClO$$

影响氧化性还原性的因素
① 酸性环境增强氧化剂氧化性
② 浓度越大,氧化性越强
　　　　　还原性
③ 温度越高,氧化性越强
　　　　　还原性
④ 催化剂

图6-4 生活中的钠和氯

案例3:《乙醇与乙酸》

《乙醇与乙酸》中乙酸作为生活中常见的有机物之一,它的酸性可体现在生活中的醋除水垢中,学生能得出醋酸的酸性性质,但是对于醋酸的酸性

◆ 核心素养视角下的高中化学教学实践

强弱并不清楚,因此设计驱动问题,把重点放在醋酸弱酸性的探究上。问题设计如下:

(1)家里水壶有了水垢怎么办?

(2)水垢的主要成分是什么?

(3)醋与水垢发生了什么反应?

(4)醋能除水垢其实这就是利用了乙酸能和碳酸钙、氢氧化镁发生反应,这两个反应体现了醋酸什么化学性质?

(5)与碳酸钙反应放出二氧化碳,能说明乙酸的酸性比碳酸的酸性强吗?

(6)乙酸是强酸还是弱酸?

(7)你认为强酸和弱酸的本质区别在哪里?

(8)我们能否通过简单的实验证明乙酸到底是强酸还是弱酸?

在学习乙酸酸性和酯化反应这两个教学重点时,我打破常规教学思路和设计方式,探究乙酸的弱酸性,并将生活中的酯化反应搬到课堂进行探究。采用探究式教学方式,符合学生的认识发展规律。强酸与弱酸的根本区别在于在水溶液中是否完全电离,同浓度的强酸和弱酸在水溶液中的离子浓度不同,基于这个关键因素,引导学生利用同浓度的醋酸与强酸盐酸在导电性、pH、与锌反应出氢气的速率这三个方面设计实验并进行探究。

酯化反应对于学生是全新的知识,但是生活中酯化反应却很常见,对"醋能解酒"这种说法是否具有科学依据进行探究,引入酯化反应。根据胃液中的主要成分盐酸,实验模拟胃液中的反应,利用课本中的实验装置进行演示实验。最后回归胃液中的真实环境,判断"醋能解酒"这种说法并不科学。最后引导学生阅读分析课本中的酯化反应实验,设置问题,引发学生思考分析总结乙酸乙酯制备中的注意事项和反应机理。

板书设计,如图6-5。

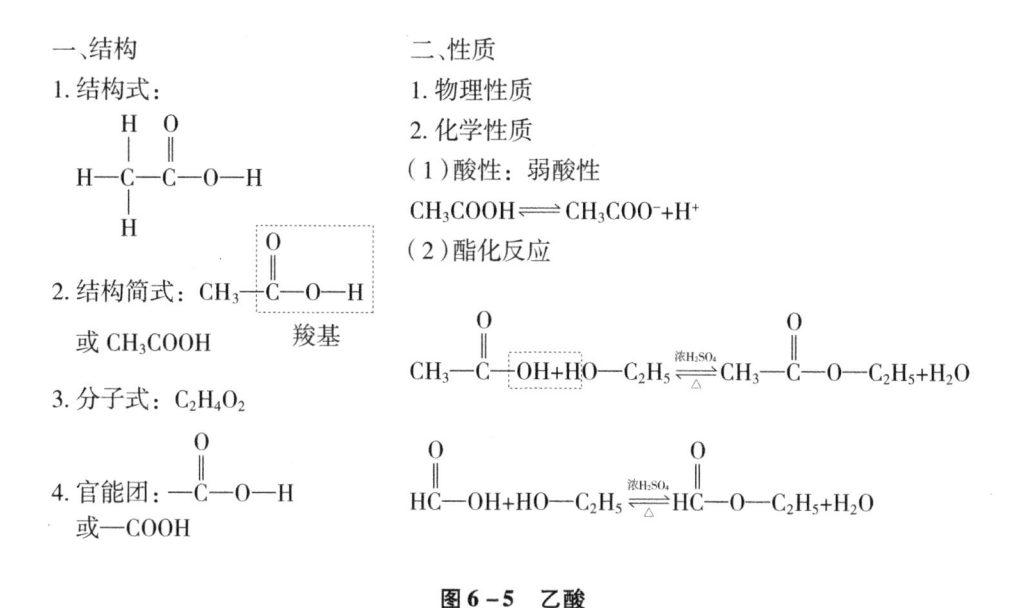

一、结构
1. 结构式:

$$\begin{array}{c} H\ O \\ |\ \| \\ H-C-C-O-H \\ | \\ H \end{array}$$

2. 结构简式:$CH_3-\boxed{\overset{O}{\underset{\|}{C}}-O-H}$　羧基

或 CH_3COOH

3. 分子式:$C_2H_4O_2$

4. 官能团:$-\overset{O}{\underset{\|}{C}}-O-H$

或—COOH

二、性质
1. 物理性质
2. 化学性质
（1）酸性:弱酸性
$CH_3COOH \rightleftharpoons CH_3COO^- + H^+$
（2）酯化反应

$$CH_3-\overset{O}{\underset{\|}{C}}-\boxed{OH+HO}-C_2H_5 \underset{\triangle}{\overset{浓H_2SO_4}{\rightleftharpoons}} CH_3-\overset{O}{\underset{\|}{C}}-O-C_2H_5 + H_2O$$

$$HC-OH+HO-C_2H_5 \underset{\triangle}{\overset{浓H_2SO_4}{\rightleftharpoons}} HC-O-C_2H_5 + H_2O$$
(注:上式中HC带有 $\overset{O}{\|}$)

图6-5　乙酸

案例4:《化学反应的方向》

对于《化学反应的方向》一课,教师紧紧围绕"化学反应的方向判据的功能与价值是什么?"和"学生的原有认识是什么?"两个问题展开问题链设计,(如图6-6)体现科学价值观和能量观,培养学生科学精神和社会责任的核心素养。

◆ 核心素养视角下的高中化学教学实践

```
          ┌─────────────────┐        1.怎样判断反应能否发生?
          │ 金属钛的漫长冶炼史 │
          └────────┬────────┘        2.有没有规律可循?
                   ↓
              ╭─────────╮            3.自发反应的判断是什么?
              │自发过程的判断│
              ╰─────────╯
     迁移          ↓
              ╭─────────╮            4.自发反应的判据是什么?
              │自发反应的判据│
              ╰─────────╯            5.焓判据和熵判据之间有无联系
                   ↓
        ┌──────────┼──────────┐
     焓判据      吉布      熵判据
      △H        斯自       △S
                由能
              △G=△H-T·△S
                   ↓
            ┌──────────┐
            │ 金属钛的冶炼 │
            └──────────┘
```

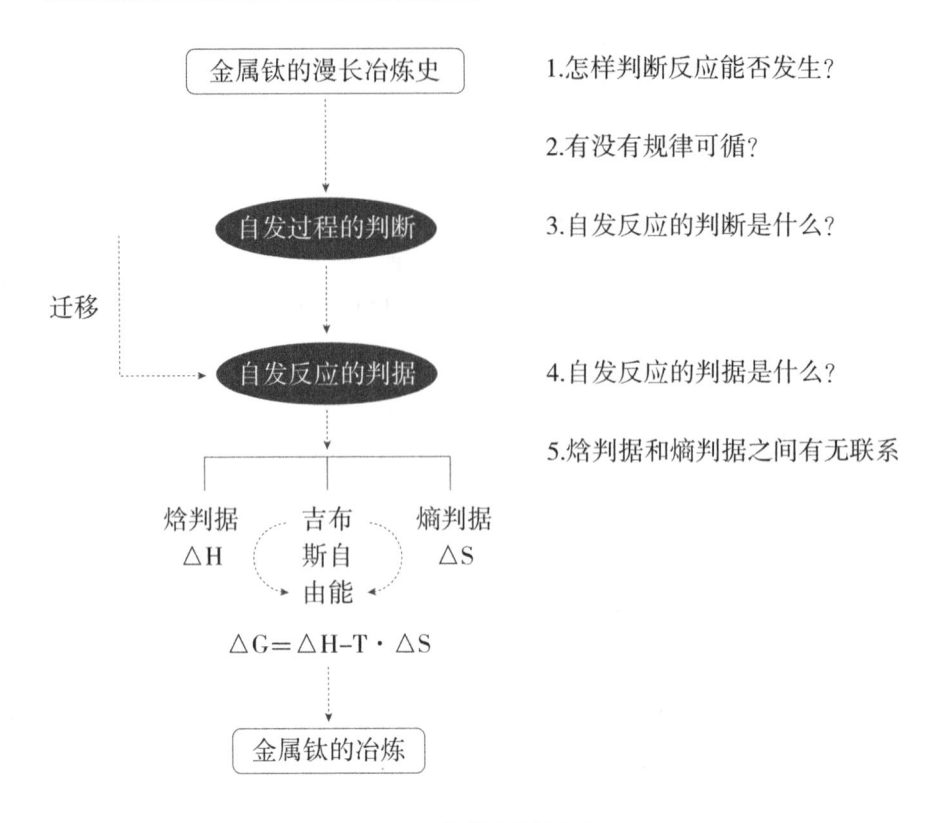

图6-6 化学反应的方向

从金属钛的漫长冶炼史感受化学反应的方向性,引出两个问题"怎样判断反应能否发生?""有没有规律可循?"学生的认识特点是习惯从直观出发,而自发反应的判断恰恰是抽象的。从生活实例入手,分析自发过程,总结自发过程的判断依据。对于"熵"及"熵增原理"内容较抽象,学生学习时陌生感较强,教师应通过常见自发过程的感性认识和语言描述的引导,给学生搭建台阶。挖掘深层次问题"自发反应的判据是什么?"得到焓判据和熵判据,紧接着提出"焓判据和熵判据有无联系?"为吉布斯自由能的得出作铺垫。利用这样的问题链式的教学模式进行理论探究,更好地关注了理论形成过程中的思维能力培养,关注理论对学生认识和解决问题方式的影响,渗透和培养化学学科核心素养。

案例5:《钠及其化合物》

过氧化钠与水反应后的溶液中滴加酚酞,先变红后褪色。这个意外的发现与学生原有认知中的酚酞遇碱变红产生了知识上的冲突,激发了学生的探究热情,我们基于真实问题进行探究教学。对该褪色原因的阐释目前有多种观点,主要包括生成了具有漂白性的中间产物 H_2O_2;生成的 NaOH 溶液的浓度较大($pH>13.3$),使酚酞的红色醌式结构改变而褪色;HO_2^- 和自由基中间体破坏了指示剂发色基……由于学生的知识储备和理解能力有限,所以选取前两个观点在课上进行验证探究。而 HO_2^- 和自由基中间体的影响隐藏在课上的探究中,在探究过程中会发现过氧化钠与水反应后溶液的实际 pH 与理论 pH 存在较大差距,把这个问题的研究留给学生课下查阅文献完成,把探究课堂延伸到课外,进一步提高学生的化学学科核心素养。课上探究借助 pH 传感器(图6-8)检测过氧化钠与水反应后溶液的 pH 是不是高于 13.3,为了增强实验的严谨性,向同 pH 氢氧化钠的溶液中滴加酚酞做对比实验,验证褪色是否与氢氧化钠的浓度相关;向较低浓度($8.2<pH<13.0$)的氢氧化钠溶液中滴加酚酞,变红不褪色,再加入双氧水(过氧化氢),褪色,验证双氧水的漂白性。双氧水确实能漂白酚酞,但是过氧化钠与水反应后有没有双氧水是不确定的,我们可以利用双氧水在一般条件下缓慢分解,而在二氧化锰催化作用下加速分解的特点,借助氧气传感器(图6-7)实时监测加入二氧化锰粉末前后氧气含量变化(图6-9)来检验反应过程中是否有双氧水生成。数字化新技术的使用。传统实验给学生宏观认识,而数字化实验系统具有可视性优点,可随时察看实验的动态变化,让学生观察实验现象更直观。

图6-7 氧气传感器　　　　　　　　图6-8 pH传感器

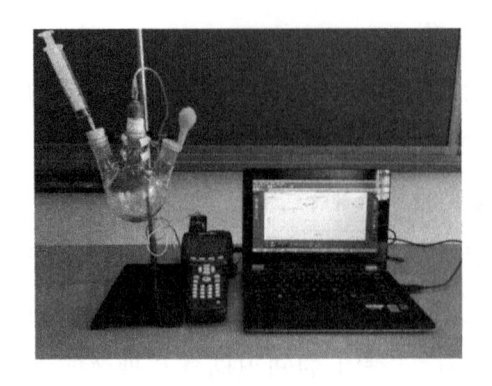

实验探究过程：

探究红色褪去的原因。①反应生成的氢氧化钠的浓度能否影响酚酞显色；②双氧水能否漂白酚酞，过氧化钠与水反应是否真的产生了具有漂白性的中间产物 H_2O_2，使酚酞褪色。通过实验现象发掘问题，引导学生完成实验探究。

资料卡片：酚酞是一种有机弱酸，在溶液中的存在形式受酸碱性的影响，pH改变，导致酚酞结构改变，呈现颜色变化。酚酞在pH小于8.2的溶液中为无色结构，当pH大于8.2小于13.0时，为红色醌式结构，酚酞的醌式结构在碱性介质中不稳定，当pH大于13.3时，结构极易改变，使红色褪去。

问题1：3g过氧化钠与50mL水反应后溶液的pH是不是高于13.3？

【实验方案】利用pH传感器检测3g过氧化钠与50mL水反应后溶液的pH。向相同pH的氢氧化钠溶液中滴加酚酞，观察现象。

【实验现象】pH = 12.2，同pH的氢氧化钠溶液中滴加酚酞后变红不褪色。

【实验结论】3g过氧化钠与50mL水反应后，溶液中滴加酚酞后红色褪色不是氢氧化钠的浓造成的，应该另有原因。

资料卡片：过氧化钠与水反应产生了具有漂白性的中间产物双氧水。

问题2：pH = 12.2的氢氧化钠溶液中滴加酚酞变红不褪色，双氧水能使其褪色吗？

【实验方案】向滴有酚酞的 pH = 12.2 的氢氧化钠溶液中滴加双氧水，观察现象。

【实验现象】溶液的红色褪去。

【实验结论】双氧水能漂白酚酞。

问题3：过氧化钠与水反应是否产生了具有漂白性的中间产物 H_2O_2？

【实验方案】利用双氧水在一般条件下缓慢分解，而在二氧化锰催化作用下加速分解的特点，借助氧气传感器实时监测加入二氧化锰粉末前后氧气含量变化来检验反应过程中是否有双氧水生成。使静态结果以动态曲线的形式呈现，学生得到的不仅有结果，还有过程，有利于学生对反应过程的理解。

【实验现象】

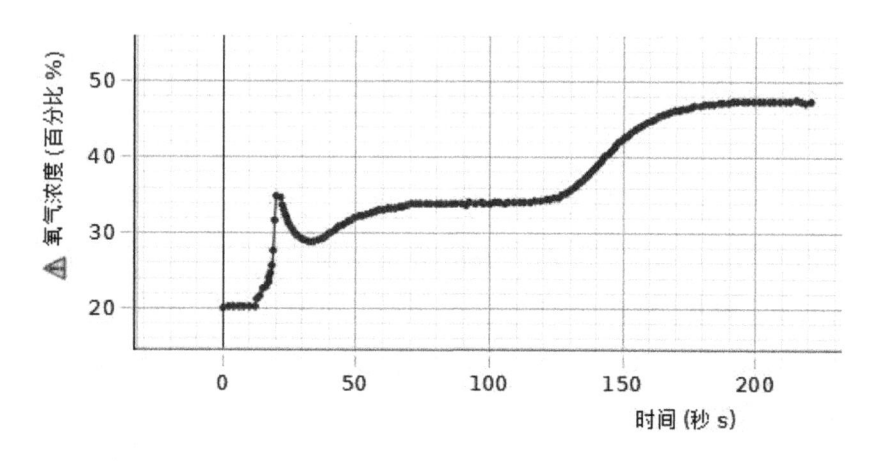

图6-9　实验现象

【实验结论】过氧化钠与水反应后确实存在中间产物——双氧水。

3g 过氧化钠与 50mL 水反应后溶液中滴加酚酞红色褪去是由中间产物双氧水造成的。

【探究作业】3g 过氧化钠与 50mL 水反应后实际 pH(12.2) 与理论 pH 存在较大的差距，请同学们查阅相关资料进行分析。

◆ 核心素养视角下的高中化学教学实践

课上的实验探究不仅解释了意外现象,更具有教学价值。学生了解了过氧化钠与水反应的历程,过氧化钠与水反应产生了具有漂白性的中间产物双氧水;学会了控制变量和对比研究的实验方法;体会了科学研究的一般方法,即发现问题、分析问题、解决问题,促进学生发展核心素养形成和发展。

案例6:《探寻补铁剂中的铁》

新课程标准中提出,高中化学教学应"联系生产、生活实际,拓宽学生的视野""突出化学学科特征,更好地发挥实验的教育功能""重视探究学习活动,发展学生的科学探究能力"。为落实上述理念,选取"探寻补铁剂中的铁"作为教学素材。经过大量前期调研及实验验证,开展以"探寻补铁剂中的铁"为核心驱动的项目式教学活动(图6-10)。项目式学习的问题来自生产生活,与我们课堂理论研究不一样,但是遇到困难时,我们要通过储备的化学知识去解决,有必要时还会用到生物物理等跨学科知识,在探寻补铁剂中的铁时利用到二价铁参与人体代谢用到生物知识,还学习到可利用物理光学原理检测二价铁的含量,利用化学知识解决生活中的问题,化学让我们的生活越来越美好。

在教学中从真实情境中提出问题:通过一张真实的验血报告单,数据显示患者的血红蛋白含量明显偏低,医生诊断借助补铁剂进行补铁,引出补铁剂。然后提出问题:补铁剂中的有效成分是几价铁?药片中有没有二价铁?含量符不符合国家标准?检测补铁剂中的二价铁属于定性实验,测定补铁剂中的二价铁属于定量实验,其实无论是定性实验还是定量实验都绕不开铁的重要化合物的类别转化和价态转化,它们实际上是相通的。在解决问题中让学生把铁的重要化合物的性质进行整合,利用化学研究生活中的问题。最后设计拓展作业:向学生展示斯达舒的成分为 $Al(OH)_3$、颠茄提取物、维生素U,辅料为玉米淀粉、硬脂酸镁,并提示学生 $Al(OH)_3$ 和硬脂酸镁不溶于水,硬脂酸镁不溶于酸。让学生设计方案检验斯达舒胶囊中是否含有 $Al(OH)_3$。这样的拓展作业能让学生学以致用,将课堂延伸到生活中。

项目式学习在学生问题解决能力、学生参与度、学习兴趣及合作和解决

项目式学习

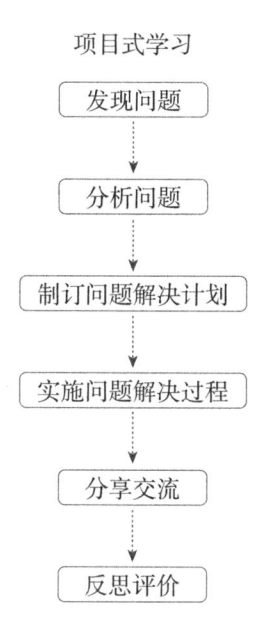

```
发现问题
   ↓
分析问题
   ↓
制订问题解决计划
   ↓
实施问题解决过程
   ↓
分享交流
   ↓
反思评价
```

图 6-10　教学流程

冲突技能等方面具有较大的促进作用;项目式学习也给教师专业发展带来挑战。新课程改革对高中化学课堂教学提出了更高的要求,更加重视立德树人的教育功能,以问题为驱动,选择合适的教学方法,促进高中化学的深度学习。我们在教授知识时以事实性知识为基础,以学生为主体,引导学生积极主动的思考,深入研究新知识,帮助学生运用逻辑抽象构建概念,加深对知识的理解,提高实验探究能力和实践应用能力,让学生掌握学科思想方法,树立科学的价值观。

第七章　数字化实验教学策略研究

在中学化学教学活动中,以素养为本的实验教学,就是尊重实验、理解实验、善用实验、创新实验,以科学思维为线索,真正实现物我互化的教学境界。新课标指出,应充分认识化学实验的独特价值,精心设计实验探究活动,落实学科核心素养的培养。伴随着教育现代化的发展,数字化实验应运而生、它是指运用数据采集器、传感器、计算机以及相应软件进行实验。数字化实验具有便携性与实时性,实验过程直观,实验结果准确,软件实时显示清晰的实验过程及数据变化并且可同步录像、反复播放。应用数字化实验有利于揭示实验现象背后的实质,提升学生的科学思维。所以,在高中化学教学中应用数字化实验,充分融合信息技术与化学实验,有利于转变学生的学习方式,提高学生的学习兴趣,更有助于发展学生的化学核心素养。

第一节　数字化实验与化学学科核心素养的关系

数字化实验作为一种媒介来帮助学生理解、建构学科核心素养,为核心素养落地扫清认识上的障碍,提供可操作性的措施和方法,实现数字化实验与核心素养发展的课堂教学常态化目标。现将数字化实验与核心素养的关系梳理如下:

第七章 数字化实验教学策略研究

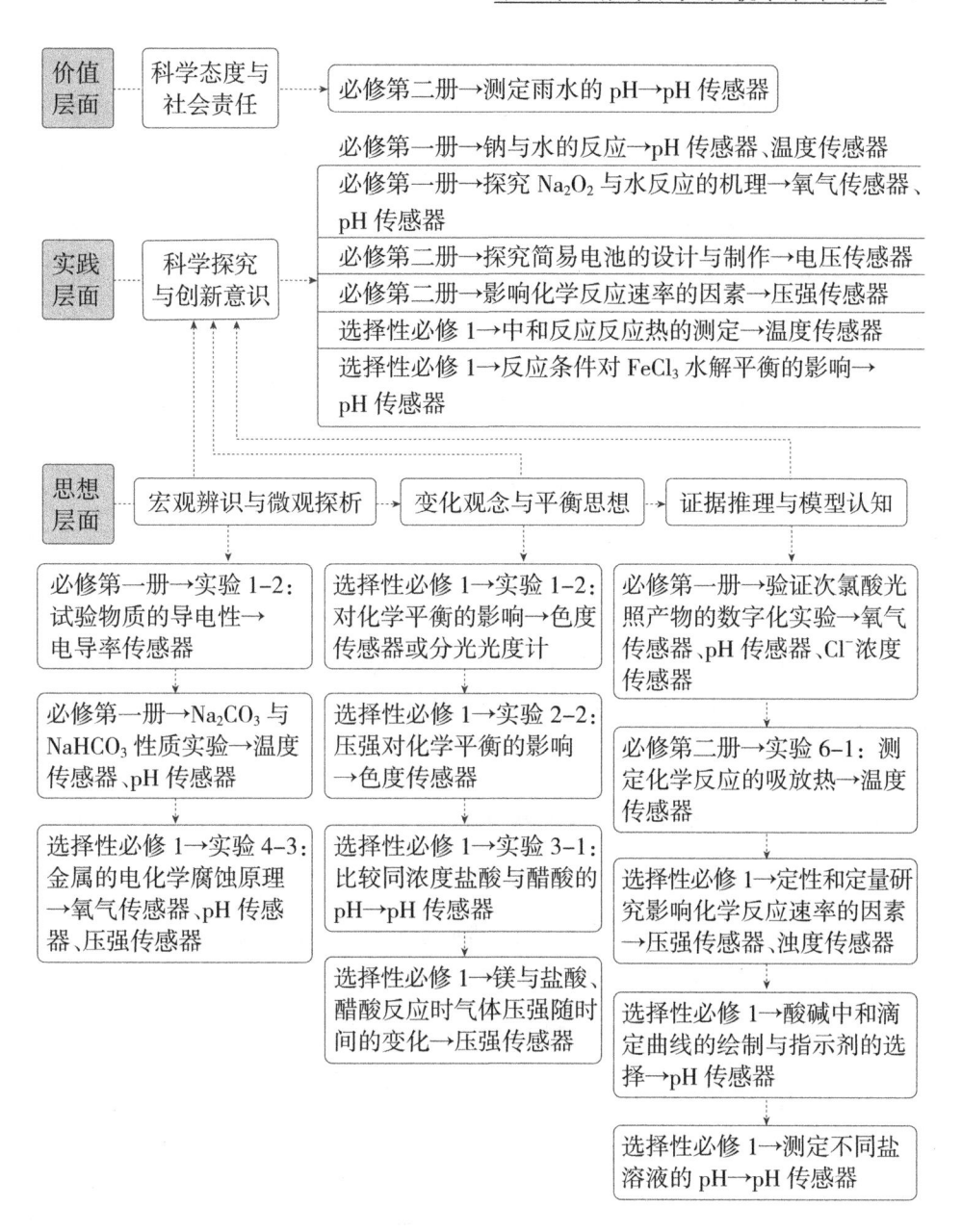

价值层面 → 科学态度与社会责任 → 必修第二册→测定雨水的pH→pH传感器

实践层面 → 科学探究与创新意识 →
- 必修第一册→钠与水的反应→pH传感器、温度传感器
- 必修第一册→探究Na_2O_2与水反应的机理→氧气传感器、pH传感器
- 必修第二册→探究简易电池的设计与制作→电压传感器
- 必修第二册→影响化学反应速率的因素→压强传感器
- 选择性必修1→中和反应反应热的测定→温度传感器
- 选择性必修1→反应条件对$FeCl_3$水解平衡的影响→pH传感器

思想层面

宏观辨识与微观探析	变化观念与平衡思想	证据推理与模型认知
必修第一册→实验1-2：试验物质的导电性→电导率传感器	选择性必修1→实验1-2：对化学平衡的影响→色度传感器或分光光度计	必修第一册→验证次氯酸光照产物的数字化实验→氧气传感器、pH传感器、Cl^-浓度传感器
必修第一册→Na_2CO_3与$NaHCO_3$性质实验→温度传感器、pH传感器	选择性必修1→实验2-2：压强对化学平衡的影响→色度传感器	必修第二册→实验6-1：测定化学反应的吸放热→温度传感器
选择性必修1→实验4-3：金属的电化学腐蚀原理→氧气传感器、pH传感器、压强传感器	选择性必修1→实验3-1：比较同浓度盐酸与醋酸的pH→pH传感器	选择性必修1→定性和定量研究影响化学反应速率的因素→压强传感器、浊度传感器
	选择性必修1→镁与盐酸、醋酸反应时气体压强随时间的变化→压强传感器	选择性必修1→酸碱中和滴定曲线的绘制与指示剂的选择→pH传感器
		选择性必修1→测定不同盐溶液的pH→pH传感器

图7-1 数学化实验与核心素养的关系

一、微观反应宏观化是建构"宏观辨识与微观探析"的具体体现

通过分析素养的水平划分表（表7-1），我们不难发现，"宏观辨识与微

观探析"素养不仅要求学生从宏观现象对知识进行辨识、探究,还要引导学生对知识进行四重表征"宏观—曲线—微观—符号"分析。这无形中提高了学生对于知识的理解能力,而微观反应宏观化也是高中生面临的一大困难问题。一方面,微观反应抽象、不可见,受传统思维影响,学生想象力匮乏,无法看到宏观现象背后的实质;另一方面,学生的知识有限,不能及时建构新旧知识之间的关联,也不能及时在四重表征之间转化。因此,我们需要借助仪器将微观反应宏观化,帮助学生加强对微观世界的理解。

表7-1 "宏观辨识与微观探析"素养的水平划分

素养水平	素养1 宏观辨识与微观探析
水平1	能根据实验现象辨识物质及其反应,能运用化学符号描述常见简单物质及其变化,能从物质的宏观特征入手对物质及其反应进行分类和表征,能联系物质的组成和结构解释宏观现象。
水平2	能根据实验现象归纳物质及其反应的类型,能运用微粒结构图式描述物质及其变化的过程,能从物质的微观结构说明同类物质的共性和不同类物质性质差异及其原因,解释同类的不同物质性质变化的规律。
水平3	能从原子、分子水平分析常见物质及其反应的微观特征,能运用化学符号和定量计算等手段说明物质的组成及其变化,能分析物质化学变化和伴随发生的能量转化与物质微观结构之间的关系。
水平4	能依据物质的微观结构,描述或预测物质的性质和在一定条件下可能发生的化学变化;能评估某种解释或预测的合理性;能从宏观与微观结构的视角对物质及其变化进行分类和表征。

传统实验虽然实验现象明显,但是无法解释实验发生的微观本质。而手持技术可以使微观世界变得更直观,准确度更高。我们可以应用不同的探头来采集实验过程中不易捕捉到的数据及变化趋势,手持技术便是我们从宏观

世界走向微观世界的一双眼睛。比如,我们可以利用"氧气传感器"来实时监测氧气浓度的变化、利用"pH 传感器"来检测溶液中 pH 的变化情况等,手持技术不仅为我们提供较为直观的物理量数据、表格变化,还可以实时播放动态曲线的变化情况,巧妙地将宏观现象与微观解释结合起来,增强学生的宏观体验,帮助学生建构"宏观辨识与微观探析"的学科素养。

二、实验数据真实化是建构"证据推理与模型认知"的实验支撑

通过分析素养的水平划分表,我们也发现新课标对"证据推理与模型认知"的要求呈逐步递增趋势。传统实验大部分只能提供宏观实验证据,进而从定性角度分析,有时收集到的实验数据并不全面。而手持技术依靠其庞大的数据处理功能和可视化等特点从微观和定量角度为我们提供较为丰富的不同层次的证据。证据的提供方式也是多样化的,实验数据、变化曲线等。我们甚至还可以同时使用多个传感器探头一同检测多个物理量,为我们节省了很多时间。有了数据,学生们便可以同时定性与定量、宏观与微观,利用数据、图像、曲线线性拟合等多角度收集更充分的证据。

表 7-2 "宏观辨识与微观探析"素养的水平划分

素养水平	素养 3 证据推理与模型认知
水平 1	能从物质及其变化的事实中提取证据,对有关的化学问题提出假设;能依据证据证明或证伪假设;能识别化学中常见的物质模型和化学反应的理论模型;能将化学事实和理论模型之间进行关联和合理匹配。
水平 2	能从宏观和微观结合上收集证据;能依据证据从不同视角分析问题,推出合理的结论;能理解、描述和表示化学中常见的认知模型,指出模型表示的具体含义,并运用于理论模型解释或推测物质的组成、结构、性质与变化。

续表

素养水平	素养3　证据推理与模型认知
水平3	能从定性与定量结合上收集证据；能通过定性分析和定量计算推出合理的结论；能认识物质及其变化的理论模型和研究对象之间的异同；能对模型和原型的关系进行评价以改进模型；能说明模型使用的条件和适用范围。
水平4	能依据各类物质及其反应的不同特征寻找充分的证据；能解释证据与结论之间的关系；能对复杂的化学问题情境中的关键要素进行分析以建构相应的模型；能选择不同模型综合解释或解决复杂的化学问题；能指出所建模型的局限性，探寻模型优化需要的证据。

高中生对于"模型认知"还是比较陌生的，其实模型认知不仅包括数学模型、实物模型还包括图像模型等。由于数学模型较为抽象，我们在教学过程中大多数使用图像模型和实物模型。实物模型比较直观，对于图像模型我们一般展示相应的曲线图，如稀释醋酸过程中，随着加入水的体积，混合溶液中pH的变化情况，此时学生不知道图像是如何绘制出来的，对于图像背后的深入处理，学生也是模糊的。其实我们可以用手持技术帮助学生建立图像模型，再利用计算机数据处理软件——曲线线性拟合、求导、计算切线值等帮助学生挖掘微观知识。

三、实验过程动态化是建构"变化观念与平衡思想"的过程显现

通过分析课程标准中对"变化观念与平衡思想"的素养水平划分表，可以发现该素养要求学生从认识化学变化到运用动态平衡等观点分析化学变化的内因和本质，再到运用化学反应原理分析影响化学变化的因素，最后能对化学变化做出解释和预测，对于控制变量的要求也是不断提高。传统实验通过观察实验现象认识物质的变化及性质，但是涉及化学平衡问题时，学生只能抽象地理解勒夏特列原理对化学平衡移动的影响。比如，利用压缩体积

的方法研究压强对 $2NO_2 \rightleftharpoons N_2O_4$ 平衡移动的影响、通过改变浓度研究浓度对 $Fe^{3+} + 3SCN^- \rightleftharpoons Fe(SCN)_3$ 平衡的影响,气体颜色或溶液颜色变化并不是很明显,学生很难理解化学反应存在限度。此时,我们可以用数字化实验——压强传感器测量 $2NO_2 \rightleftharpoons N_2O_4$ 平衡中压强的变化趋势,以及借助分光光度计测定 $Fe^{3+} + 3SCN^- \rightleftharpoons Fe(SCN)_3$ 平衡中溶液吸光度问题,从而呈现出定量直观的曲线,可视化的数据帮助学生看见"移动过程",理解反应平衡的调控"本质",让学生形象直观地理解勒夏特列原理。

第二节 数字化实验教学策略及应用

一、数字化教学策略

化学是一门以实验为基础的学科,化学实验在中学教学中发挥着不可替代的作用。化学教学中通常采用传统实验方法来完成教师演示实验或者学生实验,在实验过程中获得实验现象,得出实验结论。比如利用温度计测定中和反应的反应热,学生通过观察温度的改变完成定量实验,引导学生操作实验和体验实验的过程。

由于学生捕捉到的实验点不同,导致实验结果有偏差。如果采用温度传感器来完成上述实验,可以同时检测出具体的数据变化和图像变化,实验结果更精确,有利于培养学生定量搜集数据的能力。普通高中课程标准也指出"注重发挥现代信息技术的作用,积极探索现代信息技术与化学实验的深度融合,合理运用计算机模拟实验",新教材中正慢慢地向学生渗透着将数字化实验应用于化学中的思想。如在化学必修第一册《氯及其化合物》中,在《科学·技术·社会》栏目中便利用了数字化实验来验证次氯酸光照分解的产物。再如化学必修第二册利用数字化实验设备,探究镁与不同浓度盐酸的反应速率。又如选择性必修一《弱电解质电离平衡》中,利用手持技术探究

◆ 核心素养视角下的高中化学教学实践

了镁与盐酸、醋酸反应时气体压强随时间的变化关系等。

可见,数字化实验正慢慢被推广至中学化学教学。新教材和新课程标准正逐步开始要求学生具备数字化实验的操作能力以及数据图像曲线分析能力。有机融合传统实验与数字化实验,凸显两种实验的优势,加强学习自主推导和计算能力,能够有效提高课堂教学效率和质量。由此,我们提出数字化实验教学的策略就是——融合,即融合传统实验与现代手持技术。

二、数字化实验的应用

(一)有效利用数字化实验开展探究性学习

数字化实验在开展探究性学习方面也具有必要性和优势,它为学生营造良好的学习环境,引导学生开展自主学习和探究活动。比如,可以利用氧气传感器和 pH 传感器探究过氧化钠与水反应的机理、利用电压传感器组织学生自主探究简易电池的设计与制作等,通过快速实时的数据采集,可以避免实验误差,节省许多处理实验数据的时间,提高探究性学习的有效性,体会实验探究的乐趣。

利用数字化实验还可以培养学生运用化学知识解决实际生产生活的问题,培养学生的"科学态度与社会责任"的核心素养。利用必修第二册,可利用 pH 传感器测定雨水的 pH,认识酸雨的界限及危害,激发学生保护环境的紧迫感。在学生参与有关化学问题的社会实践活动中,数字化实验提供了真实情境中问题提出与解决方案的技术手段,引发了学生的思考与思维的碰撞,促进学生主动建构知识体系,落实了以素养为本的教学需求。

(二)借助数字化实验促进思维可视化发展

作为新型的实验探究手段,将手持技术应用于中学化学实验教学与研究性学习,能转变学生的学习方式,培养学生的科学探究能力和创新精神,体现了新一轮基础教育改革的思想和理念,促进思维可视化发展。

第三节 高中化学数字化实验改进及研发

实验1:基于手持技术的金属电化学腐蚀实验改进

金属的电化学腐蚀是在原电池内容的基础上展开的知识内容,是中学化学教学的重点以及难点内容。钢铁的析氢腐蚀与吸氧腐蚀是一个缓慢的氧化过程,尽管传统的对比实验已进行了较多的实验改进以缩短反应时间,使反应现象更加明显,但是只能对实验现象做出定性的分析,仍无法将二者定量地反映出来,不利于学生理解析氢腐蚀、吸氧腐蚀的概念。由于在金属的析氢腐蚀、吸氧腐蚀的过程中,不仅伴随着物质浓度的变化还伴随着压强的改变,因此我们可以借助于电子传感器捕捉化学反应过程中的细微变化,利用手持技术对金属的电化学腐蚀实验进行改进和补充,从而帮助学生正确理解析氢腐蚀与吸氧腐蚀的概念,解决学生的迷思概念问题。

1. 实验原理

不纯的金属与电解质溶液接触时,会发生原电池反应,比较活泼的金属失去电子被氧化,这种腐蚀叫作电化学腐蚀。当在钢铁表面形成的电解质溶液薄膜呈酸性时发生析氢腐蚀,反应如下:

负极:$Fe - 2e^- = Fe^{2+}$(氧化反应)

正极:$2H^+ + 2e^- = H_2\uparrow$(还原反应)

总反应:$Fe + 2H^+ = Fe^{2+} + H_2\uparrow$

当在钢铁表面形成的电解质溶液薄膜呈中性或酸性很弱,且溶有一定量的氧气时发生吸氧腐蚀,反应如下:

负极:$2Fe - 4e^- = 2Fe^{2+}$(氧化反应)

正极:$2H_2O + O_2 + 4e^- = 4OH^-$(还原反应)

总反应:$2Fe + O_2 + 2H_2O = 2Fe(OH)_2$

进一步反应:$4Fe(OH)_2 + O_2 + 2H_2O = 4Fe(OH)_3$

$$2Fe(OH)_3 = Fe_2O_3 \cdot xH_2O + (3-x)H_2O$$

根据上述原理,本实验主要利用氧气传感器和压强传感器测定反应过程中压强变化和氧气浓度变化,并利用 pH 传感器测定吸氧腐蚀反应前后溶液的 pH。通过计算机和数字采集器收集数据、绘制曲线,并通过相应软件进行实验分析。

2. 实验用品与仪器

炭粉、还原铁粉、2mol/L 盐酸溶液、2mol/L 醋酸溶液、2mol/L 氯化钠溶液、橡皮塞、乳胶管、导气管、止水夹、三口烧瓶。

本实验采用 pasco 公司的数字采集器、DataStudio 数据采集软件、氧气传感器以及压强传感器。

3. 实验装置

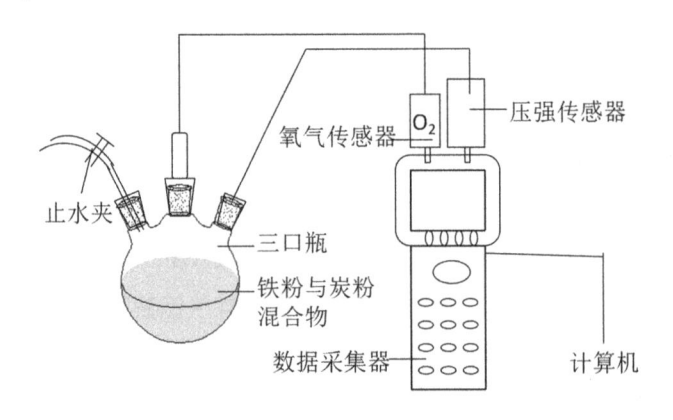

图 7-2 电化学腐蚀实验装置

(1) 用 USB 数据线将计算机与数字采集器连接起来。

(2) 将氧气传感器、压强传感器连接到数据采集器上。

(3) 三口瓶的左端接入带止水夹导气管的单孔胶塞(以便调节内外压平衡),中间用单孔胶塞将三口瓶与氧气传感器连接,右端用单孔胶塞将压强传感器与三口瓶连接。

4. 实验过程

（1）在中性条件下发生吸氧腐蚀

①取下三口瓶，用滴管滴取2mol/L的氯化钠溶液，均匀的润湿三口烧瓶的内壁2至3次，将炭粉和铁粉的混合物加入三口瓶中，沿同一方向转动，使炭粉和铁粉的混合物均匀地黏附在三口烧瓶的内壁上，迅速地塞紧各个单孔胶塞，打开止水夹调节内外压平衡后，关闭止水夹。

②数据图像纵轴选择O_2浓度(%)（体积分数），横轴选择时间，开启仪器采集数据，采集氧气浓度和压强变化情况（见图7-3、图7-4）。

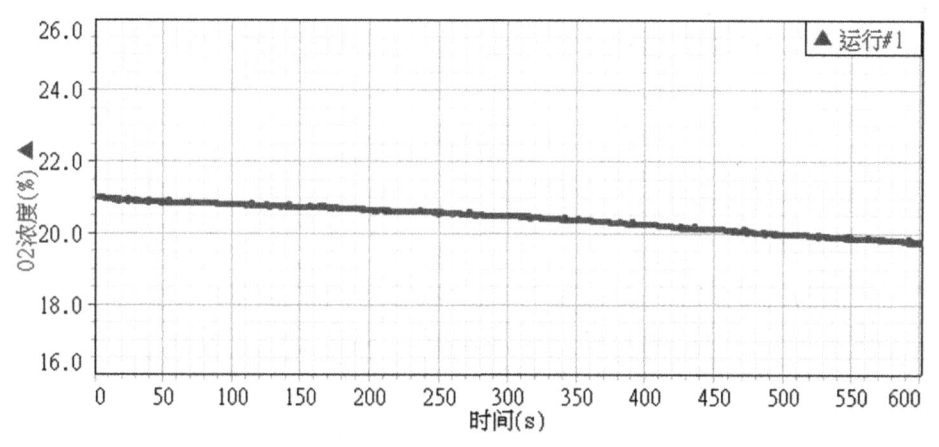

图7-3 氧气浓度的变化情况

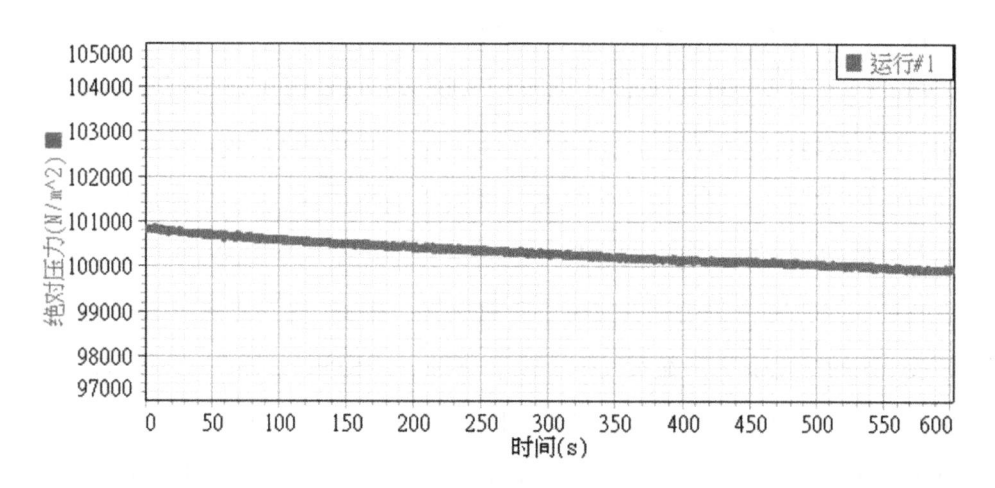

图7-4 压强的变化情况

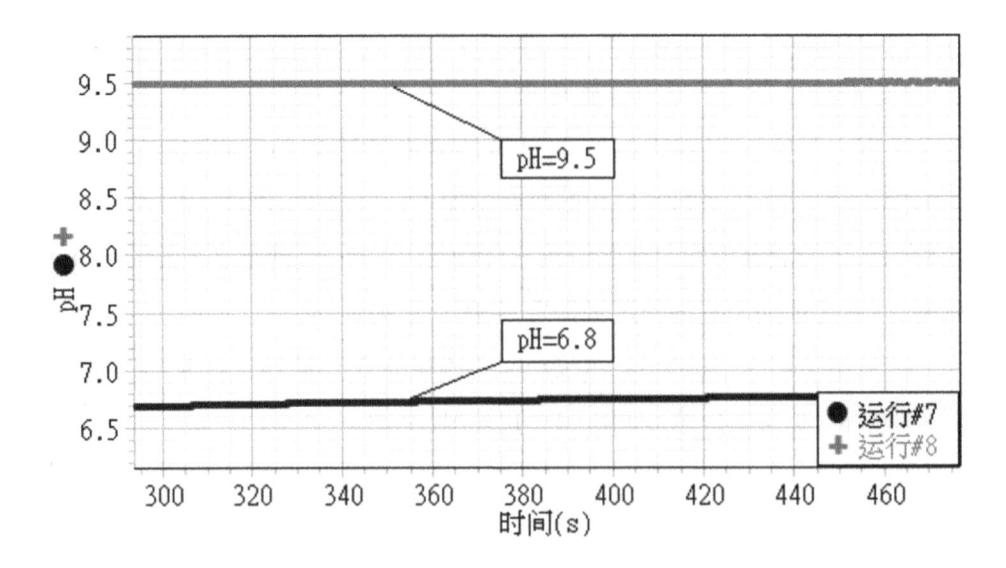

图 7-5 反应前后溶液的 pH

③保存数据。

④实验结果及讨论:通过图 7-3 可以看出,本次测量中,瓶内空气中氧气浓度为 21.0%,50s 后为 20.8%,500s 后为 20.0%,氧气的浓度在不断地、缓慢地减少,利用氧气传感器可使我们在较短时间看出变化趋势。通过图 7-4 可以看出,此时瓶内初始测量压强为 100957Pa(由于加完试剂塞紧活塞等过程中瓶内的反应已经进行,所以导致瓶内初始的测量压强略小于理论压强值),随着氧气浓度的减小,压强也在下降,50s 后瓶内压强降为 100699Pa,10min 内瓶内压强共下降了 900Pa。但是随着反应的进行,我们可以发现,氧气浓度的下降量不仅是由于吸氧腐蚀的发生而造成的,在后续的反应中,氢氧化亚铁转化为氢氧化铁的过程中也消耗了部分氧气,所以仅靠氧气浓度的变化还不足以完全说明是否发生了吸氧腐蚀。因此,我们还通过 pH 传感器检测 pH 的变化证明它确实发生了吸氧腐蚀。经检测,如图 7-5 所示,反应前溶液的 pH 为 6.8,反应后经过滤,测得滤液的 pH 为 9.5,正是由于吸氧腐蚀的发生,从而造成了三口瓶内溶液 pH 的升高。由此可以得出,在中性条件时主要发生了吸氧腐蚀,而且吸氧腐蚀是缓慢进行的。

(2)酸性较弱条件下同时发生吸氧腐蚀和析氢腐蚀

①定性实验

取一支小试管,滴入5ml 2mol/L的醋酸溶液,加入适量炭粉和铁粉的混合物,静置一段时间后,观察现象。

②定量实验

a. 取下三口瓶,用滴管滴取2mol/L的醋酸溶液,均匀的润湿三口烧瓶的内壁2-3次,将炭粉和铁粉的混合物加入三口瓶中,沿同一方向转动,使炭粉和铁粉的混合物均匀的黏附在三口烧瓶的内壁上,迅速地塞紧各个单孔胶塞,打开止水夹调节内外压平衡后,关闭止水夹。

b. 数据图像纵轴选择O_2浓度(%)(体积分数),横轴选择时间,开启仪器采集数据,采集氧气浓度和压强变化情况(见图7-6、图7-7)。

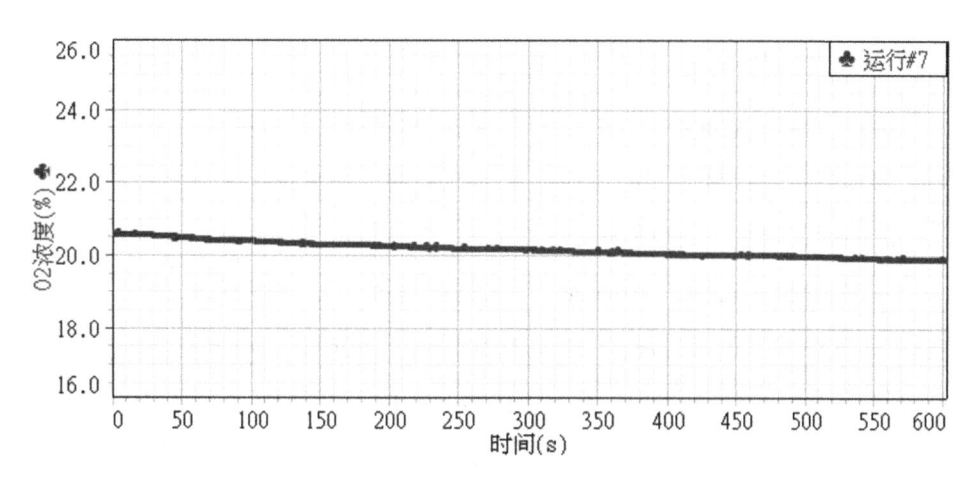

图7-6 氧气浓度的变化情况

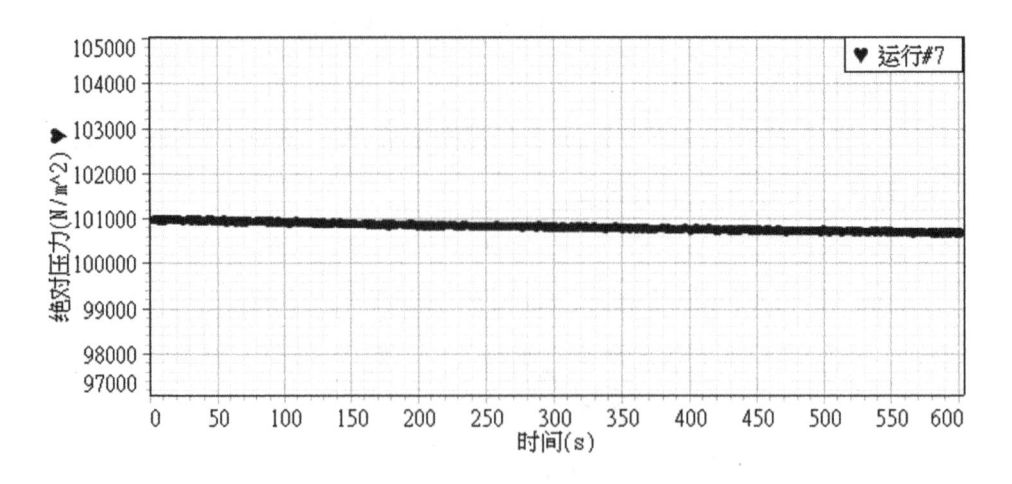

图7-7 压强的变化情况

c. 保存数据。

③实验结果及讨论

由于没有直接测量氢气浓度的传感器,本实验中采取测量容器内压强的变化和小试管内金属与弱酸反应的实验现象的方法来说明氢气浓度的变化。

定性观察可见,小试管内有气泡冒出,可以断定容器内有析氢腐蚀发生。

在定量研究中,图7-6所示,当电解质溶液为醋酸溶液时,随着反应的进行,氧气浓度逐渐缓慢减少,说明瓶内消耗了部分氧气,可知有吸氧腐蚀发生;图7-7所示,在10min内,瓶内压强由起始的101075Pa下降到100626Pa,共下降了449Pa。正是由于三口瓶内同时发生了吸氧腐蚀和析氢腐蚀,所以导致了瓶内压强的下降幅度小于实验1中压强的下降幅度。由此可以看出,当电解质溶液为弱酸条件时,析氢腐蚀和吸氧腐蚀同时发生。

(3)酸性较强条件下以析氢腐蚀为主

①取两支试管,各加入5ml 2mol/L的盐酸溶液和等量的0.22g铁粉,再向其中一支试管中加入少量的炭粉,将两支试管同时连接上两个压强传感器,得到如下数据:

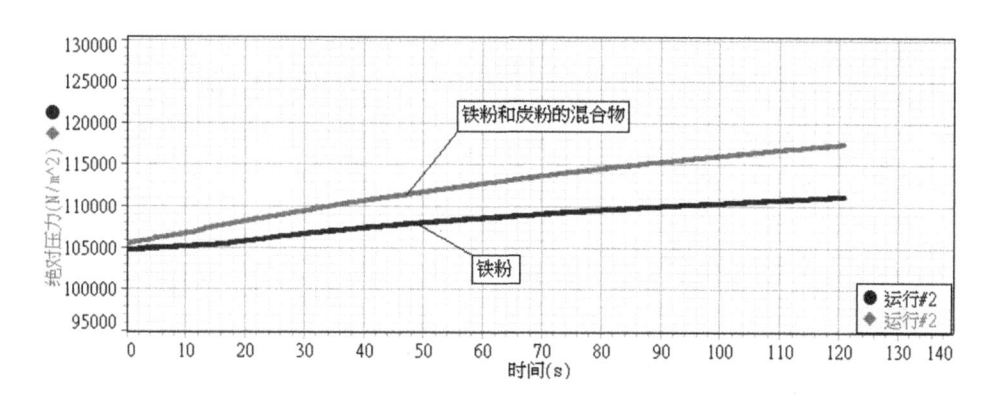

图7-8 铁粉以及铁粉和炭粉的混合物与盐酸反应的压强变化情况

②仅将实验1中的"2mol/L的氯化钠溶液"改为"2mol/L 盐酸溶液",其他操作步骤与实验1完全相同。实验结果如下:

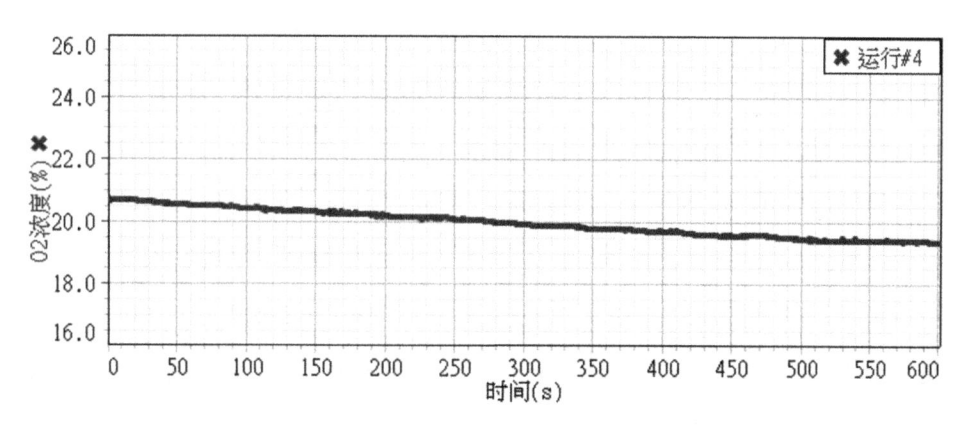

图7-9 氧气浓度的变化情况

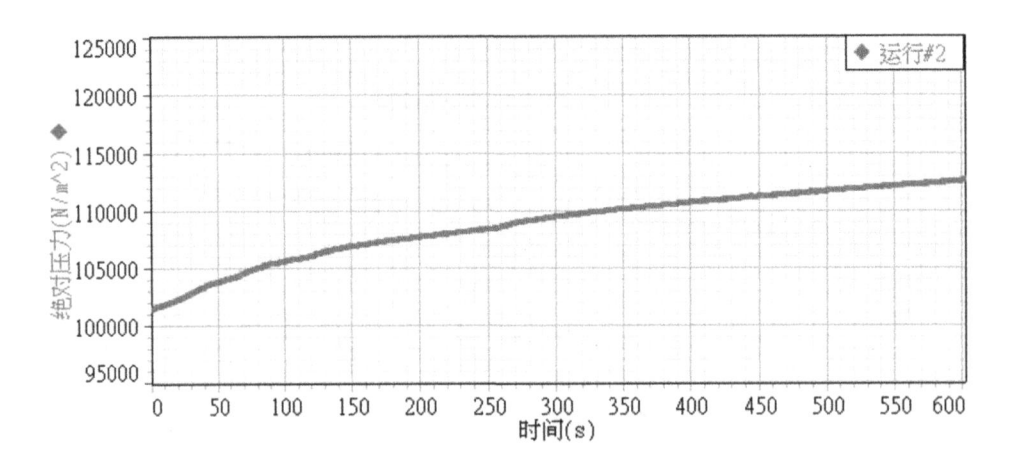

图7-10 压强的变化情况

③实验结果及讨论:在较短的时间内可明显地观察到步骤①中两支试管内均有气泡冒出。由图7-8可知,铁粉和盐酸反应发生化学腐蚀,试管内压强在60s内上升了4288Pa,而加入炭粉后,试管内压强值始终大于不加炭粉的试管的压强值,且压强上升得更高,在60s内上升了7316Pa,这说明加了炭粉的试管不仅发生了化学腐蚀,还发生了电化学腐蚀,即析氢腐蚀。从图7-9和图7-10可以看出,在实验过程中,容器内的压强不断上升,50s内压强便上升了2435Pa,600s内上升了11244Pa,可知有氢气生成,瓶内总的分子数增加,但是由于瓶内氧气的分子数不变,所以氧气的体积浓度也成略微的下降趋势。再结合步骤①中的实验结论,可以得出,在酸性较强的条件下,电化学腐蚀主要以析氢腐蚀为主,且腐蚀速度较快于吸氧腐蚀。

5. 实验小结

通过设计三组演示实验,利用氧气传感器和压强传感器便捷地测定出实验过程中氧气浓度和压强的微弱变化以及吸氧腐蚀中溶液pH的变化,明确提出金属的电化学腐蚀是一个缓慢的氧化过程。酸性较强条件下以析氢腐蚀为主,在中性条件下发生吸氧腐蚀,在弱酸性条件下,析氢腐蚀和吸氧腐蚀是同时发生的。在一组比较化学腐蚀与电化学腐蚀反应速率的学生对比实验中,揭示出应用现代的实验手段可以让学生对化学反应有一个更全面更深刻的认识。

实验2:酸碱中和滴定实验中对指示剂选择的可视化实验设计

应用手持技术使实验过程可视化,使学生获得了丰富感性素材,并让学生有机会经历较为完整的探究过程,有利于学生对化学反应过程进行深度学习,提高科学探究能力。

1. 问题的提出

人教版选择性必修1中设置了强酸与强碱的中和滴定实验活动,并用指示剂的颜色变化判断滴定终点。根据指示剂选择的原则,选择的相应指示剂的变色范围应该落在滴定曲线的突变范围之内。已知酚酞的变色范围是pH值为8.2~10.0,甲基橙的变色范围是pH值为3.1~4.4。基于此,当用强酸滴定强碱或用强碱滴定强酸时,甲基橙或者酚酞的变色范围都在滴定曲线的突变范围内,所以可选择酚酞或甲基橙作为指示剂。当用强碱滴定弱酸恰好中和时溶液显碱性,滴定曲线的突变范围比强碱滴定强酸的要窄,此时酚酞的变色范围落在了滴定曲线的突变范围内,所以可选择酚酞为指示剂。当用强酸滴定弱碱恰好中和时溶液显酸性,甲基橙的变色范围落在滴定曲线的突变范围内,所以可选择甲基橙为指示剂。在教学过程中,对于中和滴定中指示剂的选择只是教师告知学生指示剂变色范围,然后让学生对中和滴定后溶液的酸碱性进行判断,再进行指示剂的选择,但对达到滴定终点发生突变时的pH数据没有说明,对此学生有如下困惑:一是如何动态绘制滴定曲线?二是滴定突变范围数值是多少,如何找出其与指示剂变色重合的pH范围?为解决学生的困惑,我们在教学中引入了用数字化手持技术设计"酸碱中和滴定曲线的绘制与指示剂的选择"的实验,将实验过程可视化,实时、动态采集数据并呈现了强酸与强碱、强酸与弱碱、强碱与弱酸三组条件下滴定反应过程的曲线绘制过程,并从观察到的实验现象中探讨如何选择指示剂。

2.酸碱中和滴定实验过程的可视化设计

(1)实验创新点及原理

①利用手持技术(高精度滴定计和pH传感器)绘制滴定曲线;

②根据滴定曲线突变范围判断滴定终点;根据滴定终点选择相应指示剂。

(2)实验仪器及药品

0.01mol/L NaOH溶液、0.01mol/L 盐酸、0.01mol/L 醋酸溶液、0.01mol/L 氨水;pH传感器、高精度滴定计、数据采集器、磁力搅拌器等。

(3)实验操作步骤

第一步:连接仪器,装入实验药品。在曲线的绘制过程中,数据图像横轴设置为滴定数(液滴)、纵轴设置为混合溶液的pH。实验装置图如图7-11所示。

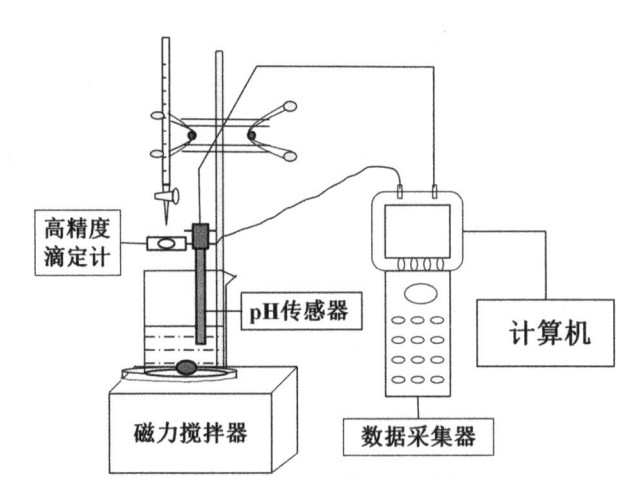

图7-11 酸碱中和滴定实验装置图

第二步:打开磁力搅拌器、开启数据采集器。在本实验中为了使溶液搅拌均匀,充分反应,用到了磁力搅拌器。

第三步:分别收集用 0.01mol/L NaOH 溶液滴定 0.01mol/L 盐酸、用 0.01mol/L NaOH 溶液滴定 0.01mol/L 醋酸和用 0.01mol/L 盐酸滴定

0.01mol/L氨水的实验数据。

3.实验结果及数据分析

（1）用0.01mol/L NaOH溶液滴定0.01mol/L 盐酸的实验数据与图像（如图7-12）

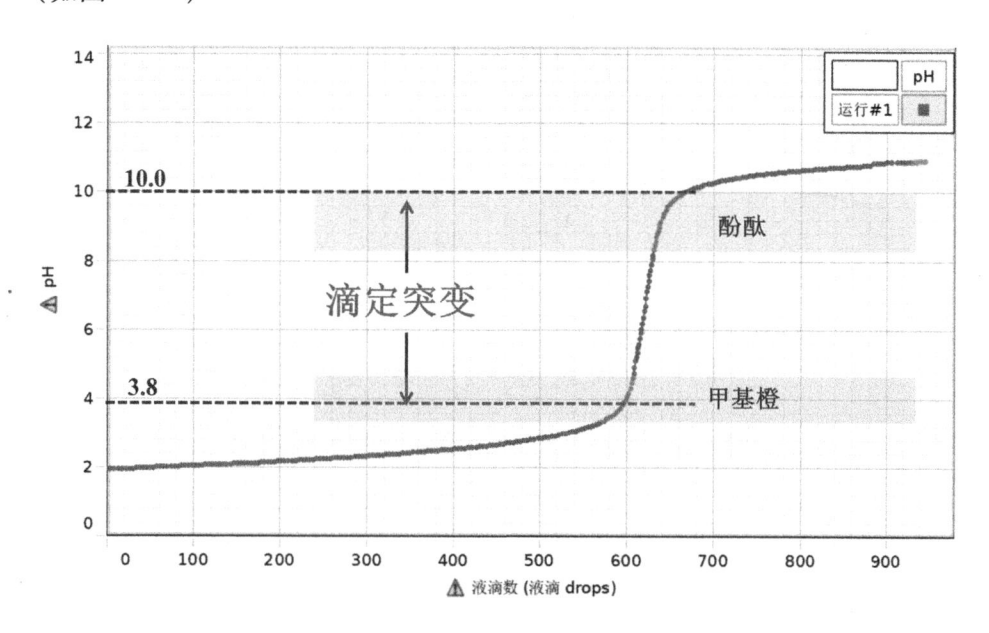

图7-12 用NaOH溶液滴定盐酸的实验数据与图像

实验分析：

当向盐酸中滴入NaOH时，酸中的H^+与碱中的OH^-发生反应生成H_2O，H^+逐渐减少，pH逐渐增大，故可观察到滴定曲线逐渐上升。当pH在3.8与10.0之间时发生突变，达到滴定终点。由实验数据和图像可观察到此突变范围与甲基橙和酚酞的变色范围均有重合，所以以此实验数据作为证据可选择甲基橙或酚酞作为指示剂。

（2）用0.01mol/L NaOH溶液滴定0.01mol/L 醋酸的实验数据与图像（见图7-13）

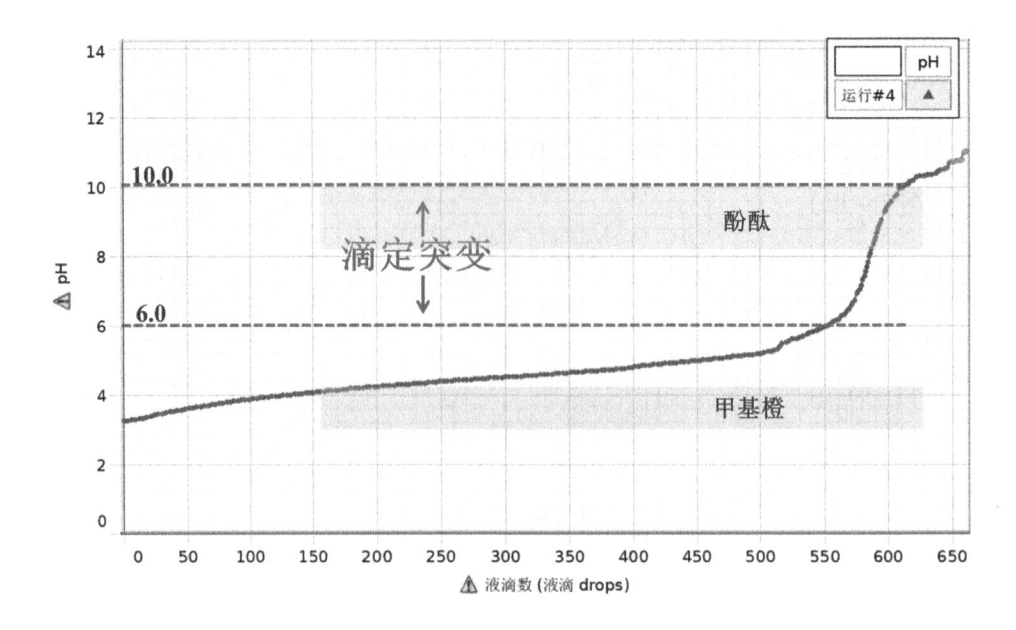

◆ 核心素养视角下的高中化学教学实践

图7-13 用NaOH溶液滴定醋酸的实验数据与图像

实验分析：

当向醋酸中滴入NaOH时，醋酸中的H^+与碱中的OH^-发生反应生成H_2O，H^+逐渐减少，pH逐渐增大，故可观察到滴定曲线逐渐上升。当二者恰好反应时生成CH_3COONa，由于CH_3COOH^-的水解，溶液显碱性，pH在6.0~10.0之间时发生突变，达到滴定终点。由实验数据和图像可观察到此突变范围与酚酞的变色范围有重合，所以以此实验数据作为证据可选择酚酞作为指示剂。

（3）用0.01mol/L盐酸滴定0.01mol/L氨水的实验数据与图像（见图7-14）

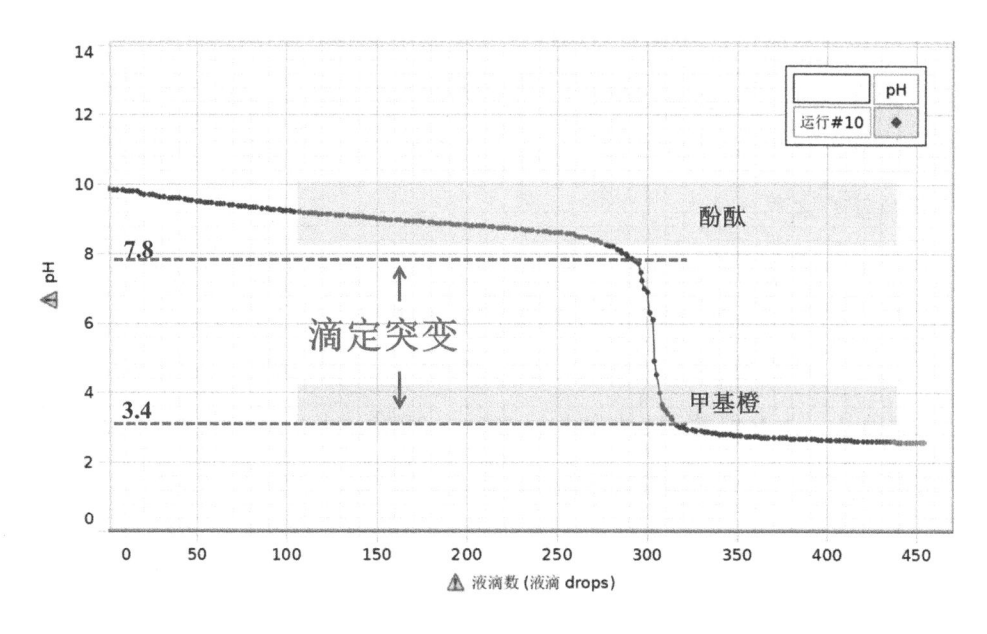

图7-14 用盐酸滴定氨水的实验数据与图像

实验分析：

当向氨水中滴入盐酸时，酸中的 H^+ 与氨水的 OH^- 发生反应生成 H_2O，OH^- 逐渐减少，pH 逐渐减小，故可观察到滴定曲线逐渐下降。当二者恰好反应时生成 NH_4Cl，由于 NH_4^+ 的水解，溶液显酸性，pH 在 3.4~7.8 之间时发生突变，达到滴定终点。由实验数据和图像可观察到此突变范围与甲基橙的变色范围均有重合，所以以此实验数据作为证据可选择甲基橙作为指示剂。

4. 结论

利用 pH 传感器和高精度滴定剂，运用手持技术，帮助学生解决认知障碍，将实验过程可视化，将学生对实验过程中的微观想象用宏观手段呈现出来，将内隐的原理显性化。实时、动态对酸碱中和滴定过程中混合溶液 pH 随着滴定溶液滴数的变化趋势和数据，从宏观和微观的不同层面进行观察和分析，对滴定终点作出判断，应用实验数据解释了选择传统指示剂的原因。不仅有利于学生对观察到的实验现象及微观粒子的反应实质进行深入理解，还有利于提升证据推理意识和定量思维的培养。体现了实验教学应该承担

◆ 核心素养视角下的高中化学教学实践

教学的知识本体价值和素养发展价值。在高中化学教学中应用数字化实验,充分融合信息技术与化学实验,有利于转变学生的学习方式,促进学生对知识的深度理解与应用,发展学生的高阶严谨的思维,更有助于发展学生的化学学科核心素养。

实验3:弱电解质的电离平衡

【实验目的】探究醋酸溶液中微粒间的相互作用

通过定量检测,我们发现 0.1 mol/L 盐酸的 pH 约为 1,$c(H^+) = 0.1$ mol/L;0.1 mol/L 醋酸 pH 约为 3,$c(H^+) = 10^{-3}$ mol/L。通过计算发现盐酸的电离程度约为 100%,醋酸的电离程度约为 1%。

【提出问题】为什么在醋酸溶液中会存在醋酸分子,这些醋酸分子是否会电离呢?

【猜想假设】

猜想1:如果溶液中这部分醋酸分子是静态的,它不电离了,向刚刚的对比实验中加过量的铁粉,那产生的氢气最终肯定比盐酸少。

猜想2:如果溶液中这部分醋酸分子是动态的,它还在不断电离,那产生的氢气一样多。

【实验探究】利用压强传感器测量 2mL0.1 mol/L 盐酸、2mL0.1 mol/L 醋酸与足量的铁粉反应时试管内的压强变化,绘制压强(P)随时间(t)变化的曲线图。

2mL 0.1mol/L 盐酸 + 铁粉；
2mL 0.1 mol/L 醋酸 + 铁粉 压强传感器

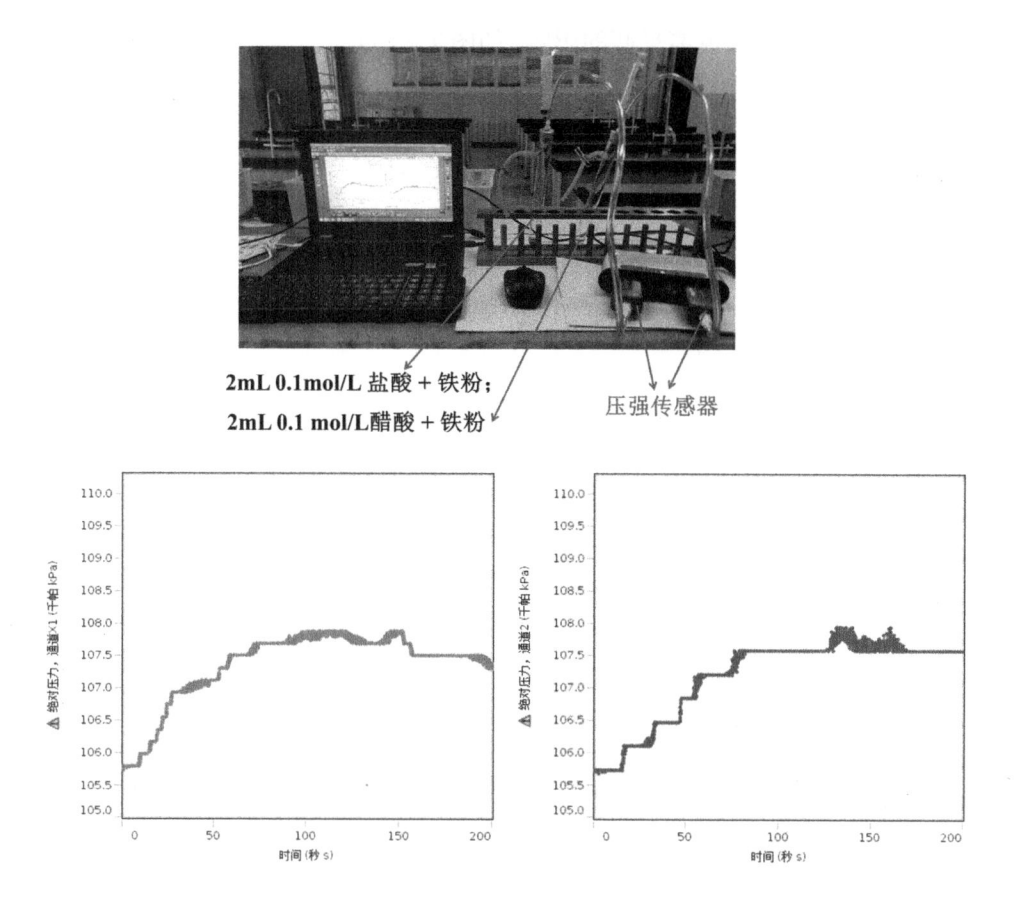

图 7-15 2mL 0.1 mol/L 盐酸、2mL 0.1 mol/L 醋酸与足量的铁粉反应时试管内的压强变化

【得出结论】依据图像发现,虽然醋酸的反应较慢,但是最终二者产生气体的量几乎是一样的。虽然醋酸没有完全电离,但是它并不影响氢气的总量,醋酸溶液中存在着电离平衡。

设计意图:速率有快慢解释了醋酸的电离可以向正向进行。引入手持技术,创设认知冲突:气体的量一样,解释了醋酸的电离又能向逆向进行,从而引出醋酸的电离是可逆的,存在电离平衡。学生根据证据进行推理形成结论,必须从醋酸溶液中微粒间的相互作用、电离平衡等方面进行结合分析,经历了基于证据进行推理的过程。

【实验目的】借助手持分析改变外界条件平衡移动方向。

(1)温度对醋酸电离平衡的影响(如图7-16)

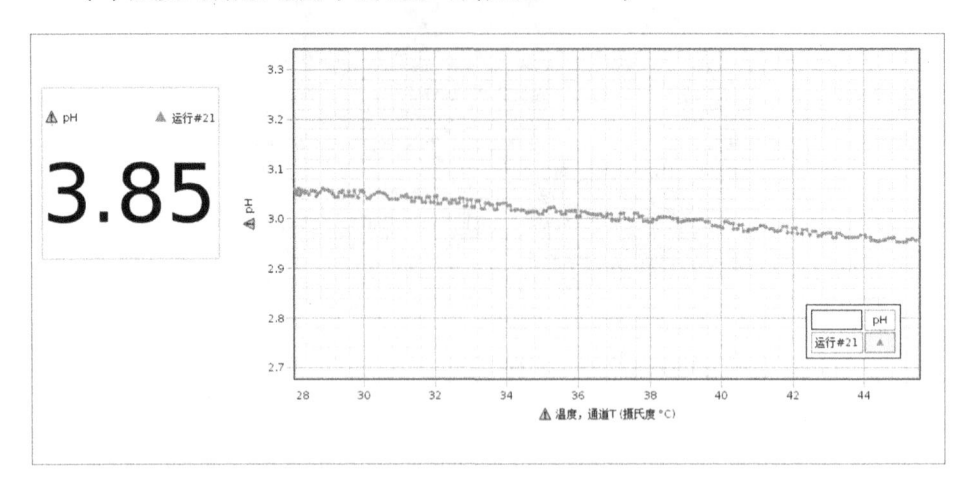

图7-16 温度对醋酸电离平衡的影响

由于醋酸的电离过程是吸热的,因此,升高温度使电离平衡正向移动,H^+浓度变大,溶液pH变小。

(2)浓度对醋酸电离平衡的影响(如图7-17)

① 向25mL 0.1 mol/L 的醋酸加入25mL 水。

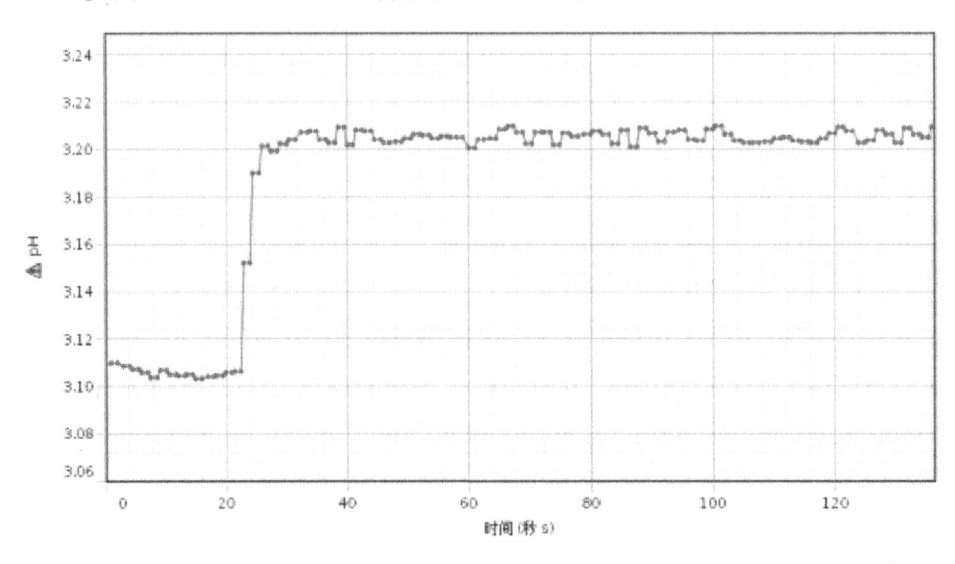

图7-17 向25mL 0.1 mol/L 的醋酸加入25mL 水

如果将盐酸加水稀释1倍的话,$c(H^+)$减小为原来的1/2,pH就增加了0.3。未加水前,0.1 mol/L的醋酸溶液的pH约为3.16,加入25ml水的一瞬间,pH迅速变大,达到3.21,pH变了0.11个单位。由此可以推断,0.1 mol/L的醋酸溶液在加水的一瞬间H^+浓度迅速减小,pH变大,但是它并没有变化理论的0.3个单位,而仅仅增加了0.11个单位,说明由于醋酸浓度变稀,离子互相碰撞结合成分子的机会变小,促进了电离,因此平衡右移,使pH变小。根据"勒夏特列原理"平衡移动只能"减弱"浓度降低这个变化条件,而不能"抵消"。因此,pH最终仅增加了0.11,仍然比原来3.16要大。在此过程中学生"看"到了平衡移动的过程,化抽象为形象,使这部分知识不再变得难以捉摸。

②醋酸中加入醋酸铵固体对醋酸电离平衡移动的影响(如图7-18)

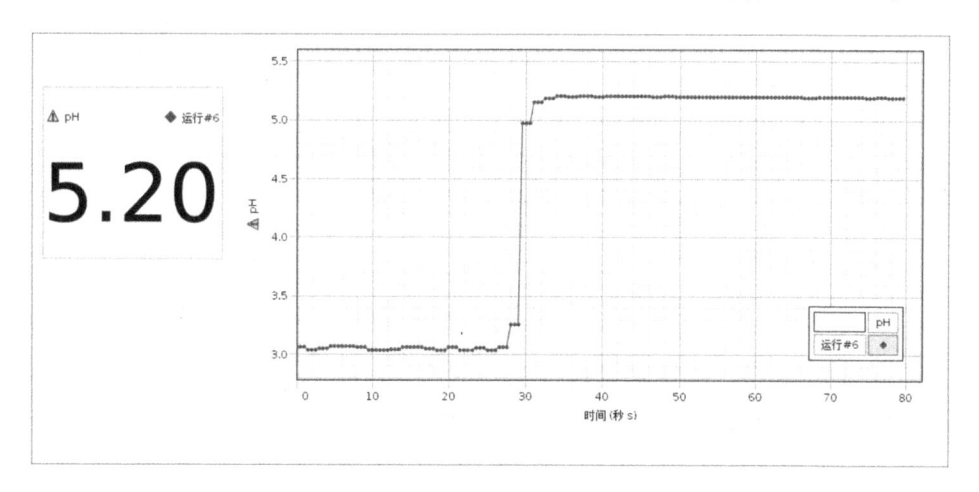

图7-18 向醋酸中加醋酸铵固体

常温下,向0.1 mol/L的醋酸溶液中不断加入中性的CH_3COONH_4固体,用pH传感器测量溶液的pH的变化,实验发现,随着固体的加入,溶液pH迅速变大,由原来的3.16升高到5.20趋于不变,整个过程中溶液pH升高了2.04。在一定温度下,醋酸电离平衡常数K_a($K_a = \dfrac{c(CH_3COO^-) \cdot c(H^+)}{c(CH_3COOH)}$)

保持不变,所以当 $c(CH_3COO^-)$ 增大时,平衡逆向移动,$c(H^+)$ 减小,pH 变大,最后达到新的平衡,溶液的 pH 基本不再变化。通过对曲线的分析,学生直观地感受到同离子效应对醋酸电离平衡的影响很大。

第四节　基于数字化实验的高中化学教学案例

案例1:电离平衡。

1.教学与评价目标

(1)教学目标

①在探究醋酸电离的过程中,了解强弱电解质的区别,知道弱电解质是不完全电离的,存在电离平衡,初步体会"证据推理"对于解决问题的重要性。

②在探究醋酸与铁粉反应的过程中,能够应用化学平衡原理分析微粒的运动和变化过程,并用恰当的化学语言进行解释。

(2)评价目标

①通过探究醋酸的电离及与铁粉反应的过程中,诊断并发展学生收集各种实验、理论证据并进行分析,得出正确的结论,逐步形成严谨的科学态度,促进宏观辨识与微观探析等学科核心素养的发展。

②通过借助手持技术、利用平衡移动理论来分析温度、浓度等外界条件对电离平衡的影响,诊断并发展学生对知识的迁移能力及对实验探究的水平,促进变化观念与平衡思想等学科核心素养的发展。

2.教学重点、难点

电离平衡的建立及影响因素。

3.教学方法

采用以任务为驱动、以问题解决为目的的教学方法,组织学生开展自主、合作、探究等学习活动,实现在活动探究中提升化学学科核心素养。

4.教学过程设计

(1)教学流程

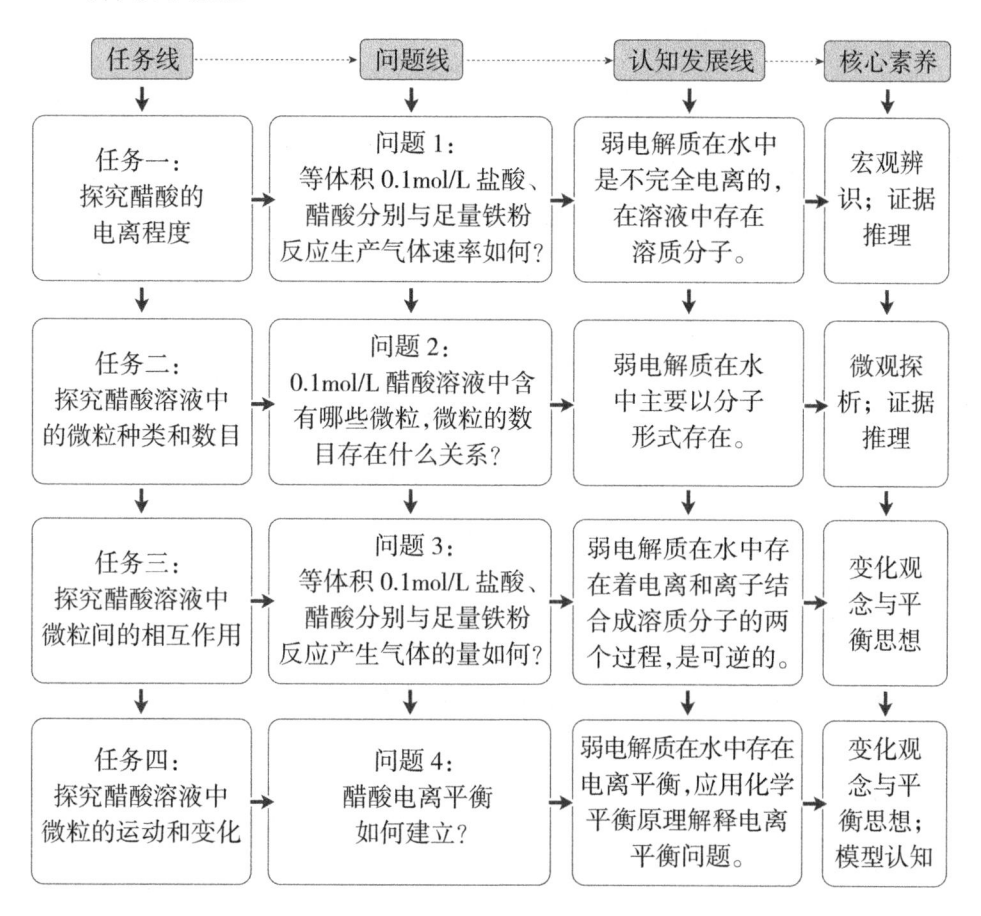

任务线	问题线	认知发展线	核心素养
任务一：探究醋酸的电离程度	问题1：等体积0.1mol/L盐酸、醋酸分别与足量铁粉反应生产气体速率如何？	弱电解质在水中是不完全电离的，在溶液中存在溶质分子。	宏观辨识；证据推理
任务二：探究醋酸溶液中的微粒种类和数目	问题2：0.1mol/L醋酸溶液中含有哪些微粒，微粒的数目存在什么关系？	弱电解质在水中主要以分子形式存在。	微观探析；证据推理
任务三：探究醋酸溶液中微粒间的相互作用	问题3：等体积0.1mol/L盐酸、醋酸分别与足量铁粉反应产生气体的量如何？	弱电解质在水中存在着电离和离子结合成溶质分子的两个过程，是可逆的。	变化观念与平衡思想
任务四：探究醋酸溶液中微粒的运动和变化	问题4：醋酸电离平衡如何建立？	弱电解质在水中存在电离平衡，应用化学平衡原理解释电离平衡问题。	变化观念与平衡思想；模型认知

图 7-19 教学流程

(2)教学过程

教学环节1：导入新课。

展示：洁厕灵和白醋，推测成分。

学生：洁厕灵的成分为盐酸；白醋的成分为盐酸。

提问：盐酸经常用于卫生洁具的清洁或去除水垢，醋酸可食用，既然都是酸，为什么二者不能互换使用？

◆ 核心素养视角下的高中化学教学实践

学生:盐酸酸性太强、有腐蚀性。

设计意图:贴近生活,引发学生思考。

教学环节 2:提出问题。

提问:怎样比较这两种酸的相对强弱呢?(实验药品:0.1 mol/L 盐酸、0.1 mol/L 醋酸、铁粉。)

实验探究:小组设计方案,动手做实验并进行实验验证。

演示实验:利用手持技术,定量测定盐酸与醋酸的 pH;(经测定 0.1 mol/L 盐酸:pH=1;0.1 mol/L 醋酸 pH 约为 3)。

得出结论:金属与酸反应的实质是与 $c(H^+)$ 反应,速率不同是由于 $c(H^+)$ 不同造成的,由实验数据得出强电解质、弱电解质的概念。

设计意图:传统实验定性观察现象,手持技术提供了数据证据,定量测定 pH,有利于发展学生宏观辨析与微观探析、证据推理等核心素养。

教学环节 3:学习新知。

提出问题:我们从宏观角度观察到了明显的现象,那么从微观角度看,醋酸溶液中存在着哪些微粒,请大家用离子式或分子式写出 0.1 mol/L 醋酸中的微观粒子示意图。

学生展示:

图 7-20 醋酸溶液微观粒子示意图学生展示

得出结论:不同的电解质在水中的电离程度是不同的,不同于强电解质,弱电解质在水中均是部分电离的,弱电解质的溶液中除了水分子和电离的离子外,还存在溶质分子,而且在水中主要以分子形式存在。

设问:为什么醋酸溶液中会存在醋酸分子,这些醋酸分子到底电离还是不电离呢?

讲述:回顾之前的对比实验,刚才我们只关注速率问题了,醋酸电离的远远比盐酸要少呀!

学生:猜想1:溶液中这部分醋酸分子是静态的,它不电离了,向刚刚的对比实验中加过量的铁粉,盐酸产生的氢气多;猜想2:溶液中这部分醋酸分子是动态的,它还在不断电离,二者产生的氢气一样多。

设计意图:由宏观走向微观,理论探究,画出微观示例图,将微观粒子宏观化。分析最后产生氢气的量,创设认识冲突,为电离平衡做铺垫。

对比实验:利用压强传感器测量 2mL 0.1 mol/L 盐酸、2mL 0.1 mol/L 醋酸与足量的铁粉反应时试管内的压强变化,绘制压强(P)随时间(t)变化的曲线图。

分析图像:

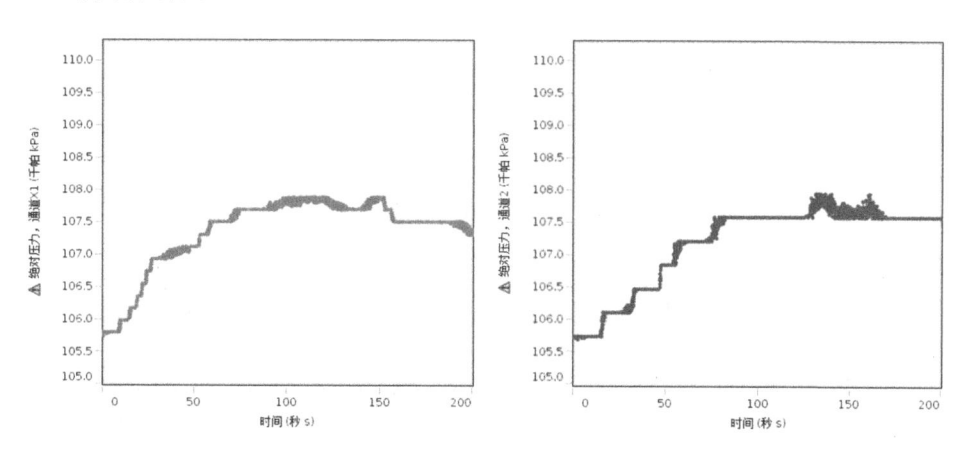

图7-21 2mL 0.1 mol/L 盐酸、2mL 0.1 mol/L 醋酸与足量的铁粉反应时试管内的压强变化

得出结论:① 虽然当初醋酸没有完全电离,但是它并不影响氢气的总

量,醋酸溶液中剩下的这部分醋酸分子最终也会把 c(H⁺)电离出来,都被置换成氢气放出来。② 说明原来的醋酸溶液中那些貌似静止的醋酸分子其实一直在发生电离,提供氢离子,满足铁的需求。

追问:为什么醋酸在不断地电离,可是它的浓度不变?

学生:说明醋酸在电离的同时还能回来,醋酸的电离是可逆的。

总结:电离平衡的建立过程。

设计意图:分析对比实验,速率有快慢,解释了醋酸的电离可以向正向进行;气体的量一样解释了醋酸的电离又能逆向进行,从而引出醋酸的电离是可逆的,存在电离平衡。

教学环节4:动态平衡模型应用。

学以致用1:以醋酸电离平衡为例,借鉴化学平衡理论知识,完善弱电解质电离平衡知识体系。

自主建构:电离平衡的特征,影响因素及电离平衡常数等。

$$CH_3COOH \rightleftharpoons CH_3COO^- + H^+$$

	化学平衡	弱电解质的电离
1.平衡常数K	①表达式: ②影响因素:	
2.特征	动、等、定、变	
3.影响因素	温度、浓度、压强	温度、浓度

图 7-22 自主完善电离平衡知识体系

学以致用2:运用勒夏特列原理分析改变外界条件,弱电解质电离平衡的移动方向。

$$CH_3COOH \rightleftharpoons CH_3COO^- + H^+$$

改变条件		移动方向	电离程度
1.温度			
外加物质	①加水稀释		
	②加冰醋酸		
	③加固体醋酸铵		
	④加HCl气体		
	⑤加固体NaOH		
	⑥加镁粉		

图7-23 弱电解质电离平衡的移动方向

证据推理:利用手持技术完成重点实验。

实验1:温度对电离平衡的影响。

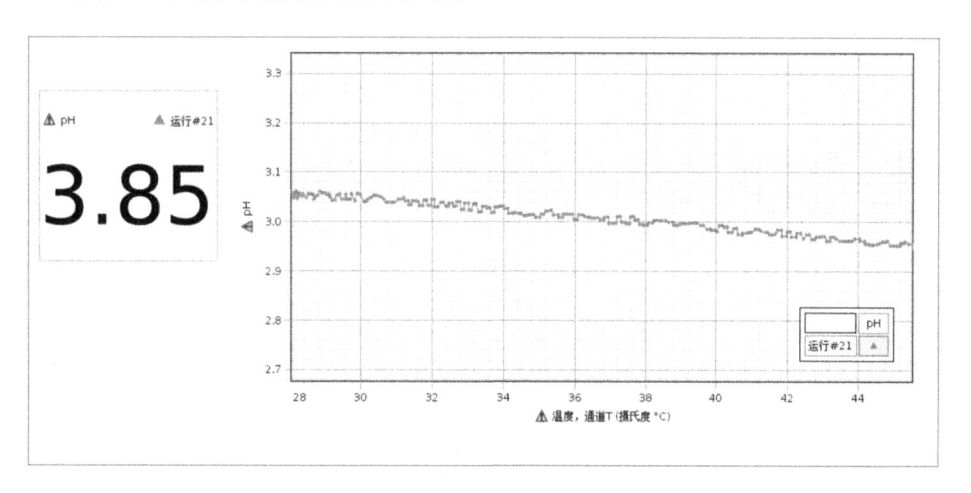

图7-24 温度对电离平衡的影响

实验2:向25mL 0.1 mol/L的醋酸加入25mL水。

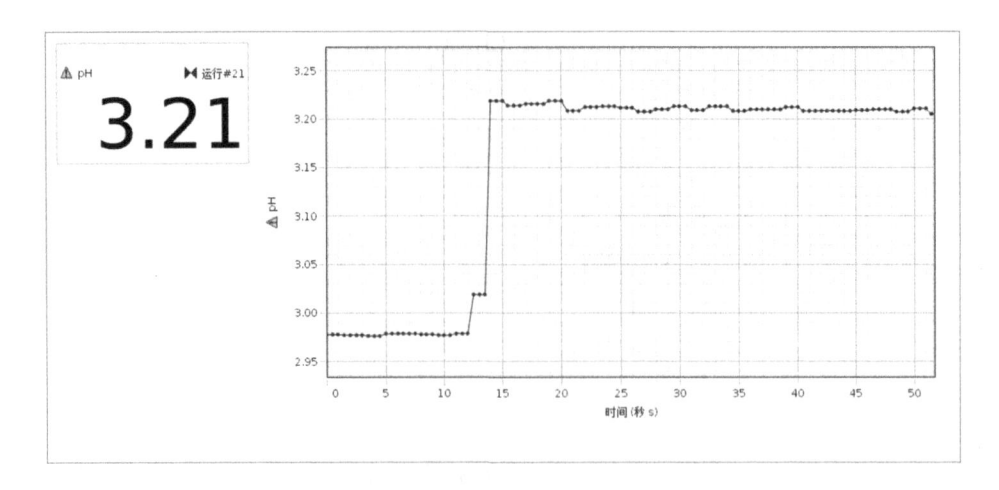

◆ 核心素养视角下的高中化学教学实践

图 7-25 加水稀释对醋酸电离平衡的影响

实验 3：向 25mL 0.1 mol/L 的醋酸加入醋酸铵固体。

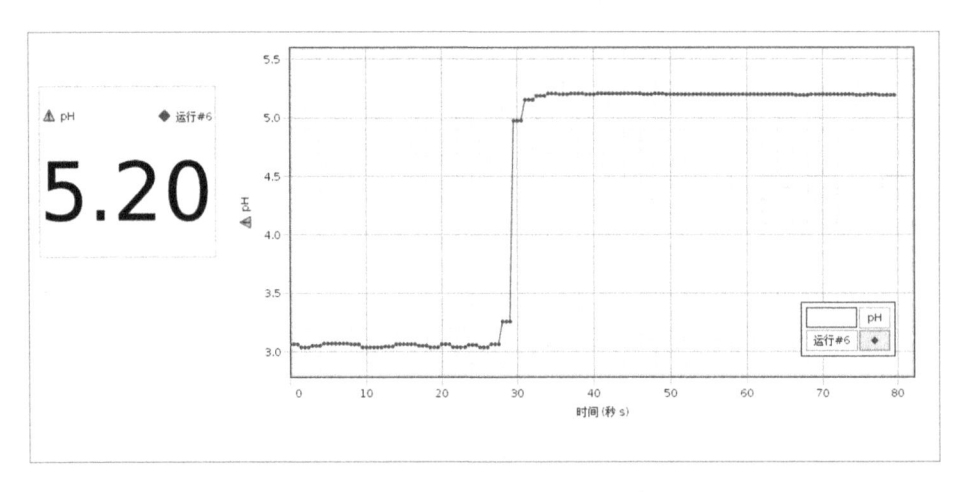

图 7-26 向醋酸中加入醋酸铵固体对电离平衡移动的影响

学以致用 3：强、弱电解质溶液加水稀释的变化曲线的分析。

设计意图：以化学平衡为理论模型，建构弱电解质电离平衡的相关知识，体现了学生对模型的运用。同时也为其他动态平衡提供的研究的方法，体现了模型认识的核心素养。引入手持技术"实时监控"平衡移动的全过程，灵敏度更高，通过测定连续的点将平衡移动的整个过程通过曲线重现出来，使结果定量化,更有说服力,更有可靠性。

教学环节5:课堂小结。

课堂小结:本节课我们应用现代手持技术,"看"到了平衡的移动,使这部分知识不再是抽象和难以捉摸的。借助醋酸电离,从弱电解质中微粒的种类和数目出发,研究了微粒间的相互作用,最后又讨论了微粒运动和变化,对于弱电解质这一系列的研究,我们认识到弱电解质是存在电离平衡的,这节课我们从微观粒子的种类、数目、相互作用和变化等也是我们研究电解质在水溶液中行为的一般思路和方法。同时重点利用动态平衡模型自主建构了弱电解质电离平衡,将来仍然要利用平衡的模型去认识盐类水解平衡、沉淀溶解平衡,甚至于其他的动态平衡,它为我们研究水溶液中的离子平衡指明了方向。

5. 教学设计反思

(1)本节课以"同浓度、同体积的盐酸和醋酸分别和足量的铁粉反应,产生的氢气的速率不同但是最后氢气的量相同"创设认知冲突,引出电离平衡的概念。让学生知道弱电解质的电离是可逆的,也存在动态平衡。之后采用模型建构的思想,以第二章化学平衡为模型基础,自主建构弱电解质的电离平衡,为学生后续认识盐类水解平衡、沉淀溶解平衡等提供了方法。在此过程中尊重学生的认知基础,同时提供多种实验证据和数据证据,充分体现了"证据推理与模型认知"的核心素养。课堂更需要真实的数据,证据推理与数据演绎恰恰是模型认知的两个侧面。整个过程中微粒观始终贯穿其中,向学生渗透了微粒观分析电解质在水溶液行为的方法。变化与平衡既是化学学科的核心内容,又是人与自然相处之道,我们的课堂更需要基于证据的推理、变化与平衡的视角研究生活的世界。

(2)手持技术的运用化解了传统实验难以说清的电离平衡中的微观问题;多媒体技术的应用则把实验结果实时、清晰地展示在学生面前。通过手持技术与多媒体技术的整合,将微观问题以数据、曲线形式表征出来,让学生真切地感受到电离平衡的建立与移动是真实存在的。通过手持技术实验演示使学生产生认知冲突,通过讨论和解释最终实现学生的概念转变,在理解的基础上进行知识结构的建构。通过本节课的教学,激发学生学习化学的兴趣,强化了科学探究的意识,促进了学习方式的转变,培养了学生的创新精神和实践能力。

案例2:基于项目式教学的高三化学复习课教学设计与实施——以"化学在疫情中的应用"为例。

1. 项目教学目标

(1)依据NaClO核心元素的化合价推断物质氧化性和还原性,依据NaClO的物质类别,推断NaClO溶液与酸的反应,尝试从化合价和物质类别角度认识物质的性质,初步建立价—类二维图的模型。

(2)知道84消毒液的消毒原理,正确使用84消毒液,培养阅读使用说明及正确使用化学品的意识,增强社会责任感。

(3)通过家庭自制84消毒液,初步建立分析真实化学情境的一般思路和方法,体会如何将化学知识转化为解决实际问题的过程;通过用pH传感器检测家庭自制84消毒液,体会数字化实验在化学探究中的重要作用。

(4)感受化学工业为疫情防控提供的强有力的物质支撑,培养学生的家国情怀,充分发挥化学学科育人的学科价值。

2. 项目任务及教学流程

新冠冠状病毒感染这一国际关注的公共卫生事件,可以作为核心素养的载体。首先进行项目情景的规划,学生调查居民在抗疫过程中常用的杀菌消毒方式,并判断其是否具有合理性。然后提出真实的问题:对于这个就在我们身边,家里也用,公共场合也用的84消毒液,我们了解多少呢?组织学生分别从类别、化合价角度说明次氯酸钠的性质,建立结构"结构—性质—应用"之间的逻辑关系,提出在生产、生活等方面的应用。最后组织学生进行成果展示(包括常见的杀菌消毒方式研究成果及家庭84消毒液的制备)。将高三化学一轮复习内容应用在解决真实的问题情境中,加强学生问题解决能力,更有利于知识的输入与输出,体现化学的学科价值和学习者的科学精神与社会责任(如图 7-27)。

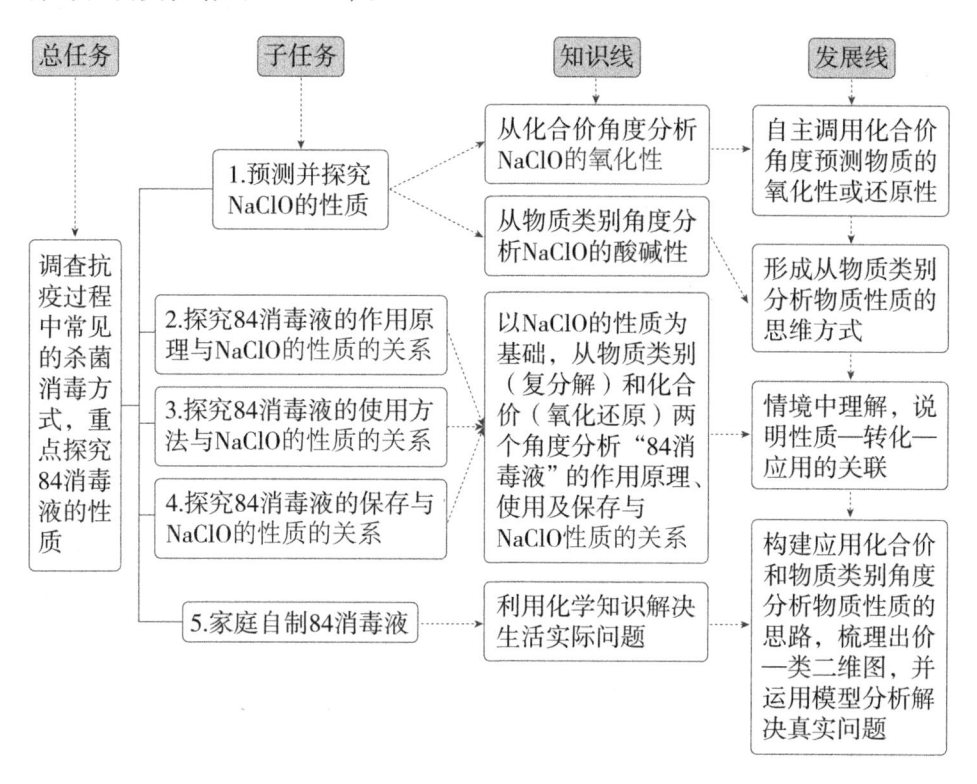

图 7-27 基于项目式教学的设计思路

3. 项目实施过程及教学设计

教学环节 1:课前准备。

布置任务:调查抗疫过程中常见的杀菌消毒方式。

项目展示 1:常见的杀菌消毒方式研究成果。

◆ 核心素养视角下的高中化学教学实践

```
┌─────────────────────────────────────────┐
│         常见的杀菌消毒方式研究成果          │
└─────────────────────────────────────────┘
┌──────┬─────┬─────┬──────┬────┬──────┬──────┬──┐
│84消毒液│ClO₂ │双氧水│过氧乙酸│臭氧│紫外线│医用酒精│……│
└──────┴─────┴─────┴──────┴────┴──────┴──────┴──┘
```

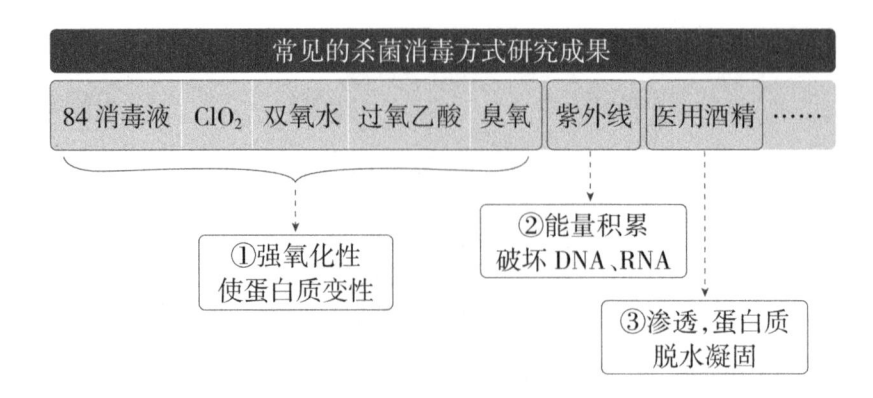

①强氧化性 使蛋白质变性
②能量积累 破坏 DNA、RNA
③渗透,蛋白质脱水凝固

图 7-28　常见的杀菌消毒方式

设计意图:以疫情中消毒液的使用为例,提升学生搜集信息的能力。

教学环节 2:课堂导入。

引入:疫情发生以来消毒成为我们防疫工作的重中之重,常见的杀菌消毒方式里面最常用的便是 84 消毒液。对此我们了解多少呢?

学生:思考 84 消毒液的作用原理、使用时的注意事项、保存方法。

教学环节 3:项目学习。

子任务 1:预测并探究 NaClO 的性质。

讲述:前面两年的学习,让我们清楚认识物质性质要从两个方面入手:一是物质所属类别,二是核心元素的价态。

提问 1:NaClO 到底属于什么类别,它具有怎样的价态?

提问 2:这样的类别和价态意味着它具有怎样的性质?

学生:类别是一种盐。——强碱弱酸盐。性质:①水解;②与酸反应。

价态是 +1 价。——强氧化性。性质:①与还原性物质不共存:I^-、Fe^{2+}、S^{2-}、SO_2 等。②杀菌、消毒。

提问 3:作为一个强碱弱酸盐,它对应的酸是弱酸,酸性比碳酸还弱,所以它可以和较强的酸发生反应(复分解反应),生成 HClO。写出 NaClO 与少量 CO_2 反应的化学方程式。

学生:书写 NaClO 与少量 CO_2 反应的化学方程式。

讨论:已知电离平衡常数:H_2CO_3:$K_{a1} = 4.3 \times 10^{-7}$,$K_{a2} = 5.61 \times 10^{-11}$,HClO:$K_a = 3.0 \times 10^{-8}$。自主讨论产物是$Na_2CO_3$还是$NaHCO_3$。

总结:酸性:$H_2CO_3 > HClO > HCO_3^-$,因此向次氯酸钠溶液中通入量CO_2的反应与量无关。

迁移应用:酚类物质也具有消毒的作用。比如上海药皂的主要成分是甲酚,我们以邻甲基苯酚为例,并分析:已知碳酸强于邻甲基苯酚,邻甲基苯酚强于HCO_3^-的酸性,分析向邻甲基苯酚钠中通少量CO_2应该生成Na_2CO_3还是$NaHCO_3$?

学生:$NaHCO_3$。

设计意图:将新冠疫情这一国际关注的公共卫生事件作为素养教育的载体,利用所学知识解决实际问题。利用"价—类"二维图,从物质类别和中心元素化合价角度预测NaClO的性质,掌握分析元素化合物的方法。

子任务2:84消毒液的作用原理。

提问:明确了NaClO的性质,84消毒液的有效成分就是NaClO。作为消毒剂,它的消毒原理、使用方法、保存方式,是不是都与这些性质有关?消毒原理取决于它的哪些性质?

分析:因为84消毒液里存在+1价的Cl,具有强氧化性,可以把脓液、污染物中的细菌氧化,从而杀死细菌。

子任务3:84消毒液的使用注意问题。

视频:联防联控专家指导84消毒液的使用方法。

提问:在专家科普答疑过程中可以提取几条有效信息。

学生:第一条是84消毒液需要稀释之后才可以使用;第二条是消毒剂的作用时间要20分钟之后才能达到一个明显有效的效果。

讲述:需要稀释,很好理解,浓度太大可能对环境、身体造成伤害。可是为什么等20分钟才会起明显的效果?从原理上能不能找到答案?

学生:思考、推测,在使用时需要吸收空气中的CO_2,由于ClO^-水解,84消毒液中已经具有一定量的HClO了,这时再多吸收空气中的CO_2,使HClO

的浓度更大,氧化灭活的效果更好。

提问:CO_2 在杀菌消毒里扮演了重要角色,可以制出更多、氧化效果更好的 HClO,由此也给了我们一个启发,如果想缩短消毒的时间,提高消毒的效果,不使用 CO_2,那我们可以采取什么样的措施呢?

学生:加酸——白醋或者硫酸或者吹 CO_2。

提问:生活中还有一种酸——洁厕灵(成分盐酸),在卫生间消毒时,我们能不能用洁厕灵来增强杀菌消毒效果呢?

总结:84 消毒液不能与洁厕灵混用的原因。(书写方程式)

设计意图:科普 84 消毒液在抗疫过程中使用的 3 个重点注意问题,让学生了解国际时事,情境中理解并从类别—通性—应用三个方面分析消杀试剂。体会运用化学学科知识和思维方法在抗击疫情时发挥的重要作用,增强学生社会责任感。

子任务 4:84 消毒液的保存。

提问:家里用完 84 消毒液后,我们应该把它存放在哪里呢?能不能从这些性质里找到依据?

学生:阅读说明书后得知应密封,阴凉避光保存。

总结:密封。从类别和价态角度分析。

子任务 5:84 消毒液的制备。

提问:当前它的需要量非常大,它是怎么制来的呢?

学生:价态分析制备原理。

设计实验:根据教师提供的药品及仪器设计实验。

追问:有段时间,超市中的 84 消毒液被抢购一空,能不能在家里自制 84 消毒液呢?

项目展示 2:家庭 84 消毒液的制备。

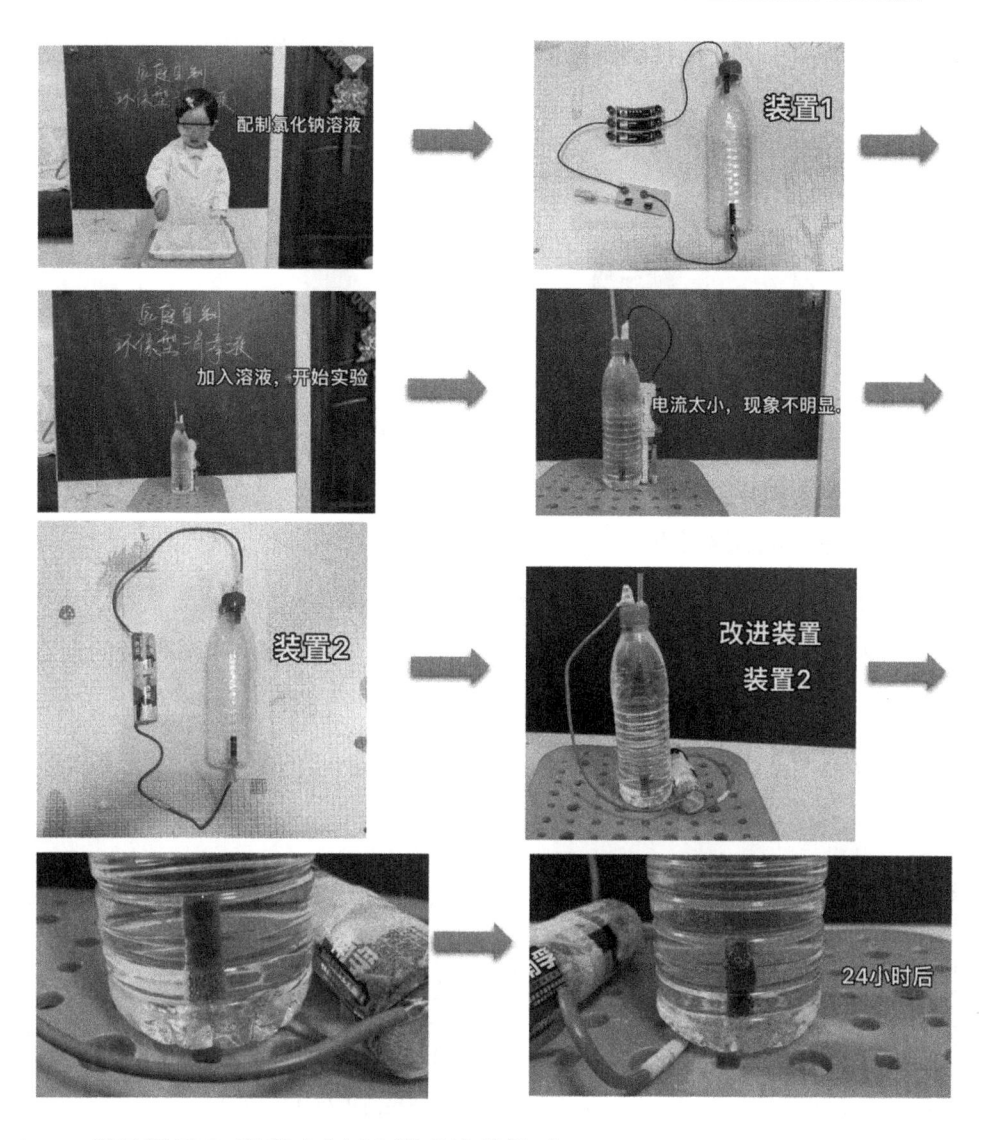

项目展示3:家庭自制84消毒液的检验。

项目展示4:用pH传感器检测家庭自制84消毒液的pH。

设计意图:通过项目化活动,将化学知识应用到解决真实问题中,体会数字化实验在实验探究活动中的便利性。

教学环节4:课堂巩固。

84消毒液是抗疫的主角,请大家完成课堂小练。

迁移应用1:高考情境练习。迁移应用2:对比ClO_2和84消毒液的消毒效果。

教学环节5:课堂小结

教师总结	学生收获
1.消毒方式总结。	知识层面:理清物质的组成—性质—转化—应用的关联。
2.总结分析元素化合物的方法—"价态—类别二维图"。	能力层面:建立元素的价—类二维图,为元素化合物的学习提供认知模型。
3.体会化学工业在疫情中的重要作用,共同打赢疫情防控阻击战。	素养发展层面:体会化学的学科价值。
4.利用各种实验技术手段服务于科学研究。	借助数字化实验,为项目式教学中的探究活动提供一种技术媒介,利于核心素养的培养。

设计意图:学会知识的输出,项目化学习将立德树人理念与考试评价有机融合,给日常化教学指出了方向。

4. 教学效果与反思

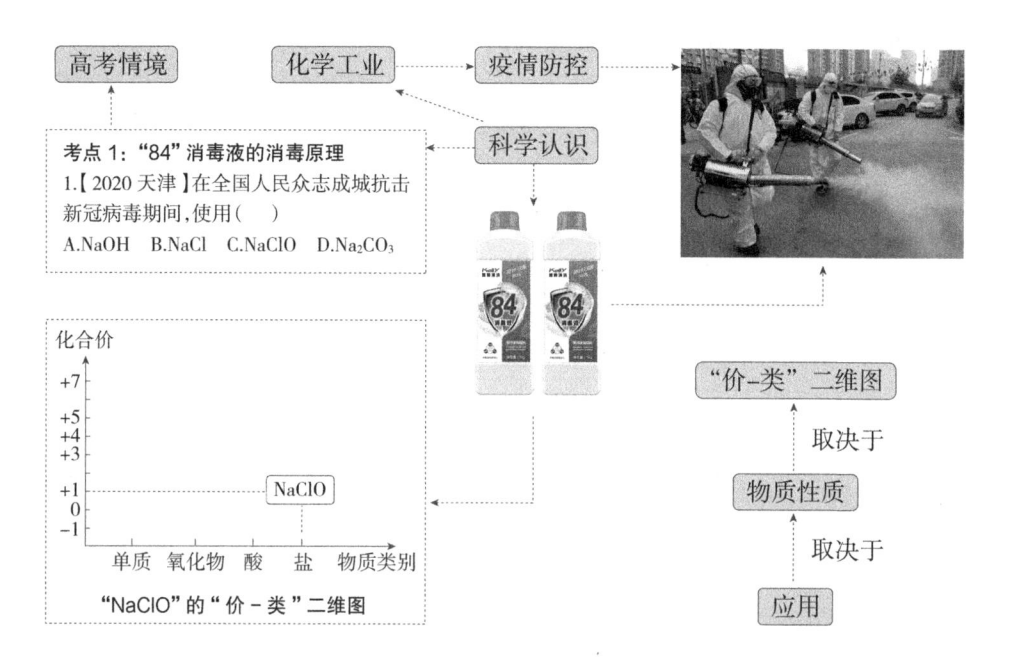

通过项目化的学习方式,帮助学生从科学角度深度认识了84消毒液以及在抗疫中的重要作用,知道了一个物质在生产生活中的应用取决于它的性质,它的性质就取决于核心元素的价态和所属物质类别,掌握了一类利用价—类 二维图分析元素化合物的方法,促进深度学习。面对以真实情境为载体的高考试题,学会了知识的输出。在项目实施的过程中培养了学生科学态度与社会责任,感受到了化学工业为疫情防控提供了强有力的物质支撑。研究过程中也发现了一些问题:第一,由于课前调查研究任务的开放性,学生参与的主动性存在较大差异,上交的项目成果良莠不齐;第二,受时间、空间和形式的限制,讨论不够深入等。这些问题将在后续研究过程中应不断深化。将高三化学复习课与项目式教学整合,利用真实情境中的问题提出与解决,引发了学生的思考与思维的碰撞,促进学生主动建构知识体系,落实了以素养为本的教学需求。

将数字化手持技术实验引入中学课堂,重在打开学生科学研究的思路,培养学生综合运用知识的能力,学会利用各种实验技术手段服务于科学研究。与时代接轨,将数字化实验与课堂教学融合,是实现培养学生适应未来发展所需要的能力与品格的途径之一。

附录一：

人教版必修第一册 《铝和铝合金》教学设计

一、教学背景分析

（一）课程标准的要求

必修主题2：结合实例认识金属、非金属及其化合物的多样性，了解了化学反应可以探索物质性质、实现物质转化，认识了物质及其转化在促进社会文明进步、自然资源综合利用和环境保护中的重要价值。必修主体3：以第三周期的钠、镁、铝、硅、硫、氯，以及碱金属和卤素为例，了解同周期和主族元素性质的递变规律。

（二）铝的相关内容分析

在必修主题2中，教材着重讨论了钠、铁等常见金属单质的还原性，及金属化合物的转化关系，尤其重点研究了铁的不同价态物质之间的转化。其中铝及其化合物的化学性质放在主题3物质结构基础与化学反应规律中学习。铝的知识是金属化学性质的延伸和发展，单质、氧化物、氢氧化物的两性，是学生认识元素理解物质的又一大台阶；其化合物之间的转化是元素化合物按"复分解反应规律"实现同价态相互转化的典型案例，也是学生建立转化观念非常好的素材。尽管教材着墨不多，但是铝及其化合物不论从应用价值，还是学术价值，都是为学生开展探究活动、形成化学思维建立良好的阵地。

（三）学生情况分析

学生在主题2中通过钠、铁及其化合物的学习对金属及化合物的性质有了充分的了解。电解质和离子反应知识的学习,无形中拓宽了复分解反应的内涵,加深了对金属氧化物和酸碱盐间转化关系的理解,这对我们探究铝的氧化物和氢氧化物两性及转化观念建立都起到良好的推动作用。

二、学与评价目标

(一)教学目标

1. 通过实验探究了解两性氧化物和两性氢氧化物的概念,知道氧化铝和氢氧化铝的性质。

2. 通过问题情境,学会发现问题。通过实验探究,了解探究学习的一般过程和方法。在学习铝的化合物的过程中,尝试采用联想、类比等方法学习建构新知识,并借此建立转化观念。

3. 通过对氧化铝和氢氧化铝的学习,建立化学的元素观和分类观,体会用辩证的观点看问题。在探究铝的化合物性质的过程中,提升发现问题并解决问题的意识,进一步形成严谨的科学态度。

(二)评价目标

1. 通过氧化铝到氢氧化铝转化实验方案设计,交流、点评、诊断和发展学生的实验探究水平(定性和定量水平)。

2. 通过氧化铝到氢氧化铝以及氢氧化铝溶于氢氧化钠的实验探究过程,诊断并发展学生对氧化物、酸、碱、盐之间的转化认识水平(物质水平、元素水平)。

3. 通过铝单质制备工业流程图的分析过程,诊断并发展学生对化学价值的认识水平(学科价值视角、社会价值视角、学科和社会价值视角)。

三、教学过程与教学资源设计

(一)教学重点、难点。重点:氧化铝和氢氧化铝的化学性质。难点:氧化铝和氢氧化铝与氢氧化钠溶液的反应。

(二)教学用品及药品。仪器:试管、试管架、药匙、滴管;多媒体教学设备。氧化铝粉末、1mol/L 的盐酸、1mol/L 的氢氧化钠溶液、氯化铝溶液、稀氨水。

(三)教学方法:实验探究与问题讨论相结合。

四、教学过程:

教学过程

教学流程	教师活动	学生活动	设计意图
引入教学	【引入】展示与金属铝有关的图片,同时教师提出问题:铝元素在地壳中的含量非常丰富,但是为什么铝的利用却比铁和铜晚?	观察图片并思考问题,然后回答。	引起学生的学习兴趣。
创设问题情境	【资料】用PPT展示工业冶炼铝的流程图。 铝土矿(主要成分:Al_2O_3) —NaOH溶液/过滤→ 残渣 / 滤液 —通CO_2/过滤→ 滤液 / 氢氧化铝 —灼烧→ Al_2O_3 —电解→ Al	学生观察、思考、质疑。	让学生发现问题。
	【叙述】铝土矿的主要成分是氧化铝,铝的冶炼过程中重要的一个环节是实现氧化铝到氢氧化铝的转化。	倾听、思考。	为下面的问题留下伏笔。

◆ 核心素养视角下的高中化学教学实践

续表

教学流程	教师活动	学生活动	设计意图
提出问题实验探究1	【问题1】显然我们不知道在工业制铝的过程中,用氢氧化钠和二氧化碳是如何实现氧化铝到氢氧化铝的转化的。但是以我们现有的知识,是否能设计实验和选取实验药品实现氧化铝到氢氧化铝的转化呢? 实验探究1: 学生设计实验方案,完成方案中涉及离子方程式,完成实验: $Al_2O_3 \xrightarrow{HCl溶液} \xrightarrow{NaOH溶液} Al(OH)_3$ 引导学生交流实验过程和分析实验结果:一部分学生最终得到氢氧化铝沉淀,另一部分学生最终得到澄清溶液。 【问题2】为什么有些同学没有得到氢氧化铝沉淀?如何设计实验证明你的推测。 学生设计并完成实验:氢氧化铝中加入氢氧化钠溶液。 师生共同完成氢氧化钠和氢氧化铝反应离子方程式。	思考、讨论、设计实验方案,选择实验药品实现氧化铝到氢氧化铝的转化 汇报所做的实验及实验结论。	培养学生的问题意识,通过设计实验和动手实验体会科学探究过程。 汇报交流,相互学习。培养学生语言表达的能力。培养学生的逻辑推理能力。
小组交流总结提升	【小结】 $Al_2O_3 \xrightarrow{HCl溶液} \xrightarrow{NaOH溶液} Al(OH)_3$ 该方案中氢氧化钠的用量不易控制,导致氢氧化铝的损失。	学生思考并回答问题,在学案上整理笔记。	在实验中过程中要对反常现象认真分析,培养严谨的科学态度。

续表

教学流程	教师活动	学生活动	设计意图
提出问题实验探究2	【问题3】氢氧化钾、氢氧化钡行吗？弱碱试试？ 实验探究2：引导学生完成硫酸铝和氨水制备氢氧化铝的实验。	学生分析重新选择试剂，完成实验。	引发学生深入思考。
交流总结提升	引导学生完善氧化铝转化氢氧化铝的实验方案： $Al_2O_3 \xrightarrow{HCl\ 溶液} \xrightarrow{NH_3} Al(OH)_3$ 学生明确制备氢氧化铝的实验试剂选择	学生完成硫酸铝和氨水反应的离子方程式。	梳理知识，理解概念；突破难点，形成记忆。
提出问题理论探究	【问题1】对比两种氧化铝转化为氢氧化铝的方案，为什么工业上不选用盐酸和氨气？你知道铝土矿除了主要成分氧化铝之外还混有哪些杂质吗？ $Al_2O_3 \xrightarrow{HCl\ 溶液} \xrightarrow{NH_3} Al(OH)_3$ $Al_2O_3 \xrightarrow{NaOH\ 溶液} \xrightarrow{通\ CO_2} Al(OH)_3$ 引导学生分析铝土矿里面还混有氧化铁，所以选用氢氧化钠而不选盐酸，目的是除去氧化铁杂质。	学生思考，讨论。同时整理思维，认真思考。完成氧化铝和氢氧化钠离子方程式书写。	从氢氧化铝溶于氢氧化钠拓展认识氧化铝溶于氢氧化钠，体会思维上升带来的快乐。
	【问题2】请同学再次观察冶炼铝的流程图，其中在分离提纯Al_2O_3时，往滤液中通CO_2，发生了如下的反应：$NaAlO_2 + CO_2 + H_2O = Al(OH)_3\downarrow + NaHCO_3$。同学观察上述反应，它属于哪类反应？如果是复分解反应，应该是盐和酸的反应，那么必然会生成新的盐和新的酸吗？	倾听、思考。	初步得出氢氧化铝有酸性的性质

续表

教学流程	教师活动	学生活动	设计意图
提出问题探究实验3	实验探究3： 完成 Al_2O_3 中先加入氢氧化钠溶液，再加入盐酸的实验，并观察实验现象。 $Al_2O_3 \xrightarrow{NaOH溶液} \xrightarrow{HCl溶液} Al(OH)_3$	学生完成实验观察现象。	再次认识 Al_2O_3 的两性。
课堂小结	【小结】①梳理黑板上出现的所有离子方程式。总结氧化铝和氢氧化铝既能与强酸反应又能与强碱反应的特点，梳理"铝三角"，深化铝及其化合物的性质。②补充美国化学家霍尔电解法冶炼铝的贡献。	学生观察、思考。	完成 Al_2O_3、$Al(OH)_3$ 两性的化学性质，提升学生辩证唯物主义认识和积极的科学情感。

五、案例说明

教师对知识的"结构化"促使了知识呈现方式上的"结构化"。知识呈现方式上的"结构化"是实现知识导向教学向素养导向教学转化的有效途径，教师在教学设计中将知识"结构化"水平直接决定了学生素养发展的水平。本节以设计铝的化合物之间的转化为载体学习铝的化合物性质，将氧化物、酸、碱、盐实现同价态不同类别之间的转化关系实现了深度理解，并用图示将转化关系显性化，很好地体现了将元素化合物知识结构化的整体设计，利于学生进行相关知识的迁移，建立转化观念。

附录二：

人教版必修第一册《铁的重要化合物》教学设计

一、指导思想

布鲁纳曾指出："知识如果没有完满的结构把它连接在一起，那是一种多半会被遗忘的知识。"核心素养导向的教学评价建议是教学中要创设真实问题情景，开展多样化实验探究及实践活动，促使知识向能力和素养转化。在课程体系中元素化合物知识处于基础和核心地位，是基本概念和基本理论的生长点。元素化合物知识为学生的迁移能力奠定基础，是培养学生化学学科能力的重要途径；基于元素化合物知识的教学，是事实性知识向学生学科能力转化的关键过程。

二、教学背景分析

（一）教材分析

金属及其化合物是化学必修部分的教学内容，是学生第一次系统地学习的元素化合物知识；是学生第一次用化学理论（氧化还原、分类方法）来认识元素化合物的性质、铁及其重要化合物是金属及其化合物的重要组成部分。铁的化合物作为变价金属的代表物，在高中教材的编写意图中占据重要地位，是学生第一次从二维（价态和类别）角度认识和研究元素化合物知识的载体，对学生未来学习的指导具有不容忽视的作用。

(二)学情分析

化学必修中物质分类和氧化还原反应等概念原理知识,学生已经有了物质类别和化合价的意识,能分析、解释、预测一些简单物质的性质。但是学生靠记忆和类比的方法学习元素化合物知识,对于掌握元素化合物知识性质相对肤浅和零散,这是缺乏系统的认知指导造成的必然结果。学生在初中阶段对钠铝化合物的认知也恰恰是系统的、二维的建立元素观的起点。

三、教学目标与评价目标

(一)发挥物质分类、氧化还原反应、离子反应等核心概念的指导作用,建立从元素化合物类别和价态二维角度认识的思维模型,诊断和发展学生"证据推理与模型认知"的素养。

(二)开展高水平的实验探究活动,从物质类别、元素价态的角度,依据复分解反应和氧化还原反应原理,预测物质的化学性质和变化,设计实验进行初步验证,并能分析、解释有关实验现象,诊断和发展"科学探究和创新意识"素养。

(三)根据物质的性质分析实验室、生产、生活以及环境中的某些常见问题,说明铁及其化合物的应用对社会发展的价值,诊断和发展"科学精神和社会责任"的素养。

四、教学重难点分析

(一)教学重点

依据物质类别和元素价态列举典型代表物,从物质类别和元素价态变化的视角说明物质的转化路径,形成研究元素化合物的思维模型和一般方法,培养"宏观辨识和微观探析""证据推理与模型认知""科学探究和创新意识"等学科核心素养。

(二)教学难点

认识模型和思维方法的迁移应用,培养解决综合复杂问题的能力。

五、教学过程

教学过程

教学环节	教师活动	学生活动	设计意图
引入课题（回忆含铁化合物）	【提问】同学们知道哪些铁的化合物？ 【投影】学生回答后，教师介绍并展示常见的含铁化合物： FeO、Fe_2O_3、Fe_3O_4、$FeCl_2$、$FeCl_3$、$Fe(OH)_2$、$Fe(OH)_3$ 等。	学生自由回答。	认识铁的化合物，激发学生的求知欲，为铁的化合物性质探究埋下伏笔。
将铁的化合物进行分类	【提问】这么多的化合物，怎么研究才更高效呢？	【分组讨论】铁的化合物的分类。	培养学生分类的意识
	【板书】按物质类别： 氧化物　　盐　　氢氧化物 FeO　　　$FeCl_2$　　$Fe(OH)_2$ Fe_3O_4 Fe_2O_3　　$FeCl_3$　　$Fe(OH)_3$	【汇报】学生分组讨论后，选出代表回答。	让学生动口说，培养学生的语言表达能力。

续表

教学环节	教师活动	学生活动	设计意图
提出问题（引导学生复习同价态铁的化合物的转化，分析不同价态的铁的化合物之间的转化）	【引导】这些都是铁的重要化合物，它们之间存在着一定的转化关系。 $FeO \longrightarrow FeCl_2 \rightleftharpoons Fe(OH)_2$ Fe_3O_4 $Fe_2O_3 \longrightarrow FeCl_3 \rightleftharpoons Fe(OH)_3$	【学生思考】积极思考，回答教师提问。 【学生回答】找出铁各种价态化合物之间的转化关系。	培养学生的逻辑思维能力。从复分解反应上升到氧化还原反应，开辟了新的转化途径。
自主设计	【引导】横向的转化通过初中知识就可以解决，而纵向不同价态的铁的化合物之间能不能转化就成为这节课要探究的课题。 确定探究课题： 探究一：$Fe(OH)_2 \longrightarrow Fe(OH)_3$ 探究二：$Fe^{2+} \longrightarrow Fe^{3+}$ 探究三：$Fe^{3+} \longrightarrow Fe^{2+}$ 探究一：$Fe(OH)_2 \longrightarrow Fe(OH)_3$ 任务：制备 $Fe(OH)_2$ 【投影】资料卡片：$Fe(OH)_2$ 是白色不溶碱。 【设问】怎么你看到的 $Fe(OH)_2$ 与文献记载的不一样呢？播放实验视频，关注如何制得白色的 $Fe(OH)_2$，并使其保持较长时间。 【提问】如何解释你的实验现象？ 【追问】如何证实氧气参加了反应？	【实验】制 $Fe(OH)_2$ 【学生汇报】实验现象。 学生初步进行分析。 推测 $Fe(OH)_2$ 可能被空气中的氧气氧化。 实验陷入困境。	培养学生分析问题、解决问题的能力。 培养学生"宏观辨识与微观探析""科学探究与创新精神"素养，锻炼学生迁移应用的能力。 打开学生科学研究的思路，学会利用各种实验技术手段服务于科学研究。

续表

教学环节	教师活动	学生活动	设计意图
科学论证 合作探究	【演示实验】利用手持技术测定氢氧化亚铁制备过程中，密闭装置中氧气含量的变化。 【提示】振荡试管，观察粘在试管壁上的沉淀的颜色。 【总结】至此，我们解决了探究一的问题，确认了 $Fe(OH)_2 \longrightarrow Fe(OH)_3$ 的转化。 【设问】同样是 +2 价和 +3 价的铁元素，这种价态的升高能否发生在亚铁盐和铁盐之间呢？ 【追问】怎样通过实验验证 Fe^{2+} 转化 Fe^{3+} 呢？ 【提示】在溶液浓度较小时，溶液颜色变化可能不明显，这时可以借助某种试剂来证明 Fe^{3+} 的存在。 【投影】资料卡片： $FeCl_3$ 遇硫氰化钾（KSCN）呈红色。 $Fe^{3+} + 3SCN^- = Fe(SCN)_3$（红色） $FeCl_2$ 遇 KSCN 无明显现象。 供选药品：$FeCl_2$ 溶液、$FeCl_3$ 溶液、KSCN 溶液、双氧水、还原铁粉。 实验方案：$FeCl_2 \xrightarrow{H_2O_2}$ 无现象 $\xrightarrow{KSCN}$ 红色	确认 $Fe(OH)_2$ 被空气中的氧气氧化为 $Fe(OH)_3$。 【学生分析】用化学方程式表示这个变化： $4Fe(OH)_2 + O_2 + 2H_2O = 4Fe(OH)_3$。 【实验设计】学生初步设计，利用加入氧化剂后溶液颜色变化来验证反应的发生。 阅读这张资料卡片，利用老师提供的试剂，各小组设计实验证明推测。 【小组汇报】实验设计答辩，形成可行方案。 【分组实验】	培养学生对信息内容的分析、提取知识能力、实验设计能力及动手操作能力。合作学习。 铁的化合物的化合价决定的氧化性、还原性。根据预测设计方案进行验证，真实体验科学探究的过程。强化"证据推理与模型认知"

241

续表

教学环节	教师活动	学生活动	设计意图
合作探究	【对比分析】$FeCl_2 \xrightarrow{KSCN} \xrightarrow{H_2O_2}$ 红色。可行吗？优化方案。 【提问】根据氧化还原反应原理，请你推测 Fe^{3+} 转化为 Fe^{2+} 的可能性，需要加哪类试剂？ 【讲解并板书】在合适的氧化剂或还原剂的作用下 Fe^{3+} 和 Fe^{2+} 可以实现相互转化。	【板演】投影过氧化氢氧化亚铁离子，学生写出氯气氧化亚铁离子方程式。 $2Fe^{2+} + Cl_2 = 2Fe^{3+} + 2Cl^-$ 学生设计实验： $FeCl_3 \xrightarrow{KSCN}$ 红色 $\xrightarrow{Fe}$ 无色 【板演】写出实验中的离子方程式。 学生板演： $2Fe^{3+} + Fe = 3Fe^{2+}$	
分享交流	借助探究，掌握铁的重要化合物的化学性质，体会化学探究的一般方法：推测性质 ⟶ 设计实验 ⟶ 分析现象 ⟶ 得出结论。 借助铁的化合物性质研究，体会元素化合物知识转化的两种思维路径，两个认识和研究角度：组成（类别）和价态（化合价）。	倾听、反思、提炼、升华	提炼研究元素化合物的认识模型和思维方法，是对探究过程的总结与反思，也是教学的升华。

续表

教学环节	教师活动	学生活动	设计意图
总结提升：运用学习方法，解决复杂问题	提出问题】运用学到的研究物质的方法，推测复杂氧化物 Fe_3O_4（已知既有 +2 价又有 +3 价）的化学性质，说明推测依据。	预测：二维（类别和化合价）角度。	思维方法的迁移应用，能力考察，学习效果的检验。
教学反馈	(1)实验室应如何保存和使用硫酸亚铁溶液？ (2)补铁剂成分中含亚铁盐，为何补铁剂与维生素 C 同服效果更好？ (3)记述"我了解的铁的化合物"，将铁及其化合物的性质及转化进一步完善。 (4)记录学习心得。		
教学反思	(1)本节教学的设计意图使学生在完成知识学习的同时，形成了能力方法上的提升，帮助学生提炼出学习元素化合物的一般方法。这样学生在面对元素化合物的学习时会非常明确要解决的化学问题、研究物质的认识角度，更好地统筹全局，预测物质性质、设计实验、实现物质间的转化，有利于学生提高分析问题和解决问题的能力。 (2)面对元素化合物这样综合性的内容，学生从价态和物质类别角度进行分析，在较为严密的思维逻辑下提出假设猜想，并设计方案进行实验，这样的实验过程更具探究性。同时学生的思考更为深入，更具创新性，从而使得学生活动的过程更具评价性。 (3)学生的思维由浅入深，学习难度由熟悉的复分解上升到较为抽象陌生的氧化还原，学习方式由开始的类比分析到提炼思维模型，符合知识的形成规律和学生的认知规律。 (4)学生借助认知模型解决复杂问题时，知识综合运用能力要求较高，实验方案的设计难度较大，信息量较大的同时使得信息处理难度提升，因此学生在此方面的能力还需要继续培养和提升。		

附录三：

人教版选择性必修3《醇》教学设计

一、设计思想

新课程改革的根本目的是更加全面，更加深刻地实施素养为导向的教学，强调学生形成积极主动的学习态度。因此笔者在教学设计过程中，利用多媒体与化学实验等教学手段，倡导学生主动参与，乐于探究，培养学生学会用科学的方法获得知识，逐步形成利用化学思维和方法发现与分析问题的能力，逐渐形成化学的观点认识化学物质，化学的观点认识化学物质对人类文明进步的积极贡献。

二、教材分析和处理

本节课的教学内容是必修中乙醇知识的延伸，对于乙醇是继必修有机物学习中建立有机物"（组成）结构—性质—用途"的认识关系基础之上的再认识。为使学生看待有机物和有机反应能够从结构出发分析形成解决问题的能力，强调从学生生活实际和已有知识出发，从实验开始组织教学内容，尽力渗透结构分析的观点，并在此基础上尽力渗透反应条件的选择在有机化学反应中的重要作用。

探究方向的确定：本节课以"乙醇的性质拓展醇类的性质"作为知识主线，引领学生探究乙醇的消去和取代两个重要的化学性质，并在此过程中设计两个实验：

(一)关于消去反应的探究

1. 探究发生消去反应的微观原理(断键与成键)。

2. 探究消去反应发生的条件。

3. 探究消去反应产物的检验。

(二)关于取代反应的探究

1. 探究乙醇与氢溴酸反应的反应微观原理(断键与成键)。

2. 探究乙醇与氢溴酸反应的条件。

3. 探究乙醇与氢溴酸反应产物的检验。

三、教学目标和评价目标

(一)教学目标

1. 以乙醇为载体,探究发生消去反应和与卤化氢取代反应两个实验的条件,学习以乙醇为代表的醇类物质的化学性质。通过学生对实验方案的设计和实验现象的分析,体会科学的探究过程,学会学习一种有机物化学性质的一般方法。初步形成基于官能团结构和条件两个角度分析有机物性质的认识思维模型。

2. 根据有机反应多具有可逆性这一事实,根据化学反应可以通过控制反应条件使其向我们希望的方向进行,培养学生热爱化学科学,辩证的唯物观,感受化学物质及其变化的价值。

(二)评价目标

1. 通过对学生进行乙醇性质探究实验方案设计以及方案实施过程中的交流和点评,诊断学生实验探究有机物性质水平(基于经验水平、基于原理水平)和认识有机反应的水平(孤立水平和系统水平)。

2. 通过对乙醇制备方法的回忆,对乙醇性质的探究,学生体会控制反应条件对有机反应方向的影响,诊断并发展学生学习有机化学的思维能力,诊断并发展学生对化学价值的认识水平(学科价值视角、社会价值视角、学科和社会价值视角)。

四、教学过程

教学过程

教学环节(教师活动)	学生活动	教学目的
第一环节:情境导入,引入新课。 展示图片:从生活中酒、乙醇汽油、乙二醇为主的防冻液、丙三醇为溶剂的化妆品。	观看。	激发学生深入学习一类有机物的兴趣和冲动,调动学生积极的学习情感。
第二环节:探究乙醇的化学性质。 1.制取乙醇的途径。 2.探究乙醇制乙烯? 如何断键与成键?从化学平衡的角度看如何选择反应条件? 如何设计实验验证乙烯的生成? 演示实验:乙醇、浓硫酸加热制乙烯用高锰酸钾检验乙烯的生成。	回忆思考并回答:传统加工中的粮食酿酒,现代化工中的乙烯加成和溴乙烷的水解取代。 小组合作、交流讨论:可以采用浓硫酸加热的条件。 回忆、思考、交流。 观察实验现象,完成反应方程式。	寻找新知识在旧知识上的增长点,为下一步的探究做铺垫。 建立认识:乙烯水化加成的成键处即为乙醇生成乙烯的断键处,建立成键与断键对立统一的认识。 引出浓硫酸作为催化剂和脱水剂。 复习乙烯性质的同时培养学生的设计实验能力。

续表

教学环节(教师活动)	学生活动	教学目的
3.探究乙醇与氢溴酸的取代从化学平衡角度分析反应发生的条件？分析如何检验溴乙烷的生成？ 演示乙醇、水、氢溴酸、浓硫酸加热制备溴乙烷的实验。	引导学生，学生迁移得出：提高溴化氢的浓度，用加热法蒸出溴乙烷。回忆溴乙烷的物理化学性质，并交流讨论得出方案。学生观察实验现象，并分析实验现象，得出实验结论。	使学生学会利用化学平衡移动原理解决实际问题，提升分析问题解决问题的能力。培养学生旧知迁移新知的迁移应用能力。使学生进一步体会实验是研究学习化学的一种重要的手段。
4.总结乙醇的两种性质：消去反应和取代反应，并得出两种反应都是去羟基，碳氧单键断裂的反应原理。	思考整理。	
5.引导学生回忆书写羟基中去氢的反应。 6.拓展研究两个乙醇分子反应，一个去羟基，一个去羟基氢成醚的反应。	学生完成方程式。酯化、置换、催化氧化完成方程式。	培养总结归纳能力。 从化学键断裂的角度认识乙醇，提升有机素养。
7.盘点条件对于有机化学反应的重要性。	思考整理。	从条件控制深入认识化学平衡移动知识对于学习有机化学的重要性。

续表

教学环节(教师活动)	学生活动	教学目的
第三环节:从乙醇拓展认识醇类。 给出1-丙醇,2-丙醇,2-丁醇,乙二醇的结构简式,书写发生置换、取代、消去、酯化的方程式。	学生书写化学方程式。	反馈学生所学,提高学生迁移能力。
第四环节:课堂小结。 醇在有机合成领域的重要贡献。 有机合成对人类的重要贡献。	倾听。	培养积极的科学情感。

附录四：

人教版必修第二册《硫酸》教学设计

一、教学目标

通过实验探究、对比以及研究，全面了解稀硫酸和浓硫酸的性质以及差异，理解量变到质变，组成决定性质的化学观念，初步学会用微粒的观点认识化学物质的思维方法。

通过创设情境，学习浓稀硫酸性质，理解硫酸用途多样性的原因，培养学生的社会责任感和积极的化学学科情感。

二、评价目标

能理解硫酸浓度不同导致物质微观组成不同，理解微粒组成不同是性质不同的本质原因。

通过探究实验的设计和实验现象的分析，诊断并发展学生对比研究、分析问题、迁移新知、整理归纳能力水平。

通过性质决定用途的学习，诊断并发展学生解决问题能力水平和化学价值的认识水平。

三、教学方法

实验探究、对比讨论、问题驱动

四、教学过程

教学过程

学习任务	教师活动	学生活动	设计意图
任务1：了解硫酸在工农业生产、生活等重要用途。	【创设情境】展示硫酸作为重要化工原料的图片，用在生产化肥、农药、燃料和盐类、实验室研究等领域。【引导思考】性质决定用途，硫酸具有哪些性质使得它的用途如此的广泛呢？	感受硫酸用途的广泛，了解硫酸作为一种化工原料的重要性。	学生对硫酸用途的认识还仅仅停留在实验室用途层面，本环节的情境能让学生深入了解硫酸在工业生产和生活中的多种用途。在此基础上促进学生进一步回忆思考硫酸的性质。
任务2：回忆旧知（浓、稀硫酸的性质），设计完成实验，获取新知（浓硫酸性质）。	【引导回忆】以往的学习中接触硫酸的哪些性质？【引导总结】总结稀硫酸和浓硫酸的性质。	【学生回顾】初中学习的稀硫酸的性质：与金属反应，与金属氧化物反应，与盐和碱的反应，使指示剂变色等。【学生思考】并回答出浓硫酸在实验室做干燥剂这一用途。【学生总结】稀硫酸性质：酸性和氧化性；浓硫酸性质：吸水性。	对于硫酸，学生了解更多的是稀硫酸，对浓硫酸的了解只限于实验室中的干燥剂。所以学生对于"硫酸"性质的学习认识的起点只能是稀硫酸。
	根据浓稀硫酸性质，提出探究问题，并根据探究问题设计实验并完成实验，搜集事实信息，得出新结论，获取新知。		

续表

学习任务	教师活动	学生活动	设计意图
	【迁移提出探究问题】 (1)浓硫酸是不是和稀硫酸一样具有酸性和氧化性? (2)浓硫酸的氧化性是哪种元素体现的? (3)浓硫酸与稀硫酸的氧化性强弱对比?	【学生设计对比实验】 (1)浓硫酸与试纸。 (2)浓硫酸与锌粒反应。 (3)浓、稀硫酸分别与铜在加热条件下反应。	关注学生原有认知的基础上,利用学生的原有认知引导学生简单迁移设计出简单的对比实验,引发认知的矛盾冲突,为浓硫酸的性质学习做铺垫。
	【演示实验】 (1)浓硫酸与pH试纸。 (2)浓硫酸与锌粒混合。(常温) 【引导改进实验】 浓硫酸与锌粒在加热条件下反应。 【引导分析】 浓硫酸与锌粒在加热条件下产生气体是否为氢气? 如果不是氢气,利用氧化还原理论分析是什么物质? 【补充实验】将气体通入品红溶液。	【观察现象】 搜集实验信息(现象): (1)浓硫酸与pH试纸变黑。 (2)浓硫酸与锌粒常温下不反应。 (3)浓硫酸与锌粒在加热条件下反应产生气体,气体具有刺激性气味。 【理论分析】 氧化还原理论分析,锌元素化合价升高,氢元素或者硫元素化合价降低,如果刺激性气味不是氢气,可能是二氧化硫。	学生已有的浓度的变化不会引起物质性质的变化这一认知,所以眼见的实际的实验现象比预知的头脑中实验现象形成强烈的认知冲突,强烈的认识反差可以高效率重构学生对硫酸浓度变化引起性质差异的认知。 认知的重构不仅包含认识到浓硫酸与稀硫酸相比性质有差异,更要学会用已有的认知结合实验现象解释差异,进一步明确差异到底是什么,这就是建构

续表

学习任务	教师活动	学生活动	设计意图
	【演示实验】 浓硫酸与稀硫酸分别与铜丝在加热条件下进行实验。	【观察现象】 搜集事实信息(现象)：品红褪色。 稀硫酸在加热条件与铜丝不反应,浓硫酸在加热条件下与铜丝反应,产生气体。	主义学习观里面提到的认识的同化和顺应过程,有了同化和顺应过程才是真正掌握了新知识。
	【问题驱动、引导分析】 (1)实验现象是什么？ (2)与稀硫酸性质一致吗？ (3)氧化还原角度分析预测锌与浓硫酸产生气体是什么？ (4)浓硫酸与稀硫酸谁的氧化性更强？	刺激性气味、品红褪色,加热条件下铜丝与稀硫酸不反应,但与浓硫酸反应。这些实验事实结合氧化还原理论学生批判并重构原有认识： (1)浓硫酸性质与稀硫酸不一样。 (2)浓硫酸的氧化性是硫元素体现的。 (3)正六价硫元素的氧化性强于氢离子。	学生原有认知中性质的差异主要是源于物质的不同,不同的物质有不同的性质。第一次接触因为浓度不同性质不同的学习,所以设计梯度问题和实验就显得非常重要,通过几个梯度问题和梯度实验,层层递进,促进学生对浓硫酸性质的内化。
	师生一起总结浓硫酸的性质：吸水性、脱水性、强氧化性			

续表

学习任务	教师活动	学生活动	设计意图
任务3：深化、内化、概括对浓硫酸性质的认识。	【实验视频】黑面包实验：蔗糖与浓硫酸混合（蔗糖中先滴入几滴水）。 【问题驱动】 (1)哪些现象体现了浓硫酸的哪些性质？ (2)碳与浓硫酸反应产生气体是什么？ (3)写出碳与浓硫酸反应的方程式。	【观察现象】 变黑、膨胀。 【分析现象】 浓硫酸遇水放热，蔗糖碳化。变黑，碳与浓硫酸受热反应产生气体。 【得出结论】 (1)该实验体现了浓硫酸的三大特性：吸水性、脱水性、强氧化性。 (2)产生气体是二氧化碳和二氧化硫。	上述环节学生对浓硫酸的性质认识零散。黑面包实验放在这里可以恰到好处地将新知识更好地反馈和提升。蔗糖与浓硫酸碳化后迅速膨胀，比较震撼的实验现象不仅提升学生学习兴趣，更重要的是该实验整合了浓硫酸的三大特性，还悄无声息地将碳与浓硫酸的反应提供给学生，强化了学生对浓硫酸强氧化性的认知。
	【引导总结】 硫酸（浓、稀）的化学性质。 【引导分析】 浓、稀硫酸化学性质差异的产生原因。	【学生总结】 稀硫酸：酸性、弱氧化性。 浓硫酸：吸水性、脱水性、强氧化性。 【学生思考】 浓硫酸和稀硫酸微观组成上的差异。	因为本节知识之前学生了解的硫酸就是稀硫酸，本节学习的学生了解了浓硫酸，总结对比性质更能引发学生对本质原因是思考，学会从微观角度看本质，促进化学思维和观念的形成。
	【师生总结】稀硫酸组成：H^+、SO_4^{2-}，酸性和弱氧化性由氢离子体现，浓硫酸组成为 H_2SO_4 分子，吸水性、脱水性、强氧化性由硫酸分子表现。浓硫酸和稀硫酸性质如此巨大的差异主要是因为硫酸浓度由量变到质变引起的，物质的微观组成（微粒）决定的性质。		

续表

学习任务	教师活动	学生活动	设计意图
任务4：性质决定应用。	【情境回顾】再次提及课堂之初硫酸各种用途的情境。硫酸广泛用于各个工业部门，主要有化肥工业、冶金工业、石油工业、机械工业、医药工业、洗涤剂的生产、军事工业、原子能工业和航天工业等。还用于生产染料、农药、化学纤维、塑料、涂料，以及各种基本有机和无机化工产品。 【资料卡片】硫酸工业是重要的无机化工工业之一，主要产品有稀硫酸、浓硫酸(98%)、发烟硫酸（浓硫酸吸收SO_3）、蓄电池硫酸(35-38%)等。 【引发思考】为何硫酸用途如此广泛？	【学生思考】硫酸的浓度会改变硫酸的微观粒子组成，浓度不同，微观粒子组成不同，微观粒子组成不同导致性质的多样性。由于不同浓度的硫酸性质差异很大，所以使得硫酸在应用领域体现出更大的价值，因为性质决定用途。	本环节是提升学生认知结构的重要环节，从知识的维度，我们通过实验探究，理论讨论学生已经能很好地掌握硫酸的化学性质。对浓硫酸与稀硫酸化学性质差异很大的内在原因，学生也已经比较清楚。但是对于硫酸广泛用途和因为浓度差异引起性质的多样性仍然需要进一步梳理。使学生进一步理解化学学科是在原子分子水平上研究物质组成、性质、变化的一门学科。本环节也是将物质微观组成和宏观用途嫁接起来的重要环节，最大程度地利用具体化学知识实现宏微结合。

附录五：

人教版必修第二册 《氮的氧化物》教学设计

一、教学目标

（一）通过实验探究、对比研究全面了解一氧化氮和二氧化氮的性质差异和联系，理解氧化还原理论对元素化合物的指导意义，形成转化视角观点认识化学物质的化学观点。

（二）通过情境创设，氮的氧化物性质学习，理解化学与自然、生产等方面的联系，培养学生的社会责任感和积极的化学学科情感。

二、评价目标

（一）学生能理解氮的化合物之间转化的原理，理解氧化还原理论指导元素化合物知识学习的重要性。通过探究实验的设计和实验现象的分析，诊断并发展学生对比研究、分析问题、迁移新知、整理归纳能力水平。

（二）通过雷雨发庄稼和工业制硝酸的学习，诊断并发展学生解决问题能力水平和化学价值的认识水平。

三、教学方法

实验探究、对比研究、问题驱动

四、教学过程

教学过程

学习任务	教师活动	学生活动	设计意图
学习任务1：NO的获得。	【问题引入】 (1) 你了解的氮的氧化物有哪些？ (2) 氮元素在氧化物中的化合价？ 【引导推测】 如果制备一氧化氮，原料如何选择？ 【引导落实】指导学生利用氧化还原原理完成反应（制取NO）的方程式。	【学生思考】 学生利用头脑风暴将自己知道的氮的氧化物一一列举出来，并说明氮元素在氧化物中的化合价。 【学生分析】 学生从氧化还原角度和原料易得角度思考分析制备一氧化氮的原料：氮元素低价态的单质和化合物被氧气氧化。 【学生落实】 氮气和氨气与氧气反应制取NO的化学方程式。	学生感受氮的氧化物种类繁多的同时体会氮元素化合价的多样性，为氧化还原理论指导本节课的学习做准备。 指导学生从氧化还原的角度思考物质制备的原理选择、原料选择。引导学生分析低价态（氮的单质或化合物）生成高价态氮的氧化物，需要加入氧化剂。

续表

学习任务	教师活动	学生活动	设计意图
学习任务2：NO与NO_2性质对比。	【问题驱动】 (1)制取的NO在工业或者实验室有什么作用吗？ (2)如果预知其作用，必须了解其性质，你能从氧化还原角度推测NO的化学性质吗？ (3)NO又具有哪些物理性质呢？ 【梯度问题】 (1)NO_2的化学、物理性质又如何呢？ (2)NO_2是不是也不溶于水呢？ 【演示实验】 NO_2溶于水(针管实验) 【引导落实】 NO_2与水反应的化学方程式。	【学生思考回答】 预测NO的化学性质：NO中氮元素的化合价处于中间价态，既有氧化性又有还原性，既能被氧化又能被还原，NO能被氧气氧化成NO_2。 【阅读教材】 了解NO的物理性质：无色、有毒、不溶于水。 【学生思考回答】 NO_2化学性质与NO类似，因为化合价也处于中间价态，物理性质无法推测。 【学生观察】 气体变少，颜色消失，无色气体剩余。 【学生思考】 二氧化氮和水是简单的溶解还是发生了化学反应？ 无色气体是什么？如何设计简单实验证明你的推测？	沿着上一个任务，继续引导学生从氧化还原的理论出发，分析元素化合物的性质，培养学生运用氧化还原理论研究元素化合物转化的转化观点和能力。 通过阅读教材，发展学生阅读理解能力，发展学生从孤立认识物质水平到对比认识物质水平，发展学生基于事实的总结提升能力。 通过演示实验，教师诊断并发现学生分析实验现象的能力，通过分析实验现象得出物质性质的能力，诊断学生认识物质、实验探究的水平。

◆ 核心素养视角下的高中化学教学实践

续表

学习任务	教师活动	学生活动	设计意图
		【设计实验】 抽拉注射器,针筒吸入空气。 【完成方程式】 利用氧化还原原理分析产物并完成反应方程式。	
学习任务3：NO和NO$_2$与自然、生产、生活的联系。	【创设情境1】 向学生介绍"魔鬼谷"的地理气候情况。 【问题驱动1】 解释"魔鬼谷"电闪雷鸣、草木茂盛的原因？ 【情感引导1】 雷雨发庄稼,自然界中化学反应对人类的益处。 【创设情境2】 展示工业制硝酸流程图。 【问题驱动2】 工业制硝酸原料如何选择？一氧化氮的制备原理是什么？ 【情感引导2】 自然是最好的教科书。	【引发思考】 电闪雷鸣是空气中氮气和氧气发生反应的条件,一氧化氮容易被氧气进一步氧化成二氧化氮,二氧化氮遇雨水生成硝酸,硝酸进入土壤,和土壤中的金属离子形成硝酸盐,硝酸盐是重要的氮肥。 理解化学与自然的密切联系,感受自然界的伟大。	一系列真实的情境和问题引发学生进行深度思考。发展并诊断学生解决实际问题的能力和对化学价值的认识水平：结合物质性质,从动态转化视角对在真实问题情境中的元素转化关系进行整体的分析和说明。自主调用认识物质性质及转化关系的思路方法,完成对"魔鬼谷"草木茂盛、"酸雨"危害原因、工业制硝酸等实际具体问题的合理解释。发展并诊断学生辩证认识化学的视角,提升学生运用化学解决解释实际问题的能力,并

续表

学习任务	教师活动	学生活动	设计意图
	【创设情境3】"酸雨"的形成:工业生产中大量的尾气(含有NO和NO_2)大量排放,雨水中硝酸含量过高,对农作物和建筑物危害很大。 【问题驱动3】如果减少或降低工业制硝酸对环境的危害,结合反应方程式。思考如何控制NO或NO_2与空气的比例? 【情感引导3】化学对人类是有功还是有过?	【思考回答】工业制硝酸与"雷雨发庄稼"的不同:NO的制备原理(原料)不同。原理不同原因在于反应条件问题:氮气与氧气合成NO条件要求太高,工业生产很难达到,不可控。学生感受到自然的力量,化学的发展离不开对自然的探索。 【学生讨论】从控制空气(氧气)的用量考虑,方程式连立消减的方法可以得出一氧化氮和二氧化氮与空气(氧气)的反应合适比例,以此来减少氮的氧化物对空气的污染和对环境的破坏。 【情感升华】如果使用不当,化学就会危害到人类的正常生产生活。化学对人类是造福还是危害,决定权掌握在人类自己手中。	培养学生的社会担当和社会责任感。

后 记

行者常至　为者常成

天津市滨海新区大港一中一直在积极探索什么样的教育才能让学生学会自主学习,学会自己教育自己,从而实现自我,超越自我。在这一理念指引下,学校积极倡导生态课堂建设,根据学科特点改善教学方式,体现学生学习的五种状态:参与状态、互动状态、思维状态、情绪状态、生成状态;改善学习方式,体现自主、合作、体验、探究激发学生学习的主动性、积极性,引导学生走自主学习之路。学校化学组现有教师16人,正高级职称2人,高级职称10人,中学一级职称4人,除此之外还有2名天津市"265"骨干教师培养工程、未来教育家奠基工程、"三杰"支持计划学员。学校化学组教师高级职称较多,教学经验丰富;学历层次较高,理论水平较好。前期通过参与天津市双优课(5人次,三届二等奖,两届一等奖)、全国优质课(2人次,均获得一等奖)、全国实验创新大赛(2人次,均获得一等奖)等化学教育教学实践,积累了丰富的课堂教学改革经验;为新一轮课程教学改革的实施提供了丰富的研究素材。

化学学科组在学校课程课堂改革的引领下,以课改为契机,以校本教研为抓手,以课堂为阵地,积极进行教学研究和课改实验;形成"就平地坐,向宽处行,择高处立"教研组教研工作的精神核心。在这样的精神理念感召下,不断进行课程改革和课堂教学新实践。

1."就平地坐"。课改实验、教学研究要扎根讲台,依托校本。每学期都要进行青年教师创优课,骨干教师优秀课,学科组、备课组以"课"为抓手,磨

◆ 核心素养视角下的高中化学教学实践

课研课常态化。

2."向宽处行"。课改实验、教学研究要区域研究,跨地合作。每学期申报区级1至2节研究课,加强区域内教研,本区域内教师形成合力,优势互补。每学年与山东省桓台第一中学等学校进行一次同课异构,进行两地四校的课改交流活动。

就孙秀萍老师参加天津市"双优课"《铁及其化合物》一课在本区域内部进行交流讨论

商桂苹老师于2018年5月赴山东省平度第一中学津鲁两地同课异构《气体的制备》交流

后 记

天津师范大学化学教学论专家靳莹教授莅临我校进行新课程讲座培训

3."择高处立"。课改实验、教学研究要专家引领,借鉴同行。青年教师近十余年间参加天津市最高水平的教学竞比"双优课"5次,分获3个二等奖,2个一等奖;全国优质课2次,均获得一等奖;全国高中化学实验创新大赛2次,均获得一等奖,其中之一是手持技术实验获奖。北师大高端备课组王磊教授团队的研究课,成为我校化学组的必修课;全国化学教学专业委员会的课改交流研讨,我校化学组次次准时参加。

商桂苹《燃烧法快速制肥皂》获得全国一等奖

263

孙慧玲(左二)《手持技术使用——铁的吸氧腐蚀》获得全国一等奖

2006年9月天津正式实施新课程,直到今天,"就平地坐,向宽处行,择高处立"指引我们在教学模式上进行了十余年的探索和实践。我们经过百余节的竞赛课、公开课、研究课,几百篇的教学论文、案例、设计,十几次的外出学习、交流与培训,最终化学组成功破茧,在此过程中也潜移默化地形成了我校化学组自身的教育教学特色和风格,这也是我们对高中化学教学的贡献和创新之处。

一是课堂教学改革走向深入——凝练课堂教学模式。

为了更好地服务生态课堂的理念,化学组赵洪彬老师总结提炼出自主探究教学模式,并从揭示化学学科本质、培养学生科学探究能力、构建生态课堂的角度论证了高中化学自主探究式学习的适切性。

自主探究式教学模式以建构主义学习观和探究学习理论为基础,它包括"提出问题——自主设计——科学论证——实验探究——分享交流——总结提升"六个基本环节。自主探究教学模式六个环节渗透着学生自我发展的三个阶段,即:认识自我、发展自我、自我发展。首先在"提出问题、自主设计"过程中学生认识了自我,认识了自我的现有水平;在后续"科学论证、实验探究、分享交流、总结提升"过程中学生发展了自我,发展了自我可以达到

后　记

的水平；与此同时，在整个过程中，学生学会的是一种研究自然科学或者说研究化学的方法，从而实现了自我发展。

自主探究是指在教师的指导下，学生按照科学的思维方式和研究方法对相关问题进行研究来达成学习目标的课堂教学组织方式，强调研究的过程就是学习的过程，研究的成果就是学习的结果。目的是让学生按照科学的方法自主建构化学知识，实现在研究中学习化学的目的，使学生在掌握化学知识的同时，能够体悟到化学学科的内在规律和研究方法。因此，自主探究式教学能做到充分尊重学生认知、尊重化学知识规律，让学生在开放、自主、合作、和谐的生态课堂里完成知识的构建。

在自主探究式教学模式的大框架下，我们还对不同模块章节知识进行分类。针对高中化学不同的教学内容，商桂苹老师总结探索出两种教学策略。一种是适用于应用性化学知识教学的情境化教学策略；一种是适用于核心概念、基本观念教学的观念建构教学策略。以这两种教学策略为依托，商老师于2019年成功出版了20万字的个人专著《素养导向下的课堂教学——新课程背景下的教学设计》

图左一为赵洪彬老师，赵老师利用"自主探究教学模式"设计的《金属化学性质》获得2008年全国优质课现场课特等奖

商桂苹，利用"情境化教学模式"设计《合成高分子化合物基本方法》获得2012年全国优质课大赛现场说课一等奖

◆ 核心素养视角下的高中化学教学实践

孙秀萍老师利用"观念建构教学、自主探究教学模式"设计的
《铁及其化合物》获得天津市第九届"双优课"一等奖

二是改革实践从课堂教学走向课程开发——化学校本课程。

乘借课改的东风,依托校本课程开发背景,巧遇我校生态课堂课程建设大环境,化学组积极开发化学学科校本课程,依托2007年普通高中课程标准实验教科书化学选修1《化学与生活》,借助滨海新区大港石化石油基地的地源优势,研究开发出针对高一学生两项校本课程《生活化学》《药物化学》。

这两项课程的目标是旨在为学生搭建生态化的教学环境和课程资源,使学生体会化学服务生产生活的重要性,提升化学服务于人类社会的意识,增强社会责任感。教学方式采用了情境化教学、STS教学和项目式教学。

后 记

大港一中化学组在本区进行项目式教学研讨活动，
蒋小青老师正在向学生讲解《探寻补铁剂中的"铁"》

天津师范大学靳莹教授、区教研员李景臣老师莅临我校指导"项目式教学"

267

◆ 核心素养视角下的高中化学教学实践

孙慧玲老师为全区教师做"项目式教学"讲座

三是课题研究"以小带大"——高质量课题。

课程研发和课堂教学研究,促进理论与实践相结合,形成持续发展的动力,形成领域的示范与带动作用,这就必然要走课题研究之路。为了将研究走向常态化,我们开展了"微课题"研究活动,每学期每人都拥有一个小课题,一个备课组有一个中课题。慢慢积累下来,每一学年,我们学科组就会有一个较为成型的研究课题。在这样不断的循环中,促进了研究经验向研究成果的转化。我校化学组已完成天津市"十一五"规划课题《新课程标准下双向建构式化学教学研究》、天津市"十二五"规划课题《以实验探究为核心的有效教学策略研究》、天津市"十三五"规划课题《观念建构为本,提升高中生化学基本观念策略研究》、天津市"双百"课题《基于"建构"的化学教学策略研究》、天津市"双优"课题《高中生化学基本观念建构的教学设计研究》等,五项市级课题均已结题。还有两项天津市"十三五"规划课题《立足自主探究发展学生化学核心素养的实践研究》和《新课程背景下高中化学教学中学生创新能力培养实践研究》正在结题阶段。以上研究都为我们提供了丰富的研究经验和素材。课程开发让一个学科组有了厚度,课堂研究使一个学科组有了宽度,课题研究使一个学科组有了深度!

化学组部分教师正在进行天津市"十三五"课题中期交流

我们的自主探究教学模式、情境化教学策略、观念建构教学策略分别是我校化学组全国教育学会科学教育分会课题以及天津市教育学会"十二五"课题和天津市继续教育中心"双百""双优"等四项课题的研究成果。2016年学生培养核心素养落地,2017年学科教学核心素养问世,对照后我们惊喜地发现化学组的研究方向与高中化学学科核心素养目标不谋而合。

张梅老师组内做2021高考复习经验介绍 　　商桂苹老师在组内进行2017高考大数据分析

◆ 核心素养视角下的高中化学教学实践

近几年,化学组成员在全国、市、区范围内进行与本研究内容相关的多场讲座和示范课。孙秀萍老师在滨海新区大港区域进行了《新课程背景下高一化学教学的实践与思考》《手持技术在高中化学教学中的运用》《新课程背景下的高中化学教学》为题的多场讲座;商桂苹老师在滨海新区大港区域进行了《新课程背景下的教学实践》《素养导向下的教学设计》为题的多场讲座,以及在天津师范大学对本科生和研究生进行了以《观念建构为本的教学设计》为题的讲座;赵洪彬老师就课题组研究经验和成果进行跨区域交流,分别受邀天津市红桥区教研室和天津市河北区教研室进行了《立足自主探究,提升核心素养》为题的讲座,并多次受邀为天津师范大学研究生和本科生进行关于高中化学教学策略、化学课堂教学实施等讲座。

孙秀萍老师在中国教育学会 2018 年度高中化学课堂教学展示与观摩中,作现场教学示范课

2018 年 2 月,中国化学会化学教育委员会第十三届全国基础教育化学新课程实施成果评比活动中大港一中化学组被评为 2017 年度全国基础教育化学新课程实施优秀教学团队。本次活动在山东省昌乐第一中学举行,学科组长商桂苹老师现场领奖,并作了题为《化学新课程实施经验》的报告。

后 记

上图右三为商桂萍老师在中国化学会化学教育委员会
第十三届全国化学新课程实施成果评选领奖现场

  2017年5月，化学组成员孙慧玲、孙秀萍、蒋小青三位老师在天津市教研室组织的说播课活动中以《过氧化氢分解催化剂的选择》《酸碱中和滴定曲线的确定》《过氧化钠与水反应探究》为题进行交流，获得一致好评。2018年5月商桂萍老师受邀赴山东省平度一中进行"津鲁两地"课程改革交流成果的示范课《气体的制备》，2018年11月，孙秀萍老师在中国教育学会2018年度高中化学课堂教学展示与观摩中，作题为《金属腐蚀与防护》的现场教学示范课。以上两节课都获得了与会专家的高度肯定和好评。

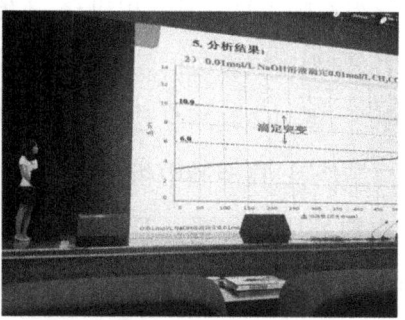

大港一中孙慧玲、孙秀萍、蒋小青三位老师
手持技术与实验教学整合微课在天津市进行交流

◆ 核心素养视角下的高中化学教学实践

2017年9月,我校化学组组长商桂苹结合我们的五项课题,一种模式和两种教学策略;将我们从2006年至今十余年来伴随新课程改革的教学实践与全区化学老师进行交流,3个小时的新课程理念和实践培训,将我们的成果与经验在全区分享推广。

商桂苹、赵洪彬、孙秀萍三位老师
就新课程实施与课堂教学在全区范围内进行专题讲座

课程开发、课堂改革、课题研究的过程与成果,要不断地开花和结果,我们组力争每学期每学年都要"引进来、走出去",同行的专家、老师,我们要请进校园,进行研究课、同课异构等方式来交流,我们也寻找机会走出去,将我们的经验与同行分享。行者常至,为者常成。寒来暑往,春去春回,大港一中化学组教师年复一日扎根讲台,不断探索,大胆实践,每一轮课程改革都作先行者,作为区域教改的领跑者,我们倍感压力,不断的在学习中反思,在反思中学习,审视中判断自己的课堂行为,在判断中审视自己的行为方向,在实证中总结经验,在经验中积累成果,在成果中探寻规律,在规律中发掘本质。期待我们的成果能为一棵树摇动另一棵树,一朵云推动另一朵云提供潜在动力。